法律法规释义系列

社会救助暂行办法释义

主　编：胡可明（国务院法制办公室党组成员、副主任）
曲淑辉（民政部党组成员、纪检组组长）

撰稿人：

民政部

许立群　王治坤　陈百灵　刘喜堂　徐　华
胡振全　韩晓燕　田　固　孙　杨　曹　榕
武增锋　张　琳　蒋　玮　钟一涵　吴越富
尹东华　黄胜伟　贾维周

教育部

张光明　黄兴胜　王　澜　翟刚学

住房和城乡建设部

赵大林

人力资源和社会保障部

芮立新　袁　山

国务院法制办公室

李岳德　彭高建　王鹏越　彭　耀　杨超杰

中国法制出版社
CHINA LEGAL PUBLISHING HOUSE

前　言

2014年2月21日，国务院总理李克强签署第649号国务院令，公布《社会救助暂行办法》（以下简称《暂行办法》），并决定自2014年5月1日起施行。《暂行办法》从我国国情出发，适应我国经济社会发展水平，认真总结社会救助工作实践经验，将分散在不同法规、文件中的低保、特困人员供养、受灾人员救助以及医疗、教育、住房、就业、临时救助等方面的救助措施统筹起来，以综合性法规的形式对社会救助制度体系进行了全面的顶层设计，进一步完善了中国特色社会主义社会保障制度体系。《暂行办法》的公布施行，是国务院保障和改善民生的重要举措，对促进社会公平正义，维护社会和谐稳定，使全体人民共享改革发展成果，具有重要意义。

为配合《暂行办法》的学习、宣传和贯彻落实，由参与《暂行办法》起草、审查的负责同志和工作人员共同编写了《社会救助暂行办法释义》一书，以释义的形式对《暂行办法》的立法原意作了具体阐述，以便各级人民政府和有关部门的工作人员以及社会各界准确理解和把握《暂行办法》的精神实质和具体规定。由于编写时间仓促，难免有疏漏和不妥之处，敬请读者批评指正。

本书编委会

2014年10月

目　录

附　录

第一章 总 则

本章是《社会救助暂行办法》（以下简称《暂行办法》）的总则部分。总则是一部法律、法规的总纲，起着统领各部分内容的作用。本章共八条，分别规定了立法宗旨、立法依据；社会救助制度方针、社会救助工作原则；社会救助管理部门；社会救助经办机构及职责任务；社会救助工作协调机制、社会救助资金、物资保障机制与资金监督管理机制；社会救助管理信息系统；社会力量参与社会救助；表彰奖励等内容。

第一条 为了加强社会救助，保障公民的基本生活，促进社会公平，维护社会和谐稳定，根据宪法，制定本办法。

【释义】

本条是关于《暂行办法》的立法宗旨和立法依据的规定。

一、立法宗旨

立法宗旨，即立法目的，是立法者立法时主观期望该法在将来实施中所起的作用。立法宗旨集中反映了一部法规的价值取向。《暂行办法》的立法宗旨包括：

（一）加强社会救助工作

社会救助是我国社会保障体系的重要组成部分，具体是指国家和社会给予年老、疾病、遭遇突发事件、丧失劳动能力或者因其他原因导致家庭收入难以满足基本生活需求的公民以物质或者其他帮助，以维持其基本生活，保障其最低生活水平的社会保障制度。社会救助以基本生活难以为继的公民为帮助对象，是社会保障体系的“基石”和基本民生的“安全网”。建立健全社会救助制度是完善社会保障体系的题中应有之意，是保障人民基本生活的必然要求，同时也是促进社会公平正义、维护社会和谐稳定的重要保证。

近年来，党中央、国务院高度重视社会救助工作。党的十七大明确提出，要以社会保险、社会救助、社会福利为基础，以基本养老、基本医疗、最低生活保障制度为重点，以慈善事业、商业保险为补充，加快完善社会保障体系；健全社会救助体系；强化防灾减灾工作；健全廉租住房制度，加快解决城市低收入家庭住房困难。党的十七届五中全会提出，要实现城乡社会救助全覆盖。党的十八大再次强调要完善社会救助体系。国务院连续多年在政府工作报告中对健全社会救助制度、推进社会救助工作提出明确要求。在党和政府的高度重视和全力推动下，我国社会救助事业发展迅速，社会救助体系初步建立，救助覆盖面不断扩大，救助水平逐年提高，社会救助在保障和改善民生中发挥的作用越来越显著。但是，由于起步晚、起点低，我国的社会救助仍然存在着制度体系不完整、保障机制不健全、日常管理不规范等问题。为落实好中央有关社会救助的政策要求，确保社会保障的最后一张“安全网”真正“安全”，维护好困难群众基本生活权益，就必须对现有各项救助制度进行统筹、完善。加强社会救助工作，建立健全社会救助制度既是对中央关注社会救助工作的回应，也是解决社会救助现实问题的需要。

（二）保障公民的基本生活

保障公民的基本生活是生存权的基本内容。《世界人权宣言》第二十五条明确规定，人人有权享受为维持他本人和家属的健康和福利所需要的生活水准，包括食物、衣着、住房、医疗和必要的社会服务。联合国《经济、社会及文化权利国际公约》第十一条第一款也规定，本公约缔约各国承认人人有权为他自己和家庭获得相当的生活水准，包括足够的食物、衣着和住房，并能不断改进生活条件。2001 年，我国批准了《经济、社会及文化权利国际公约》。作为缔约国，国家有保障公民生存权的基本义务。《暂行办法》规定的各项救助无一不以保障困难群众基本生活、实现公民生存权为内容。从根本上说，《暂行办法》就是一部生存权保障的法规，为国家保障公民的基本生活提供了法规依据。

（三）促进社会公平

当前，我国实行社会主义市场经济体制。党的十八届三中全会也明确要求，使市场在资源配置中起决定性作用和更好发挥政府作用。市场经济活动奉行自由竞争和优胜劣汰的原则。市场经济竞争之下的国民收入分配是初次分配，以效率为核心。由于人们在知识技能、资本积累和身体条件等方面存在差别，市场竞争引起的优胜劣汰势必造成社会主体之间的收入不均，一部分公民可能因此无法保证基本生活。初次分配下的贫富不均需要再次分配予以调整。社会救助属于再次分配，强调公平、公正。通过提供物质或者其他方面的帮助，社会救助水平不仅满足了困难群众的基本生活需求，而且保障了其合法权益，促进了社会公平。

（四）维护社会和谐稳定

党的十六大将“社会更加和谐”作为全面建设小康社会的重要目标之一，强调要努力形成全体人民“各尽其能、各得其所而又和谐相处”的局面。党的十七大进一步提出，要“在经济发展的基础上，更加注重社会建设，着力保障和改善民生”，“努力使全体人民学有所教、劳有所得、病有所医、老有所养、住有所居，推动建设和谐社会”。社会救助以保障困难群众基本生活为着眼点，体现了底线公平、共同发展、共享发展成果的价值取向，对于缩小贫富差距，缓和基于分配不公引发的社会矛盾，维护社会稳定，构建社会主义和谐社会，具有十分重要的意义。

二、立法依据

宪法是国家的根本大法，规定了国家的根本制度和根本任务。宪法是一切法律、法规的基础和依据。《暂行办法》依据宪法制定。具体而言，《暂行办法》的宪法依据包括三个方面：一是《中华人民共和国宪法》第十四条第四款规定，国家建立健全同经济发展水平相适应的社会保障制度。二是《中华人民共和国宪法》第三十三条第三款规定，国家尊重和保障人权。三是《中华人民共和国宪法》第四十五条第一款规定，中华人民共和国公民在年老、疾病或者丧失劳动能力的情况下，有从国家和社会获得物质帮助的权利。国家发展为公民享受这些权利所需要的社会保险、社会救济和医疗卫生事业。

第二条　社会救助制度坚持托底线、救急难、可持续，与其他社会保障制度相衔接，社会救助水平与经济社会发展水平相适应。

社会救助工作应当遵循公开、公平、公正、及时的原则。

【释义】

本条是关于社会救助制度方针、社会救助工作原则的规定。

一、社会救助制度的方针

（一）托底线

托底线就是要保障公民的基本生活，坚持底线公平，确保公民获得维持最低生活水平所必需的物质条件和服务。托底线表明社会救助在整个社会保障体系中处于基础性地位。社会救助制度以托底线为工作方针就是从保障公民最基本生活的方方面面入手，建立公民基本生活的“安全网”，解决生活困难公民的基本生存问题，编密织牢基本民生“安全网”，并且要确保网底牢固不破。

（二）救急难

救急难就是要保障公民在遭遇突发性、临时性、紧迫性困难时，有权并且能够及时获得国家和社会提供的必要帮助。救急难是社会救助工作的一项新要求。为此，《暂行办法》专章规定了临时救助制度，明确对因意外事件、突发重大疾病等原因，导致基本生活暂时出现严重困难的家庭，或者因生活必需支出突然增加超出家庭承受能力，导致基本生活暂时出现严重困难的最低生活保障家庭，以及遭遇其他特殊困难的家庭，给予临时救助。同时，《暂行办法》在受灾人员救助、医疗救助中分别规定了自然灾害救助和疾病应急救助的内容，也体现了救急难的要求。救急难方针以及相关救助制度的确立，进一步编密织牢了社会救助的“安全网”，最大限度地保证了社会救助制度的“托底”作用。

（三）可持续

可持续就是指社会救助制度能够持续实施下去，社会救助并非权宜之计，而是一项长期性、持久性的制度安排。社会救助关乎困难群众基本生活和衣食冷暖，是国家的基本义务。作为保民生、促公平的托底性、基础性经济社会制度，社会救助必须长期、持续实施。这就要求社会救助必须量力而行，救助水平必须与经济社会发展水平相适应。同时，由于我国正处于并将长期处于社会主义初级阶段，仍有不少困难群众依靠自身力量难以维持最低生活水平，社会救助制度只有长期、持续发挥作用，才能不断为他们提供帮助。

（四）社会救助制度与其他社会保障制度相衔接

社会救助制度并非孤立地发生作用，它与其他社会保障制度之间存在相互承接、相互辅助、相互补充的关系。在社会保障制度体系中，社会救助兜底线，保最低；社会保险广覆盖，保基本；社会福利重提高，保品质，三者层层衔接，环环相扣，共同构成我国社会保障制度体系的整体。

（五）社会救助水平与经济社会发展水平相适应

社会救助水平与经济社会发展水平相适应具体表现在三个方面：一是社会救助水平不应低于经济社会发展水平。社会救助事业发展滞后，无法满足困难群众的基本生活需求，最终会影响经济社会持续较快发展。建立不低于经济社会发展水平的社会救助制度，一方面有助于解决人民群众最关心、最直接、最现实的利益问题，维护社会和谐稳定；另一方面有利于拉动内需，促进经济发展。二是社会救助水平不应超越经济社会发展水平。超越经济社会发展承受能力的社会救助会加重政府和社会的负担，制约经济发展，其自身也会因为失去赖以存在的物质基础而无法持续发展。三是社会救助标准应当保持动态性，根据当地经济社会发展水平和物价变动情况适时调整。

二、社会救助工作的原则

社会救助工作遵循公开、公平、公正、及时的原则。社会救助各项工作除涉及国家秘密、商业秘密、个人隐私外，应一律予以公开。面对所有困难群众，社会救助工作应当做到权利公平、机会公平、规则公平，确保所有需要救助的公民都能够被纳入到社会救助体系中来，平等地享受改革发展的成果。同时，社会救助程序应当快捷、高效，确保困难群众及时得到救助。

第三条　国务院民政部门统筹全国社会救助体系建设。国务院民政、卫生计生、教育、住房城乡建设、人力资源社会保障等部门，按照各自职责负责相应的社会救助管理工作。

县级以上地方人民政府民政、卫生计生、教育、住房城乡建设、人力资源社会保障等部门，按照各自职责负责本行政区域内相应的社会救助管理工作。

前两款所列行政部门统称社会救助管理部门。

【释义】

本条是关于社会救助管理部门的规定。

一、国务院民政部门及相关政府部门的社会救助职责

社会救助是国务院民政部门的一项重要职责。《国务院办公厅关于印发民政部主要职责内设机构和人员编制规定的通知》（国办发〔2008〕62 号）规定，国务院民政部门牵头拟订社会救助规划、政策和标准，健全城乡社会救助体系，负责城乡居民最低生活保障、医疗救助、临时救助、生活无着人员救助工作。实践中，国务院民政部门积极探索加强和改进社会救助管理体制和运行机制的政策措施，不断健全完善社会救助制度体系，注重各项救助制度之间的有效衔接。由国务院民政部门负责统筹全国社会救助体系建设，既是民政部职责的需要，也能够最大限度地实现社会救助资源统筹，提高救助效率，推动社会救助事业科学、健康发展。

同时，社会救助又是一项涉及多项具体救助制度的综合性救助制度体系，包括最低生活保障、特困人员供养、受灾人员救助、医疗救助、教育救助、住房救助、就业救助、临时救助八项具体救助制度，涉及民政、卫生计生、教育、住房城乡建设、人力资源社会保障等多个政府部门。国务院各有关部门应当各司其职、分工负责、协调配合、齐抓共管，共同推进社会救助体系建设。

二、县级以上地方人民政府民政部门及相关政府部门的社会救助职责

县级以上地方人民政府民政部门及相关政府部门负责本行政区域内社会救助的政策制定及管理服务工作。具体工作职责如下：（1）县级以上地方人民政府民政部门负责统筹本行政区域内的社会救助体系建设，具体负责最低生活保障、特困人员供养、医疗救助、临时救助的政策制定、审批及日常管理等工作；负责定期核查获得最低生活保障家庭的人口状况、收入状况、财产状况；发生自然灾害时，负责核实本行政区域内居民受灾情况、确定住房恢复重建补助对象，并发放救灾资金、物资，组织开展灾后住房恢复重建等工作；根据申请或者已获得社会救助家庭的请求、委托，通过户籍管理、税务、社会保险、不动产登记、工商登记、住房公积金管理、车船管理等单位和银行、保险、证券等金融机构，代为查询、核对其家庭收入状况、财产状况；负责建立申请和已获得社会救助家庭经济状况信息核对平台。(2) 县级以上地方人民政府住房城乡建设部门负责本行政区域内住房救助的政策制定、审批及日常管理等工作。(3) 县级以上地方人民政府卫生计生部门负责本行政区域内疾病应急救助的政策制定、基金管理、审批等工作。(4) 县级以上地方人民政府教育部门负责本行政区域内教育救助的政策制定、日常管理等工作。(5) 县级以上地方人民政府人力资源社会保障部门负责本行政区域内就业救助的政策制定、实施及日常管理等工作。(6) 县级以上人民政府财政部门、审计机关负责对社会救助资金、物资的筹集、分配、管理和使用实施监督。

第四条　乡镇人民政府、街道办事处负责有关社会救助的申请受理、调查审核，具体工作由社会救助经办机构或者经办人员承担。

村民委员会、居民委员会协助做好有关社会救助工作。

【释义】

本条是关于社会救助经办机构及职责义务的规定。

一、社会救助的受理渠道、调查审核单位

《暂行办法》规定，有关社会救助的申请受理、调查审核由乡镇人民政府、街道办事处负责，具体工作由社会救助经办机构或者经办人员承担。乡镇人民政府、街道办事处负责社会救助的申请受理，是指乡镇人民政府、街道办事处负责接受困难群众提交的社会救助申请。为此，乡镇人民政府、街道办事处应当建立统一受理社会救助申请的窗口，及时受理、转办社会救助申请事项。乡镇人民政府、街道办事处调查审核社会救助申请，是指乡镇人民政府、街道办事处负责通过入户调查、邻里访问、信函索证、群众评议、信息核查等方式，对申请最低生活保障、特困人员供养、医疗救助、临时救助以及其他社会救助的困难群众的家庭收入状况、财产状况等进行调查核实。根据《暂行办法》规定，乡镇人民政府、街道办事处应当成立社会救助经办机构，或者指定社会救助经办人员承担具体工作。关于社会救助经办机构，有条件的地区应当单独成立经办机构，条件不具备的可依托民政所、社会保障所、社会事务办公室、公共服务中心等已有机构。

社会救助的申请受理、调查审核由乡镇人民政府、街道办事处负责，一方面有利于方便人民群众，解决困难群众“求助有门”的问题，体现以人为本的理念；另一方面，乡镇人民政府、街道办事处是最基层的行政区划单位，与人民群众接触最为密切，由其调查审核申请人的家庭收入状况、财产状况，提出初审意见，既能够保证调查审核工作的效率，也能够确保调查审核结果的准确性。

二、村民委员会、居民委员会的职责

在我国，农村村民委员会、城市居民委员会是群众自我管理、自我教育、自我服务的基层群众性自治组织。作为群众自己的组织，村民委员会、居民委员会与村民、居民接触最直接、最密切，最了解困难群众的需求。村民委员会、居民委员会协助做好社会救助工作，既是社会救助工作的内在要求，也是村民委员会、居民委员会的职责所在。村民委员会、居民委员会的具体协助事项包括：接受有困难的申请人的委托，代为提出社会救助申请；协助乡镇人民政府、街道办事处做好邻里访问、信函索证、群众评议等工作；发现特困供养人员不再符合供养条件的，告知乡镇人民政府、街道办事处等。需要注意的是，在代为提出社会救助申请时，村民委员会、居民委员会仅是“转交”角色，无权截扣申请人的社会救助申请。

第五条　县级以上人民政府应当将社会救助纳入国民经济和社会发展规划，建立健全政府领导、民政部门牵头、有关部门配合、社会力量参与的社会救助工作协调机制，完善社会救助资金、物资保障机制，将政府安排的社会救助资金和社会救助工作经费纳入财政预算。

社会救助资金实行专项管理，分账核算、专款专用，任何单位或者个人不得挤占挪用。社会救助资金的支付，按照财政国库管理的有关规定执行。

【释义】

本条是关于社会救助制度保障机制、社会救助资金监督管理机制以及社会救助资金支付的规定。

一、社会救助制度的保障机制

（一）县级以上人民政府应当将社会救助纳入国民经济和社会发展规划

国民经济和社会发展规划以统筹安排和指导全国或某一地区的社会、经济、文化建设等工作为主要内容，是全国或者某一地区经济、社会发展的总体纲要，具有战略意义。《中华人民共和国国民经济和社会发展第十二个五年规划纲要》明确指出，要加强社会救助体系建设，完善城乡最低生活保障制度，规范管理，分类施保，实现应保尽保；健全低保标准动态调整机制，合理提高低保标准和补助水平；加强城乡低保与最低工资、失业保险和扶贫开发等政策的衔接；提高农村五保供养水平；做好自然灾害救助工作；完善临时救助制度，保障低保边缘群体的基本生活。这一规划，明确了社会救助的发展目标、发展方向和发展路径，可以说为一个时期内社会救助的发展规定了时间表和路线图。《暂行办法》要求县级以上人民政府将社会救助纳入国民经济和社会发展规划，也就是县级以上人民政府（包括中央人民政府）今后在制定本行政区域国民经济和社会发展规划时，要将社会救助作为一项重要内容纳入其中，从国家发展战略或地区发展战略角度对社会救助工作做出安排和部署。

（二）建立健全政府领导、民政部门牵头、有关部门配合、社会力量参与的社会救助工作协调机制

社会救助事业是一项系统工程，涉及政府、政府相关工作部门、社会力量各类主体。做好社会救助工作，必须

明确政府、政府相关工作部门、社会力量的地位，理顺它们之间的关系，并在此基础上建立相应的工作协调机制。首先，社会救助是政府的法定职责，政府要在社会救助工作中发挥领导作用，积极推动社会救助事业的科学发展。可以说，政府强有力的领导，是做好社会救助工作的前提。其次，社会救助是民政部门的传统职责。多年来，民政部门在职责范围内不仅发展了传统的社会救助工作，而且拓展了不少新业务，既抓顶层设计，又重实践探索，积累了许多科学有效的经验。由民政部门负责牵头，统筹协调、监督检查，其他有关部门予以配合，既符合社会救助制度的发展历史，也能够满足社会救助工作的现实需要。第三，社会力量参与是社会救助体系的重要组成部分。政府是社会救助的责任主体，但是群众困难的多元性和我国正处于并将长期处于社会主义初级阶段的国情决定了单靠政府的力量难以满足人民群众的救助需要，因此应当动员社会力量参与救助，发挥他们在救助方面的优势。

（三）完善社会救助资金、物资保障机制，将政府安排的社会救助资金和社会救助工作经费纳入财政预算

社会救助资金和物资是否充足、社会救助工作经费是否到位是社会救助工作能否有力、有效开展的基础。经过多年的发展，我国逐步建立和完善了社会救助资金、物资保障机制，政府安排的社会救助资金和社会救助工作经费也都纳入了财政预算。对此，《城市居民最低生活保障条例》《自然灾害救助条例》《农村五保供养工作条例》均有相应规定。《暂行办法》延续了相关法规的内容，明确

县级以上人民政府应当根据社会救助工作实际需求，完善相应的社会救助资金、物资保障机制，将政府安排的社会救助资金、社会救助工作经费纳入财政预算。需要特别指出的是，社会救助工作需要一定的行政成本，《暂行办法》要求将政府安排的社会救助工作经费纳入财政预算，也就是各地应当通过财政预算的办法予以足额保障。一般情况下，将政府安排的社会救助工作经费纳入财政预算，应当理解为单独纳入财政预算，而不是同其他民政工作经费一起混合纳入财政预算。

二、社会救助资金监督管理机制

社会救助资金属专项资金，专门用于社会救助工作，是社会救助制度得以落实的物质基础和保证。社会救助资金的安全，直接关系广大困难群众的生存权和社会秩序的稳定。各地应当按照《暂行办法》的要求，建立健全社会救助资金、物资保障机制，确保社会救助资金的管理、核算、使用严格按照规定的制度和程序进行，切实做到专项管理、分账核算、专款专用，任何单位或者个人不得挤占挪用，确保社会救助资金、物资真正用到社会救助对象身上。为保证社会救助资金实行专项管理，分账核算，专款专用，县级以上人民政府财政部门、审计机关应当依法对社会救助资金、物资的筹集、分配、管理和使用实施监督；县级人民政府及其社会救助管理部门应当通过便于公众知晓的途径，及时公开社会救助资金、物资的管理和使用等情况，接受社会监督；同时，任何单位或者个人截留、挤占、挪用、私分社会救助资金、物资的行为均构成违法行为，相关责任人员应当承担相应的法律责任。

三、社会救助资金的支付

社会救助资金属财政预算内资金，支付应当按照财政国库管理的有关规定执行。目前，“按照财政国库管理的有关规定”是指，最低生活保障、临时救助等社会救助资金支付一般采取社会化发放的形式，也即民政部门等相关社会救助管理部门负责审批救助对象和救助金额，财政部门负责将社会救助资金直接拨付到救助对象在金融机构开设的账户，救助对象持银行卡或存折到金融机构领取社会救助资金；只有不具备社会化发放条件的，才予以现金发放。

第六条　县级以上人民政府应当按照国家统一规划建立社会救助管理信息系统，实现社会救助信息互联互通、资源共享。

【释义】

本条是关于社会救助管理信息系统建立的相关规定。

“社会救助管理信息系统”是一个统称，泛指涉及各项社会救助制度的信息管理系统，既指一个包含多项社会救助制度的管理信息系统，也指多个相对独立的社会救助管理信息系统。无论建立什么样的社会救助管理信息系统，都要按照《暂行办法》的要求，以实现社会救助信息互联互通、资源共享为目标，打破部门之间、上下级之间救助信息条块分割、不能共享的藩篱。各社会救助管理部门在建立社会救助管理信息系统时，应当按照国家统一规划实施，具备一定的包容性、开放性和交互性，做到标准统一、数据规范、项目齐备，实现各类社会救助信息互联、互通、互动。

社会救助管理信息系统应社会救助工作的实际需要而产生，是社会救助工作的必然要求，有助于促进社会救助事业的科学发展。首先，社会救助工作日益繁重，社会救助管理信息系统有助于提高救助管理工作的效率，确保救助对象及时得到救助。其次，社会救助管理信息系统有助于提高救助工作的准确性和科学性，确保社会救助瞄得准、救得好，将有限的社会救助资源真正用在最困难的群众身上。最后，社会救助管理信息系统还可以及时发布权威的社会救助法律法规、政策及其他相关信息，为群众快速获取相关信息提供便利，并有助于扩大社会救助工作的宣传力度。

第七条　国家鼓励、支持社会力量参与社会救助。

【释义】

本条是关于国家鼓励、支持社会力量参与社会救助的规定。

《暂行办法》首次以法规的形式为社会力量参与社会救助提供了明确的法律依据。所谓社会力量，是指政府之外的企业事业单位、社会团体、其他社会组织及公民个人。社会救助是政府义不容辞的责任，同时也是全社会共同的事业。政府和社会力量共同提供社会救助是国际上的普遍做法。由于我国正处于并将长期处于社会主义初级阶段，生产力发展水平还不高，资源相对不足，单纯由政府提供社会救助无法满足困难群众多元化的救助需求，需要社会力量予以补充。

社会力量参与社会救助主要以捐赠、设立帮扶项目、创办服务机构、提供志愿者服务等方式进行。国家应当采取以下方式鼓励和支持社会力量参与社会救助：一是建立健全社会力量参与社会救助的机制和渠道，及时提供社会救助项目、需求信息；二是完善政府向社会力量购买服务的政策措施；三是制定、完善针对参与社会救助的社会力量的各项优惠政策；四是对积极参与社会救助的社会力量给予表彰和奖励。

第八条　对在社会救助工作中作出显著成绩的单位、个人，按照国家有关规定给予表彰、奖励。

【释义】

本条是关于社会救助工作褒奖的规定。

社会救助工作褒奖的对象是社会救助工作单位和个人；褒奖条件是在社会救助工作中作出显著成绩。社会救助工作单位和个人主要包括社会救助管理部门、社会救助经办机构及其工作人员。同时，为了鼓励社会力量积极参与社会救助，褒奖的对象还应当包括积极参与社会救助的企业事业单位、社会团体、其他社会组织及公民个人。“表彰、奖励”既包括嘉奖、记功、授予荣誉称号等精神奖励，也包括给予奖金、奖品或者其他待遇等物质奖励。具体适用上，表彰、奖励应当坚持精神奖励与物质奖励相结合，以精神奖励为主的原则。

第二章　最低生活保障

本章规定了最低生活保障的相关内容，共计五条，分别明确了最低生活保障的对象范围和资格条件；最低生活保障标准、最低生活保障家庭收入、财产状况认定；最低生活保障审核审批程序；最低生活保障金的发放和分类施保；最低生活保障对象的告知义务、最低生活保障的定期核查和低保金调整。

第九条　国家对共同生活的家庭成员人均收入低于当地最低生活保障标准，且符合当地最低生活保障家庭财产状况规定的家庭，给予最低生活保障。

【释义】

本条是关于最低生活保障对象范围和资格条件的规定。

最低生活保障是社会救助制度体系中的基础性制度安排。低保对象的认定条件是决定救助范围是否科学合理、救助制度能否持续稳定发展的重要前提，必须科学规范。对此，《暂行办法》的核心要点主要包括三个方面：

一是强调以家庭为单位给予低保救助。依据《中华人民共和国民法通则》和《中华人民共和国婚姻法》等民事法律的相关规定，与人们生活保障密切相关的主要有法定赡养人、抚养人和扶养人，即配偶、父母、子女、兄弟姐妹、祖父母、外祖父母、孙子女、外孙子女等近亲属。据此，共同生活的家庭成员可以分为四种类型：一是配偶；二是父母和未成年子女；三是已成年但不能独立生活的子女，包括在校接受本科及以下学历教育的成年子女；四是其他具有法定赡养、抚养、扶养义务关系并长期共同居住的人员。当然，有些家庭成员可以视为非共同生活，比如连续三年以上（含三年）脱离家庭独立生活的宗教教职人员，在监狱内服刑的人员等。考虑到重度残疾人的特殊性，困难家庭中丧失劳动能力且单独立户的成年重度残疾人也可以单独提出低保申请。

二是明确了低保对象的收入条件。根据《暂行办法》规定，家庭人均收入低于当地最低生活保障标准，是给予最低生活保障的必要条件之一。如果一个家庭的人均收入高于当地最低生活保障标准，则不应当纳入低保救助范围。家庭人均收入情况是判断救助申请家庭是否符合当地最低生活保障条件、应该享受到怎样救助水平的关键因素。这里所说的家庭人均收入，是指共同生活的家庭成员在规定期限内的全部可支配收入除以家庭总人数，可支配收入是指扣除个人所得税及按规定缴纳的社会保障性支出后，所有的工资性收入、经营性净（纯）收入、财产性收入和转移性收入。其中，工资性收入指因任职或者受雇而取得的工资、薪金、奖金、劳动分红、津贴、补贴以及与任职或者受雇有关的其他所得等。经营性净（纯）收入指从事生产、经营及有偿服务活动所得，包括从事种植、养殖、采集及加工等农林牧渔业的生产收入，从事工业、建筑业、手工业、交通运输业、批发和零售贸易业、餐饮业、文教卫生业和社会服务业等经营及有偿服务活动的收入。财产性收入包括动产收入和不动产收入。动产收入是指出让无形资产、特许权等收入，储蓄存款利息、有价证券红利、储蓄性保险投资以及其他股息和红利等收入，集体财产收入分红和其他动产收入等。不动产收入是指转租承包土地经营权，出租或者出让房产以及其他不动产收入等。转移性收入指国家、单位、社会团体对居民家庭的各种转移支付和居民家庭间的收入转移，包括赡养费、扶养费、抚养费，离退休金、失业保险金，社会救济金、遗属补助金、赔偿收入，接受遗产收入、接受捐赠（赠送）收入等。但是，按国家规定所获得的优待抚恤金、计划生育奖励与扶助金以及教育、见义勇为等方面的奖励性补助，一般不计入家庭收入。根据人力资源和社会保障部、财政部、民政部下发的《关于做好新型农村和城镇居民社会养老保险制度与城乡居民最低生活保障农村五保供养优抚制度衔接工作的意见》（人社部发〔2012〕15号），在审批或复核低保对象资格时，中央确定的基础养老金“十二五”时期暂不计入家庭收入，具体办法由地方人民政府确定。

三是明确了低保对象的财产条件。《暂行办法》要求，最低生活保障家庭还应当符合当地有关家庭财产状况的规定，这是相关内容首次在国家行政法规中予以明确。此前，由于仅明确最低生活保障对象的家庭人均收入标准，一些财产较多、收入较低的家庭也能够享受最低生活保障，这显然有违社会公平正义，引起了不少争议。财产条件的提出，弥补了制度漏洞，更能够体现社会救助制度托底线、救急难、可持续的工作方针。鉴于当前居民家庭财产来源的多样性以及认定工作的复杂性，各地可根据工作需要，主要对大额财产进行核查认定。所谓大额财产，主要包括大额现金、存款以及有价证券；机动车辆（残疾人功能性补偿代步机动车辆除外）、船舶；房屋；债权、股权和其他财产等。其中，金融性资产应规定明确的标准线，非金融性资产则可按照财产类型分别规定。

第十条　最低生活保障标准，由省、自治区、直辖市或者设区的市级人民政府按照当地居民生活必需的费用确定、公布，并根据当地经济社会发展水平和物价变动情况适时调整。

最低生活保障家庭收入状况、财产状况的认定办法，由省、自治区、直辖市或者设区的市级人民政府按照国家有关规定制定。

【释义】

本条是关于最低生活保障标准和最低生活保障家庭收入、财产状况认定的规定。

一、关于最低生活保障标准的制定依据

最低生活保障标准是最低生活保障制度的核心内容，

是衡量低保救助水平的重要标尺，直接关系到广大最低生活保障对象的切身利益。基于低保标准在低保制度中的重要性，《暂行办法》明确要求按照当地居民生活必需的费用来确定低保标准。早在 2011 年，民政部会同国家发展改革委、财政部、国家统计局下发了《关于进一步规范城乡居民最低生活保障标准制定和调整工作的指导意见》(民发〔2011〕80 号)，列出基本生活费用支出法、恩格尔系数法和消费支出比例法三种测算方法。其中，对于消费支出比例法的计算，指导意见提出，已按基本生活费用支出法或恩格尔系数法测算出城乡低保标准的地区，可将此数据与当地上年度城乡居民人均消费支出进行比较，得出低保标准占上年度城乡居民人均消费支出的比例。在今后一定时期内再次计算城乡低保标准时，可直接用当地上年度城乡居民人均消费支出乘以此比例。作出这样规定，主要有三方面考虑：首先，从低保标准内涵上讲，消费支出反映的是个人或家庭的生活水平，低保标准反映的是对困难群众基本生活消费支出需求的满足程度，因此用消费类指标衡量低保标准，最能反映最低生活保障制度的目标。其次，从操作层面来讲，消费支出数据由统计部门发布，客观权威，其数据构成相对简单，易于操作，公众也更为理解、接受。第三，将低保标准与消费支出挂钩，以全部人口的全部消费支出为基础，一定程度上反映了让包括困难群众在内的全体人民共享经济社会发展成果的制度理念。当然，从全国层面讲，在研究出台具体政策时应考虑东、中、西不同区域，确定不同的指导比例。各地在实际操作中，也应充分考虑不同类型地区和城乡之间经济社会发展水平的差异，制定不同类型地区的指导比例。

二、关于最低生活保障标准的调整机制

按照消费支出比例法确定低保标准后，各地低保标准原则上应参照当地上年度城乡居民人均消费支出每年调整一次。《暂行办法》同时规定，低保标准要根据当地经济社会发展水平和物价变动情况适时调整。针对物价变动情况，早在2011年，国家发展改革委、民政部、财政部、人力资源和社会保障部、国家统计局曾联合下发《关于建立社会救助和保障标准与物价上涨挂钩的联动机制的通知》（发改价格〔2011〕431号），部署建立低保标准与物价上涨挂钩的联动机制。2014年1月，五部委再次下发《关于完善社会救助和保障标准与物价上涨挂钩联动机制的通知》（发改价格〔2014〕182号），就进一步完善低保标准与物价上涨挂钩的联动机制提出要求。联动机制的具体内容是，当居民基本生活费用价格指数（或居民消费价格指数）月度涨幅达到临界条件时，启动联动机制，发放价格临时补贴；价格指数连续一定时期回落至临界条件以下时，停止发放价格临时补贴；连续发放价格临时补贴一定时期以上时，按照正常程序调整城乡低保标准，停止发放价格临时补贴，以保障困难群众生活水平不受物价上涨因素影响。目前所有省（区、市）均已建立这项机制，并实现良性运行。价格联动机制是低保标准动态调整的重要根据之一。

三、关于最低生活保障标准的制定权限

《城市居民最低生活保障条例》将城市低保标准的制定权限赋予县级人民政府和设区的市级人民政府，《国务院关于在全国建立农村最低生活保障制度的通知》（国发〔2007〕19号）将农村低保标准的制定权限赋予县级以上地方人民政府。为加强低保标准制定的科学性，减少人为因素影响，加强城乡和区域统筹，《国务院关于进一步加强和改进最低生活保障工作的意见》（国发〔2012〕45号）要求，省级人民政府可根据区域经济社会发展情况，研究制定本行政区域内相对统一的区域标准，逐步缩小城乡差距、区域差距。《暂行办法》在此基础上进一步规定，由省、自治区、直辖市或者设区的市级人民政府制定或调整最低生活保障标准。

最低生活保障标准制定和调整权限层级的上移，是对最低生活保障制度最为突出的政策调整，也是解决一些地方在标准制定过程中科学性不足的治本之策。一方面，这一调整有利于缩小区域低保标准差距。以往低保标准主要由县级人民政府制定，每个县（市、区）公布一个标准。受各种人为因素影响，有些地理位置相邻、经济社会发展相近的县（市、区）之间的低保标准差距非常大，特别是少数县级人民政府没有建立科学的低保标准制定、调整工作机制，随意性较大，科学性明显不足。有些地区的低保标准脱离实际盲目攀高，有些地区受财力制约人为压低，这些都影响了低保标准制定的科学性，进而影响了低保制度的执行效果。另一方面，这一调整有利于缩小城乡差

距。省级和设区的市级人民政府可以根据当地经济社会发展水平和城镇化发展需要，统筹研究制定、公布和调整城市低保标准和农村低保标准，从而逐步缩小低保标准和实际补助水平的城乡差距，最终实现最低生活保障制度公平可持续发展。

四、关于最低生活保障家庭收入状况、财产状况认定办法

低保申请家庭收入状况和财产状况的核实与计算，是最低生活保障管理工作的核心环节。《暂行办法》明确规定，最低生活保障家庭收入状况、财产状况的认定办法，由省、自治区、直辖市或者设区的市级人民政府按照国家有关规定制定。因此，省级民政部门应当加大统筹协调力度，会同有关方面在深入调研、科学测算基础上，制定或修订全省统一的最低生活保障家庭收入状况、财产状况认定办法，或者指导设区的市级民政部门做好相关工作，并以设区的市级人民政府名义发布认定办法。低保家庭收入状况、财产状况认定办法是低保工作开展的重要政策依据，各地应充分认识其重要性，高度重视、精心实施。各地在制定办法时，可以按照民政部发布的《最低生活保障审核审批办法（试行）》（民发〔2012〕220 号）有关规定，立足本地实际，细化、实化涵盖工资性、经营性、财产性和转移性等方面的收入项目，分项确定核算方法和工作程序；同时，要制定低保家庭的住房、机动车、银行存款、有价证券等大额财产的标准和条件，明确核算和评估的具体方法。认定办法应当通过政府规范性文件或政府规章形式向社会公布，适用于本区域内的全体居民，体现其法律效力和权威性。

第十一条　申请最低生活保障，按照下列程序办理：

（一）由共同生活的家庭成员向户籍所在地的乡镇人民政府、街道办事处提出书面申请；家庭成员申请有困难的，可以委托村民委员会、居民委员会代为提出申请。

（二）乡镇人民政府、街道办事处应当通过入户调查、邻里访问、信函索证、群众评议、信息核查等方式，对申请人的家庭收入状况、财产状况进行调查核实，提出初审意见，在申请人所在村、社区公示后报县级人民政府民政部门审批。

（三）县级人民政府民政部门经审查，对符合条件的申请予以批准，并在申请人所在村、社区公布；对不符合条件的申请不予批准，并书面向申请人说明理由。

【释义】

本条是关于最低生活保障审核审批程序的规定。

审核审批程序是最低生活保障工作规范管理的具体体现，直接关系到保障权利的公平性、实施过程的公开性和落实结果的公正性。《暂行办法》对最低生活保障申请、审核、评议、审批、公示和发放程序均作出规定，相关表述与《国务院关于进一步加强和改进最低生活保障工作的意见》有关内容基本一致。

一、关于申请程序

《暂行办法》将最低生活保障申请由村（居）委会受理调整为由乡镇人民政府、街道办事处受理，明确了乡镇人民政府、街道办事处的受理主体责任。这意味着，乡镇人民政府、街道办事处的社会救助经办机构和经办人员应当及时受理困难群众提出的低保救助申请，仔细核查每一份申请材料，没有正当理由不得拒绝受理。根据《暂行办法》规定，在申请人申请困难的情况下，申请人可以委托村（居）民委员会这样的基层群众性自治组织，代其向乡镇人民政府、街道办事处提交申请。

二、关于审核程序

《暂行办法》在入户调查、邻里访问、信函索证、群众评议等审核方式的基础上，将信息核查作为重要内容列入审核程序。乡镇人民政府、街道办事处的社会救助经办机构在核查低保申请家庭收入状况、财产状况时，可以先通过县级以上人民政府民政部门建立的居民家庭经济状况核对信息平台，核查分散在公安、人力资源社会保障、住房城乡建设、国土资源、税务、金融、工商等部门和机构的户籍、机动车、不动产、社会保险、存款、证券、个体经营、住房公积金等收入和财产信息，综合评估救助申请家庭经济状况。符合条件的，由乡镇人民政府、街道办事处逐户调查，实地了解申请人的家庭收入状况、财产状况和吃、穿、住、用等实际生活状况；不符合条件的，不再进行后续程序。

三、关于公示程序

公示是确保低保制度公平、公正实施的重要保证。《暂行办法》提出，要做好审核公示、审批公示的“两榜公示”。审核公示由乡镇人民政府、街道办事处负责，审批公示由县级人民政府民政部门负责。组织公示的地点应当是申请人所在的村或城镇社区，公示可以依托固定的政务公开栏、村（居）务公开栏或者政务大厅设置的电子屏等场所和地点进行。为便于群众监督，审核公示环节主要公开入户调查、群众评议和审核结果，审批公示的内容主要包括低保申请人姓名、家庭成员、拟救助金额等，但不得公开与给予最低生活保障无关的信息。同时，县级人民政府民政部门和乡镇（街道）社会救助经办机构还应当公开监督咨询电话，对于接到实名举报的应当逐一核查，并及时向举报人反馈核查处理意见。

四、关于审批程序

《暂行办法》强调，县级人民政府民政部门是最低生活保障审批责任主体，负责材料审查、最低生活保障对象和最低生活保障金批准等工作。根据《暂行办法》精神和有关政策要求，县级人民政府民政部门在作出审批决定前，应当全面审查乡镇人民政府、街道办事处上报的调查材料和审核意见（含群众评议结果），并按照不低于30%的比例入户抽查。对于符合条件、审批通过的低保申请家庭，要在申请人所在村、社区公示；对不符合条件的低保申请不予批准，并应书面向申请人说明理由。同时，县级人民政府民政部门还应当进一步完善异议复核制度，调查核实、认真处理群众对于审批结果提出的异议，提出维持或变更审批意见的决定。

第十二条　对批准获得最低生活保障的家庭，县级人民政府民政部门按照共同生活的家庭成员人均收入低于当地最低生活保障标准的差额，按月发给最低生活保障金。

对获得最低生活保障后生活仍有困难的老年人、未成年人、重度残疾人和重病患者，县级以上地方人民政府应当采取必要措施给予生活保障。

【释义】

本条是关于最低生活保障金发放和分类施保的规定。

一、关于最低生活保障金数额的确定依据

《城市居民最低生活保障条例》规定，对城市“三无”人员按照当地城市低保标准实施全额救助，对尚有一定收入的城市居民实施差额救助。《国务院关于在全国建立农村最低生活保障制度的通知》要求，最低生活保障金原则上按照申请人家庭年人均纯收入与保障标准的差额发放，也可以在核查申请人家庭收入的基础上，按照其家庭的困难程度和类别，分档发放。而这次《暂行办法》明确规定，最低生活保障制度的救助方式是差额补助，也就是按照共同生活的家庭成员人均收入水平与当地最低生活保障标准的差额实施救助。这就对城乡低保、尤其是农村低保提出了新的更高的要求。各地应进一步修订完善切合本地实际的农村低保申请家庭收入状况、财产状况核定办法，为实施从分档救助向差额救助的转变创造条件。

二、关于最低生活保障金发放

根据《暂行办法》规定，县级人民政府民政部门应当按月向低保对象发放最低生活保障金。这一规定，立足于近年来包括农村在内的我国广大地区金融业务发展迅速，银行、信用社等金融机构布局广泛的实际，有助于提高工作效率，减少发放环节，及时满足困难群众的基本生活需求。县级财政、民政部门应当按照财政国库管理的相关规定，通过低保对象以家庭为单位在金融机构开设的专门账户，按月将最低生活保障金足额、及时发放到位，由低保对象持银行卡或存折自行到金融机构领取。特殊情况下，或者暂时不具备通过金融机构发放条件的地区，可适当放宽低保金发放周期。

三、关于分类施保

所谓分类施保，就是对最低生活保障对象中的特殊困难人员给予更好的救助。《暂行办法》规定，对于获得低保后生活仍有困难的老年人、未成年人、重度残疾人和重病患者，县级以上地方人民政府应当采取必要措施给予生活保障。这在行政法规层面吸收了各地普遍做法，第一次对分类施保的做法进行规范，是对低保制度的进一步健全和完善。低保制度原有的设计强调收入水平，对支出因素考虑相对较少，低保对象在致贫原因、困难程度和实际救助需求等方面存在较大的个体差异，按照低保标准计算，部分特殊困难低保对象由于自身特殊原因，得到的低保金与实际需求之间可能还存在一定差距。只有针对这些特殊对象的实际困难，提供差异化救助服务，做到突出重点、兼顾一般，才能保障好他们的生活，提高最低生活保障制度的针对性和科学性。《暂行办法》对四种类型的特困群体提出了救助要求，就是要在以家庭为单位救助、补差发放低保金的同时，体现对特殊困难群体的特别关爱。各地在落实《暂行办法》过程中，可以结合实际，按照“重点突出、补助合理、体现差别、量力而行”的原则，进一步细化享受分类施保的对象类别，制定切实可行的方案，在做到应保尽保的同时，探索总结分类施保的经验和做法，适当提高这些特殊困难群体的救助水平，使这些特殊困难群众的基本生活切实得到保障。

第十三条　最低生活保障家庭的人口状况、收入状况、财产状况发生变化的，应当及时告知乡镇人民政府、街道办事处。

县级人民政府民政部门以及乡镇人民政府、街道办事处应当对获得最低生活保障家庭的人口状况、收入状况、财产状况定期核查。

最低生活保障家庭的人口状况、收入状况、财产状况发生变化的，县级人民政府民政部门应当及时决定增发、减发或者停发最低生活保障金；决定停发最低生活保障金的，应当书面说明理由。

【释义】

本条是关于最低生活保障对象告知义务、定期核查和最低生活保障金调整的规定。

一、关于对象的告知义务

最低生活保障对象在从国家获得帮助的同时，应该履行相应的义务。《城市居民最低生活保障条例》规定，家庭人均收入情况发生变化的，应当及时通过居民委员会告知管理审批机关，办理停发、减发或者增发城市居民最低生活保障待遇的手续。《国务院关于进一步加强和改进最低生活保障工作的意见》对此进行了完善，要求各地建立最低生活保障家庭人口、收入和财产状况定期报告制度。《暂行办法》在总结实践经验的基础上，进一步明确规定，最低生活保障家庭的人口状况、收入状况、财产状况发生变化的，应当及时告知乡镇人民政府、街道办事处。这一规定既强化了最低生活保障家庭的告知义务，也明确了乡镇人民政府、街道办事处是报告的受理机构。

二、关于定期核查制度

定期核查是加强社会救助经办机构职责、实现动态管理的重要方面。《暂行办法》规定，县级人民政府民政部门以及乡镇人民政府、街道办事处应当对低保家庭的人口状况、收入状况、财产状况定期核查。实际工作中，各地一般采取入户调查、邻里走访、信息核查等方式进行。为确保核查工作的科学性，各地可以对低保对象进行分类核查。即对收入来源不固定、成员有劳动能力和劳动条件的低保家庭，可以城市按月、农村按季进行核查；对无生活来源、无劳动能力又无法定赡养、抚养、扶养义务人的“三无人员”，由于其家庭收入较长时期内不会发生较大的变化，可以每年核查一次；对短期内收入变化不大的家庭，可每半年核查一次。

三、关于低保救助金额的动态调整

动态管理是最低生活保障工作的基本原则之一，是低保规范化管理的重要内容。加大低保动态管理力度，实现应保尽保、应退即退，是确保有限的救助资金真正用于最需要帮助的困难群众身上，提高资金使用效益，维护社会公平正义的重要手段。动态管理一般体现在两个方面：一是人员的动态调整。即将申请低保并符合条件的困难群众及时纳入最低生活保障，同时结合定期核查制度将不再符合条件的及时退出救助范围，实现低保对象有进有出，消除部分对象对最低生活保障的“依赖”性；二是救助金额的动态调整。即按照补差发放的原则，根据定期核查的低保家庭人口、财产和收入等变化情况，重新计算应当享受的最低生活保障金额，及时增发或减发最低生活保障金，实现补助水平有升有降的政策要求。此外，《暂行办法》还规定，对于停发低保金的要书面说明停发理由，这是保护低保对象知情权的具体举措，也是救助工作科学规范的重要内容。

第三章　特困人员供养

本章规定了特困人员供养的内容，共计六条，分别明确了特困人员供养条件；特困人员供养内容和供养标准；特困人员供养申请审核审批程序；特困人员供养主动发现机制；终止特困人员供养；特困人员供养形式。

第十四条　国家对无劳动能力、无生活来源且无法定赡养、抚养、扶养义务人，或者其法定赡养、抚养、扶养义务人无赡养、抚养、扶养能力的老年人、残疾人以及未满 16 周岁的未成年人，给予特困人员供养。

【释义】

本条是关于特困人员供养条件的规定。

《暂行办法》建立了城乡统一的特困人员供养制度。特困人员供养制度的建立，消除了城乡特困人员救助方式的差异，赋予了他们获得救助的同等权利，实现了制度公平、权利公平和规则公平，是《暂行办法》统筹城乡社会救助体系建设的重要成果。

关于特困人员供养条件，《暂行办法》从自身属性、劳动能力、经济状况、社会关系四个方面作出界定。给予特困供养的老年人、残疾人以及未满16周岁的未成年人，应当同时具备无劳动能力、无生活来源且无法定赡养、抚养、扶养义务人，或者其法定赡养、抚养、扶养人无赡养、抚养、扶养能力的条件。

一、自身属性

自身属性是指获得特困人员供养的居民在年龄、身体状况、收入能力等方面的自身特征。根据《暂行办法》规定，获得特困人员供养的居民，必须属于以下特定群体：

1. 老年人。按照《中华人民共和国老年人权益保障法》第二条的规定，老年人是指60周岁以上的公民。我国有敬老、爱老、养老的优良传统美德，国家十分重视老年人的社会保障问题。其中，《中华人民共和国老年人权益保障法》第三条第二款规定，老年人有从国家和社会获得物质帮助的权利；第五条第一款规定，国家建立多层次的社会保障体系，逐步提高对老年人的保障水平。将特困老年人纳入供养范围，保障他们的基本生活，是弘扬中华民族优良传统、落实相关法律规定的具体措施。

2. 残疾人。《中华人民共和国残疾人保障法》第二条规定，残疾人是指在心理、生理、人体结构上，某种组织、功能丧失或者不正常，全部或者部分丧失以正常方式从事某种活动能力的人。残疾人包括视力残疾、听力残疾、言语残疾、肢体残疾、智力残疾、精神残疾、多重残疾和其他残疾的人。采取特别措施，维护残疾人的合法权益，是世界各国的通行做法。《中华人民共和国宪法》和《中华人民共和国残疾人保障法》等相关法律规定，既要保障残疾人在政治、经济、文化、社会和家庭生活等方面享有与健全者平等的权利，又要对残疾人实施特殊保护。将特困残疾人纳入供养范围，保障他们的基本生活，也是落实这一要求的具体体现。

3. 未满16周岁的未成年人。对未成年人给予特别关心和爱护，是我们党和政府长期以来一直高度重视的工作，同时也是社会各界高度关注的事业。对符合特困人员供养条件的未成年人，各地都应将其作为供养的重点对象。《中华人民共和国未成年人保护法》第二条规定，本法所称未成年人是指未满18周岁的公民。《中华人民共和国民法通则》第十一条规定，18周岁以上的公民是成年人，具有完全民事行为能力，可以独立进行民事活动，是完全民事行为能力人。16周岁以上不满18周岁的公民，以自己的劳动收入为主要生活来源的，视为完全民事行为能力人。根据这一规定，年满16周岁的未成年人可以通过参加劳动取得劳动报酬，进而获得生活来源，一般无需纳入供养范围。

二、劳动能力

劳动是我国公民神圣的权利和义务，受到《中华人民共和国宪法》和《中华人民共和国劳动法》等法律的保护，而参加劳动的前提是具备劳动能力。《暂行办法》规定，获得特困人员供养的条件之一是无劳动能力。但是严格来说，判断一个人是否具备劳动能力，是一项技术性很强的专业工作。目前，我国尚无关于居民劳动能力鉴定的专门法规，只有《工伤职工劳动能力鉴定管理办法》（人力资源和社会保障部、国家卫生和计划生育委员会令第21号）和《劳动能力鉴定：职工工伤与职业病致残等级》(GB/T16180－2006）等部门规章和规范性文件可以参照适用。

对于年满16周岁、不足60周岁的劳动年龄人员，一般将其中因严重残疾而不适宜劳动的人员视为无劳动能力人。判断是否无劳动能力，一般依据原劳动和社会保障部颁布的《职工非因工伤残或因病丧失劳动能力程度鉴定标准（试行）》（劳社部发〔2002〕8号）。这个标准规定了职工非因工伤残或因病丧失劳动能力程度的鉴定原则和分级标准，可以作为居民中劳动年龄人员劳动能力鉴定的参考依据。对完全丧失劳动能力，该标准规定了起点条件，即劳动年龄人员满足这些条件或罹患比这些条件严重的伤残或疾病，均属于完全丧失劳动能力。[①]

总体上看，按照《职工非因工伤残或因病丧失劳动能

---

① 参见《职工非因工伤残或因病丧失劳动能力程度鉴定标准（试行）》（劳社部发〔2002〕8号）规定：

4.1.1 各种中枢神经系统疾病或周围神经肌肉疾病等，经治疗后遗有下列情况之一者：

（1）单肢瘫，肌力2级以下（含2级）。

（2）两肢或三肢瘫，肌力3级以下（含3级）。

（3）双手或双足全肌瘫，肌力2级以下（含2级）。

（4）完全性（感觉性或混合性）失语。

（5）非肢体瘫的中度运动障碍。

4.1.2 长期重度呼吸困难。

4.1.3 心功能长期在Ⅲ级以上。左室疾患左室射血分数≤50%。

4.1.4 恶性室性心动过速经治疗无效。

4.1.5 各种难以治愈的严重贫血，经治疗后血红蛋白长期低于6克/分升以下（含6克/分升）者。

4.1.6 全胃切除或全结肠切除或小肠切除3/4。

4.1.7 慢性重度肝功能损害。

4.1.8 不可逆转的慢性肾功能衰竭期。

4.1.9 各种代谢性或内分泌疾病、结缔组织疾病或自身免疫性疾病所导致心、脑、肾、肺、肝等一个以上主要脏器严重合并症，功能不全失代偿期。

4.1.10 各种恶性肿瘤（含血液肿瘤）经综合治疗、放疗、化疗无效或术后复发。

4.1.11 一眼有光感或无光感，另眼矫正视力<0.2或视野半径≤20度。

4.1.12 双眼矫正视力<0.1或视野半径≤20度。

4.1.13 慢性器质性精神障碍，经系统治疗2年仍有下述症状之一，并严重影响职业功能者：痴呆（中度智能减退）；持续或经常出现的妄想和幻觉，持续或经常出现的情绪不稳定以及不能自控的冲动攻击行为。

4.1.14 精神分裂症，经系统治疗5年仍不能恢复正常者；偏执性精神障碍，妄想牢固，持续5年仍不能缓解，严重影响职业功能者。

4.1.15 难治性的情感障碍，经系统治疗5年仍不能恢复正常，男性年龄50岁以上（含50岁），女性45岁以上（含45岁），严重影响职业功能者。

4.1.16 具有明显强迫型人格发病基础的难治性强迫障碍，经系统治疗5年无效，严重影响职业功能者。

4.1.17 符合《职工工伤与职业病致残程度鉴定》标准1至4级者。

力程度鉴定标准（试行)》和《劳动能力鉴定：职工工伤与职业病致残等级》（GB/T16180－2006）进行劳动能力鉴定，需要经过严格的工作程序，依托较强的专业技术力量，鉴定成本很高。因此，在今后相当长的时期内，乡镇人民政府、街道办事处和县级人民政府民政部门在确定处于劳动年龄段的特困供养申请人劳动能力时，凡按照《职工非因工伤残或因病丧失劳动能力程度鉴定标准（试行)》或《劳动能力鉴定：职工工伤与职业病致残等级》（GB/T16180－2006）进行鉴定的，以鉴定结论作为依据；不具备鉴定条件的，可以通过村（居）委会组织村（居）民代表评议确定。

三、经济状况

家庭经济状况是认定特困供养人员的基本条件之一，只有无生活来源的贫困居民才能给予特困供养。无生活来源主要是指居民缺乏基本生活所需的稳定经济来源，依靠自身无力解决基本生活问题，可从家庭收入和家庭财产两个方面来衡量。在具体实践中，可用最低生活保障标准和财产条件作为衡量有无生活来源的参考尺度。

四、社会关系

依据我国民事法律的相关规定，与人们生活保障密切相关的人员主要有法定赡养人、抚养人和扶养人，即配偶、父母、子女、兄弟姐妹、祖父母、外祖父母、孙子女、外孙子女等近亲属。居民获得特困人员供养，在社会关系方面需满足以下两个条件之一：

1. 无法定赡养、抚养、扶养义务人。关于法定赡养、抚养、扶养义务人的范围，《中华人民共和国民法通则》和《中华人民共和国婚姻法》等法律都有明确的界定。无法定赡养、抚养、扶养义务人是指居民在社会关系中没有以下三类人：

一是法定赡养人。法定赡养人是指老年人的子女以及其他依法负有赡养义务的人。法定赡养人主要为子女，这里的子女包括婚生子女、养子女和有抚养关系的继子女。《中华人民共和国婚姻法》第二十一条规定，子女对父母有赡养扶助的义务。此外，《中华人民共和国婚姻法》第二十八条还规定了隔代赡养的义务，即有负担能力的孙子女、外孙子女，对于子女已经死亡或子女无力赡养的祖父母、外祖父母，有赡养的义务。

二是法定抚养人。法定抚养人是指未成年或者虽已成年但不能独立生活的人的父母以及其他依法负有抚养义务的人。法定抚养人主要为父母，这里的父母包括生父母、养父母和有抚养关系的继父母。《中华人民共和国婚姻法》第二十一条规定，父母对子女有抚养教育的义务，……父母不履行抚养义务时，未成年的或不能独立生活的子女，有要求父母付给抚养费的权利。对成年子女而言，父母的抚养是有条件的：（1）成年子女不能独立生活。（2）父母具有给付能力。在这种情况下，父母应当负担其必要的生活费用或给予必要的帮助。

三是法定扶养人。法定扶养人包括配偶和依法负有扶养义务的兄弟姐妹。《中华人民共和国婚姻法》第二十条规定，夫妻有互相扶养的义务，一方不履行扶养义务时，需要扶养的一方，有要求对方付给扶养费的权利。在一定条件下，兄弟姐妹间可以依法产生扶养关系。《中华人民共和国婚姻法》第二十九条规定，有负担能力的兄、姐，对于父母已经死亡或父母无力抚养的未成年的弟、妹，有扶养的义务。由兄、姐扶养长大的有负担能力的弟、妹，对于缺乏劳动能力又缺乏生活来源的兄、姐，有扶养的义务。在一般情况下，兄弟姐妹应由他们的父母抚养，因而他们相互之间不发生扶养与被扶养的权利义务关系。但是在特定条件和特定情况下，兄、姐与弟、妹之间会产生有条件的扶养义务。

2. 法定赡养、抚养、扶养义务人无赡养、抚养、扶养能力。虽有法定赡养、抚养、扶养义务人，但法定赡养、抚养、扶养义务人由于能力的欠缺，无法履行赡养、抚养、扶养义务。对被赡养、抚养、扶养人而言，实际上无法得到赡养、抚养、扶养。主要包括三种情形：

一是法定赡养义务人无赡养能力。法定赡养义务人无赡养能力主要是指法定赡养义务人没有能力履行对被赡养人经济上供养、生活上照料和精神上慰藉的义务。主要为以下两类家庭：（1）家庭中的子女或孙子女等其他法定赡养人因患重病、因重度残疾、因未成年而没有能力对被赡养人提供物质上、生活上和精神上的照料。（2）家庭中的子女或孙子女等其他法定赡养人因客观原因无法与被赡养人保持生活联系，如法定赡养人失踪、被判处无期徒刑等，进而无法对被赡养人提供物质上、生活上和精神上的照料。

二是法定抚养义务人无抚养能力。法定抚养义务人抚养能力主要根据抚养人的身体健康状况、经济条件等因素确定。法定抚养义务人无抚养能力的情形主要是指家庭中的父母或祖父母等其他法定抚养人因患重病、重度残疾、年老体弱或其他原因导致没有抚养能力的。实践中，家庭中的父母或祖父母等其他法定抚养人因客观原因无法与被抚养人保持联系，如法定抚养人失踪、被判处无期徒刑等，从而无法履行抚养义务的，也可以根据具体情形视为无抚养能力。

三是法定扶养义务人无扶养能力。法定扶养义务人无扶养能力，一般可以参照法定赡养人无赡养能力、法定抚养人无抚养能力的情形确定。

第十五条　特困人员供养的内容包括：

（一）提供基本生活条件；

（二）对生活不能自理的给予照料；

（三）提供疾病治疗；

（四）办理丧葬事宜。

特困人员供养标准，由省、自治区、直辖市或者设区的市级人民政府确定、公布。

特困人员供养应当与城乡居民基本养老保险、基本医疗保障、最低生活保障、孤儿基本生活保障等制度相衔接。

【释义】

本条是关于特困人员供养内容和供养标准的规定。

随着我国经济社会的发展，医疗、住房、教育等各项救助制度逐步健全。相较五保而言，特困人员的供养内容也在发生变化。《暂行办法》将供养重点集中在提供基本生活条件、日常照料、疾病治疗以及丧葬事宜等方面，要求不断提高供养标准，实现与相关保障制度的有机衔接。

一、供养内容

《暂行办法》根据我国社会救助制度发展情况，将特困人员供养的供养内容明确为提供基本生活条件、对生活不能自理的给予照料、提供疾病治疗和办理丧葬事宜四项。

1. 提供基本生活条件。《暂行办法》将传统工作中的供给粮油、副食品和生活用燃料，供给服装、被褥等生活用品和零用钱，提供符合基本居住条件的住房三方面供养内容合并归纳为“提供基本生活条件”。基本生活条件一般包括吃、穿、住等内容。在吃的方面，主要是保障供养对象基本的食品供应，并注重食品的科学营养搭配，尊重当地的历史风俗和民族习惯。在穿的方面，主要是为特困供养人员供给服装、被褥等生活用品。在住的方面，主要是通过建设供养服务机构或者给予住房救助为供养对象提供居住用房，满足以下基本居住条件：一是房屋安全性有保障，质量达到当地平均标准；二是房屋具备生活居住的基本功能，有适当的活动空间；三是房屋能满足供养对象的正常生活，能防风防雨、通风取暖。

2. 对生活不能自理的给予照料。生活照料的内容主要包括为特定的供养对象提供饮食、起居、清洁、卫生等方面的照顾和帮助，体现了对生活不能自理特困供养人员的特殊照顾。

3. 提供疾病治疗。目前，特困供养人员患病一般是到定点医疗机构或者设在供养服务机构内的医务室（站、点）治疗。一般在供养服务机构内的医务室（站、点）治疗的，疾病治疗费用可从特困人员供养经费中列支；到定点医疗机构看病就医的，治疗费用应通过基本医疗保险、大病医疗保险和医疗救助等解决。解决特困供养人员的疾病治疗问题，要从当地实际出发，医疗保障水平要与当地经济社会发展水平相适应。

4. 办理丧葬事宜。各地在办理特困供养人员丧葬事宜时，应当遵守殡葬管理的相关规定，尊重少数民族习惯。办理特困供养人员丧葬事宜所需费用，应从特困人员供养资金中列支。

二、供养标准

供养标准对于保障特困供养人员基本生活起着决定作用，应当按照满足《暂行办法》规定供养内容所必需的费用确定。《暂行办法》规定，供养标准由省、自治区、直辖市或者设区的市级人民政府确定、公布。各地在制定特困人员供养标准时应当充分考虑当地居民的人均消费支出、疾病治疗、丧葬等所需费用。供养标准制定层级的逐步提高主要是为了平衡区域差异，维护特困供养人员的合法权益。根据规定，特困人员供养标准的制定可以采取以下两种形式：一是由省、自治区、直辖市人民政府制定。即由省级人民政府民政部门会同财政、统计、物价等部门提出方案，报本级人民政府批准并在本行政区域内公布执行。二是由设区的市级人民政府制定。即由设区的市级人民政府民政部门会同财政、统计、物价等部门提出方案，报本级人民政府批准并报上一级人民政府备案后公布执行。

三、制度衔接

要从根本上解决特困供养人员面临的诸多生活困难，必须使特困人员供养制度与其他相关社会救助、社会保险、社会福利制度相衔接，形成制度合力。针对特困供养人员的特殊性，《暂行办法》特别强调特困人员供养应当与城乡居民基本养老保险、基本医疗保障、最低生活保障、孤儿基本生活保障等制度相衔接。制度衔接不同于制度合并，而是强调特困人员供养制度与城乡居民基本养老保险、基本医疗保障、最低生活保障、孤儿基本生活保障等制度，要发挥各自不同的作用和功能，同时很好地衔接、配套，一并发挥作用，协同解决特困供养人员的多方面生活困难。

第十六条　申请特困人员供养，由本人向户籍所在地的乡镇人民政府、街道办事处提出书面申请；本人申请有困难的，可以委托村民委员会、居民委员会代为提出申请。

特困人员供养的审批程序适用本办法第十一条规定。

【释义】

本条是关于特困人员供养申请审核审批程序的规定。

《暂行办法》完善了《农村五保供养工作条例》规定的“本人自愿申请—村民委员会民主评议—乡镇人民政府审核—县级人民政府民政部门审批”的工作程序，将特困人员供养与最低生活保障审批程序统一起来，调整为“本人自愿申请—乡镇人民政府、街道办事处审核—县级人民政府民政部门审批”，从而使特困人员供养申请审批更加规范、便捷。这里需要特别指出的是，《暂行办法》对《农村五保供养工作条例》规定的申请受理主体作了调整，将以前由村民委员会受理修改为乡镇人民政府、街道办事处受理。这一调整有利于明晰工作责任，维护特困人员的申请权利。

一、申请

获得特困人员供养是符合条件公民的一项重要权利。从一般法理上讲，法律法规所规定的权利要得到实现，还需要个人的自我主张，并积极行动。《暂行办法》立足于部分特困供养人员缺乏主张个人权利的行为能力实际，创设了保护性措施，即规定本人申请有困难的，可以委托村（居）委会代为提出申请。由于特困供养人员中有相当一部分对象文化程度不高，或是正在接受乃至尚未接受初级教育的未成年对象，或是智力残疾等，为了避免这部分人因无法自主表达意愿或不会书写等原因而无法申请特困人员供养，虽然原则上需要本人提出书面申请，但是对于本人申请确实存在困难的，申请人也可以委托其所在的村（居）委会代为提出书面申请。从落实《暂行办法》要求、维持政策延续性以及进一步规范管理的角度考虑，各地在实际工作中可以拟订相对统一的申请表格，对于不便提交书面申请的申请人，可以口述申请要求，由村（居）委会工作人员代为填写。

二、审核审批

《暂行办法》规定，特困人员供养的审批程序适用本办法第十一条规定，即适用最低生活保障申请的审批程序，具体内容详见第十一条释义。

第十七条　乡镇人民政府、街道办事处应当及时了解掌握居民的生活情况，发现符合特困供养条件的人员，应当主动为其依法办理供养。

【释义】

本条是关于特困供养人员发现机制的规定。

特困人员供养是一种依申请审核审批的行政行为，启动特困人员供养办理程序一般以提出供养申请为前提。在实际工作中，有部分特困人员因各种原因未能及时提出或者无法提出供养申请，影响了其特困人员供养权利的实现。为解决这一问题，《暂行办法》在要求依申请办理特困人员供养的同时，规定了乡镇人民政府、街道办事处发现符合特困供养条件的人员后主动办理供养手续的责任。实际工作中，社会福利机构发现符合特困供养条件人员（如弃婴和儿童）的，也可以代为办理特困人员供养手续。这是我国社会救助体系从被动救助向主动救助转变的重要体现，是保障困难群众求助有门、受助及时的温暖条款，也是转变政府职能、着力构建服务型政府的重要举措。

一、必要性

特困供养人员是社会最困难、最弱势的群体。以农村五保供养为例，截至2013年底，全国537.2万农村五保供养对象中，老年人占86.5%，残疾人占17.3%，未成年人占4.4%。他们大部分文化程度不高，有一些未成年人正在接受或者尚未接受初等教育，还有一些人罹患智力残疾、精神疾病等。受自身生理、心理和自然禀赋限制，这部分人群的诉求能力比较弱，可能由于对特困人员供养政策和申请程序不知晓，导致不能得到及时救助。因此，在实践中迫切需要建立主动发现机制，将符合特困供养条件的人员及时纳入供养范围。

二、发现渠道

特困供养人员遭遇的生活困境，除本人反映并提出救助申请外，还可以通过以下渠道主动发现：一是村（居）委会及时报告困难居民生活情况；二是乡镇人民政府、街道办事处驻村（居）干部定期走访，听取困难群众亲友邻里的情况反映；三是设置救助热线电话，随时接受公民的情况反映；四是社会福利机构主动收留查找不到父母或其他亲属的未成年人（如弃婴、儿童）；五是听取公益性社会服务机构、社会工作者、社区志愿者或个人反映的特困人员情况。

三、办理程序

乡镇人民政府、街道办事处发现辖区内符合特困供养条件的人员后，应当主动、迅速核实情况，向其宣讲特困人员供养政策，告之获得供养的权利，按照规定及时办理审核审批程序。

第十八条　特困供养人员不再符合供养条件的，村民委员会、居民委员会或者供养服务机构应当告知乡镇人民政府、街道办事处，由乡镇人民政府、街道办事处审核并报县级人民政府民政部门核准后，终止供养并予以公示。

【释义】

本条是关于特困人员供养终止的规定。

与其他社会救助制度的规定相一致，困难群众需符合特定的条件，才能获得特困人员供养。当特困供养人员不再符合条件时，应及时终止供养，即对特困供养人员实行动态管理，做到供养对象有进有出，确保供养制度公正、公平实施。

一、终止特困人员供养的条件

特困供养人员不再符合供养条件，表现为以下情形：

1. 自身属性发生变化。主要指原属于未满 16 周岁未成年人的特困供养人员，因年满 16 周岁，不再符合供养条件。

2. 自身属性没有发生变化，但是不再同时满足无劳动能力、无生活来源又无法定赡养、抚养、扶养义务人（或者法定赡养、抚养、扶养义务人无赡养、抚养、扶养能力）三个要件。主要情形有：经过康复治疗具有了劳动能力，获得了满足基本生活需要的稳定经济来源，或者法定赡养、抚养、扶养义务人具有了赡养、抚养、扶养能力等。

3. 特困供养人员死亡。特困供养人员死亡后，在办理完其丧葬事宜后，应及时终止其所享受的特困人员供养待遇。

二、终止特困人员供养的程序

终止特困人员供养的程序是，“村（居）委员会或供养服务机构报告—乡街审核—县级核准—终止供养—予以公示”。具体为：村民委员会、居民委员会或者供养服务机构发现有特困供养人员不再符合供养条件的情形时，及时向乡镇人民政府、街道办事处报告，由乡镇人民政府、街道办事处审核并报县级人民政府民政部门核准后，终止供养并予以公示。

第十九条　特困供养人员可以在当地的供养服务机构集中供养，也可以在家分散供养。特困供养人员可以自行选择供养形式。

【释义】

本条是关于特困人员供养形式的规定。

特困人员供养形式是指为特困供养人员提供供养服务的具体方式，分为集中供养和分散供养两种。

一、集中供养

集中供养，是指通过建立供养服务机构对特困供养人员实行集体供养。长期以来，特困人员供养服务机构一般由地方人民政府建设管理，在农村一般称敬老院，在城市一般称社会福利院。自20世纪50年代各地相继兴办农村五保供养服务机构起，农村敬老院和城市社会福利院的主要任务就是解决部分生活不能自理特困供养人员的照料问题，并逐步扩大服务对象范围。2013年9月，国务院印发《关于加快发展养老服务业的若干意见》（国发〔2013〕35号）进一步要求，完善农村养老服务托底的措施，将所有农村“三无”老人全部纳入五保供养范围，适时提高五保供养标准，健全农村五保供养机构功能，使农村五保老人老有所养；在满足农村五保对象集中供养需求的前提下，支持乡镇五保供养机构改善设施条件并向社会开放，提高运营效益，增强护理功能，使之成为区域性养老服务中心；各地公办养老机构要充分发挥托底作用，重点为“三无”老人、低收入老人、经济困难的失能半失能老人提供无偿或低收费的供养、护理服务。

各地要加强儿童福利院等福利机构的建设，逐步满足符合特困供养条件的未成年人、残疾人集中供养需求。

二、分散供养

分散供养，是指对散居在家的特困供养人员实行分户供养，也就是说由政府按月提供供养费用，供养对象在家生活。由于历史基础和经济发展的不平衡，供养服务机构建设各地发展并不平衡。在一些建设较为缓慢的地区，现有机构数量难以满足当前特困人员集中供养的需要，大部分供养对象还只能实行分散供养。考虑到农村分散供养对象的住房一般都比较破旧，居住条件差，从2009年开始，住房和城乡建设部明确要求将分散供养五保户作为农村危房改造补助的重点对象。《暂行办法》再次明确要求，对符合规定标准的住房困难的分散供养特困人员，要给予住房救助。

特困供养人员的供养形式应遵循自愿选择的原则。《暂行办法》延用了《农村五保供养工作条例》中关于“供养对象可以自行选择供养形式”的规定，充分尊重特困供养人员意愿，体现了“以人为本”的理念。无论特困供养人员选择分散供养或是集中供养，都应该得到充分尊重、理解和支持。不能因集中供养方式可以提高资源利用效率、有利于政府对特困供养人员进行统一管理等好处，就强行要求集中供养，从而忽视特困供养人员安土重迁的观念和对熟悉的亲朋邻里的情感寄托。同样，对于符合集中供养条件，且本人强烈要求集中供养的，当地政府也应当及时给予集中供养。

第四章　受灾人员救助

本章规定了受灾人员救助的内容，共计七条，分别明确了自然灾害救助及其工作原则；自然灾害救助物资储备；自然灾害应急救助；自然灾害损失情况评估、核定及发布；自然灾害过渡性安置；居民住房恢复重建补助；当年冬季、次年春季因灾生活困难人员基本生活救助。

第二十条　国家建立健全自然灾害救助制度，对基本生活受到自然灾害严重影响的人员，提供生活救助。

自然灾害救助实行属地管理，分级负责。

【释义】

本条是关于自然灾害救助及其工作原则的规定。

自然灾害是指给人类生存带来危害或者损害人类生活环境的自然现象，包括干旱、暴雨洪涝、台风、风雹、雪、低温冷冻、高温热浪、沙尘暴等气象灾害，火山、地震灾害，山体崩塌、滑坡、泥石流等地质灾害，风暴潮、海啸等海洋灾害，森林草原火灾和重大生物灾害等。我国是世界上受自然灾害影响最为严重的国家之一，灾害种类多、影响范围广、发生频率高、造成损失重，几乎每年都要发生多次重特大自然灾害，严重危害了人民群众生命财产安全和生产生活秩序。据民政部统计，近20年来，我国平均每年因各类自然灾害造成约3.9亿人次受灾，死亡失踪4000余人，倒塌房屋350多万间，紧急转移安置人口1000多万，直接经济损失2300多亿元（汶川地震除外）。

本条第一款中所称的自然灾害救助，主要包括救助准备、应急救助和灾后救助等。党中央、国务院历来高度重视自然灾害救助工作，近5年来，中央每年安排自然灾害救助资金100多亿元，专门用于受灾群众紧急转移安置、因灾倒塌民房恢复重建、冬春救助以及临时生活救助，平均每年救助6000万到8000万人次。2007年全国人大常委会通过了《中华人民共和国突发事件应对法》，成为我国应急管理领域的基本法。2008年汶川地震发生后，国务院颁布实施了《汶川地震灾后恢复重建条例》（国务院令第526号），成为我国首部关于灾后恢复重建的行政法规。2010年6月，国务院颁布实施了《自然灾害救助条例》（国务院令第577号），成为新中国成立以来第一部系统规范灾害救助工作的行政法规，有力推进了自然灾害救助工作法制建设，确保自然灾害救助工作有力、有序、有效开展。

基本生活受到自然灾害严重影响，是指自然灾害严重影响了人们的衣、食、住、医，导致其难以生存和发展。在灾害应急救助期间，因自然灾害造成或者可能造成人身伤亡、财产损失，生活生产受到严重影响的，政府都应当给予救助。在灾后救助以及恢复重建过程中，政府应该区分对象，按规定实施救助。

受灾人员救助中的“属地管理”，是指地方人民政府是做好本行政区域内自然灾害救助工作的第一责任人，赋予其统一实施处置的权力。自然灾害发生地人民政府的迅速反应和正确有效应对，是有效做好救助工作、确保受灾人员基本生活的关键。发生自然灾害后，事发地人民政府必须统筹协调各方面资源，做好各时段、各环节的灾害救助工作。如发生本级人民政府无法应对的自然灾害时，应当立即请求上级人民政府给予指导和帮助。

受灾人员救助中的“分级负责”，是指根据自然灾害影响范围、造成危害程度的不同，灾害救助工作由不同层级的人民政府负责。一般来说，一般和较大的自然灾害，其灾害救助工作由发生地县级和设区的市级人民政府统一领导；重大和特别重大的自然灾害，其灾害救助工作由发生地省级人民政府统一领导，其中影响全国、跨省级行政区域或者超出省级人民政府能力的特别重大自然灾害救灾工作，由国务院统一领导。在自然灾害救助工作中发生了重大问题，造成严重损失的，必须追究有关人民政府和部门主要领导和当事人的责任。对于在自然灾害救助中不履行职责，行政不作为，或者不按法定程序和规定采取措施的，要对其进行批评教育，直至对其追究必要的行政或法律责任。

第二十一条　设区的市级以上人民政府和自然灾害多发、易发地区的县级人民政府应当根据自然灾害特点、居民人口数量和分布等情况，设立自然灾害救助物资储备库，保障自然灾害发生后救助物资的紧急供应。

【释义】

本条是关于地方自然灾害救助物资储备的规定。

自然灾害救助物资是指自然灾害发生后为受灾人员提供衣、食、住等基本生活保障的生活类救灾物资，主要包括食品、饮用水、救灾帐篷、简易厕所、棉衣被、多用途睡袋、背囊、软体储水罐、气垫床、折叠桌椅、折叠床、照明灯等。自然灾害救助物资储备事关受灾人员基本生活保障，是灾害应急救助体系建设的重要组成部分，也是政府及其有关部门履行救助职责的重要物质基础。

地方要建立自然灾害救助物资储备制度。设区的市级以上人民政府和自然灾害多发、易发地区的县级人民政府应当根据自然灾害特点、居民人口数量和分布等情况，遵循“统一规划、分级负责”的方针和“布局合理、规划适度”的原则，同时要从实际出发，成立专门机构，配备工作人员，提供工作经费等保障，认真做好自然灾害救助物资储备库的规划和建设。在储备库的规划建设过程中，要综合考虑所辖行政区域的多种因素来确定其地理位置和建设规模：一是自然灾害的种类、发生特点和灾害风险水平；二是居民人口数量和分布，特别是可能受到自然灾害影响的居民分布情况；三是铁路、公路、航空等交通运输的便利程度；四是当地经济社会发展水平和居民抗灾自救能力。

以市级储备库和多灾易灾县级储备库为主的地方自然灾害救助物资储备库是救助物资储备体系的重要组成部分。重大自然灾害发生后，地方储备库应在第一时间将救助物资送到受灾人员手中，保障其基本生活；在地方储备不能满足救助需求时，可向上级政府及其有关部门申请调拨。

第二十二条　自然灾害发生后，县级以上人民政府或者人民政府的自然灾害救助应急综合协调机构应当根据情况紧急疏散、转移、安置受灾人员，及时为受灾人员提供必要的食品、饮用水、衣被、取暖、临时住所、医疗防疫等应急救助。

【释义】

本条是关于自然灾害应急救助的规定。

实施自然灾害应急救助的主体是县级以上人民政府或者人民政府的自然灾害救助应急综合协调机构。在中央层面，国家减灾委员会负责组织、领导全国的自然灾害救助工作，协调开展重大自然灾害救助活动，国务院民政部门负责全国的自然灾害救助工作，承担国家减灾委员会的具体工作。1998 年，国务院将全国抗灾救灾综合协调职能由原国家经贸委移交至民政部，民政部设立全国抗灾救灾综合协调办公室。《自然灾害救助条例》第三条第二款规定，国家减灾委员会负责组织、领导全国的自然灾害救助工作，协调开展重大自然灾害救助活动。国家减灾委员会主任由国务院领导担任，副主任由有关部门的分管领导担任。2009 年，国家减灾委员会经调整后，成员由国务院有关部（委、局）、军队、科研部门和非政府组织等 34 个单位组成，国家减灾委员会办公室设在民政部，国家减灾委员会各成员单位按各自的职责分工承担相应任务。

自然灾害救助工作是一项复杂的系统工程，涉及部门广、环节多。在地方层面，仅仅依靠民政部门同样无法承担救灾工作的重任，也需要成立综合协调机构，发挥各相关涉灾部门的职能，合力开展自然灾害救助工作。近年来，各地切实加强自然灾害救助综合协调机制建设。截至 2013 年 11 月，除天津、上海和重庆 3 个直辖市外，其余各省、自治区、直辖市和新疆生产建设兵团均设立了省级自然灾害救助应急综合协调机构，大连、宁波、青岛 3 个计划单列市设立了市级自然灾害救助应急综合协调机构，部分多灾易灾的市、县也设立了自然灾害救助应急综合协调机构，部分省份还成立了省级减灾中心。凡是成立自然灾害救助应急综合协调机构的地方，由该协调机构具体负责本行政区域内自然灾害救助工作的组织和协调；尚未建立自然灾害救助应急综合协调机构的，则由县级以上地方人民政府直接负责本行政区域内自然灾害救助工作的组织和协调工作。

自然灾害发生后，根据本行政区域制定的自然灾害救助应急预案，当灾害损失达到相关预案启动条件时，由本级人民政府或者人民政府的自然灾害救助应急综合协调机构启动预案，进入灾害救助应急响应状态，按照预案规定的相关措施和灾害情况，确定自然灾害救助应急工作方案，开展自然灾害救助应急工作。如，立即发布应对和防范措施，紧急转移安置受灾人员，保障受灾人员的基本生活，抚慰受灾人员，处理善后事宜，组织开展自救互救，开展评估、采取救助措施等。

转移安置是通过组织灾害避险以减少人员伤亡的有效手段。实施人员转移，将处于危险区的群众转移到安全地带，政府要做好灾害预警预报，让群众明白灾害的威胁，促使群众充分认识灾害风险，积极配合政府落实转移安置措施。一部分群众会自动转移到预先指定的地方，还有一些心存侥幸的群众不愿意转移，政府机关要采取劝说等措施，实行有组织的转移，把危险区群众转移出来。另外，还有一些年老体弱者、残疾人等弱势群众，靠自身能力无法进行转移，政府机关必须安排人员和运输工具，帮助他们转移到安全地方。转移出来以后，选择安全的安置点，通过搭建帐篷、借住公用房屋、投亲靠友等途径，妥善安置转移出来的受灾人员。

政府要采取有效措施，及时为受灾人员提供必要的食品、饮用水、衣被、取暖、临时住所、医疗防疫等应急救助，保证群众有安全住所、有饭吃、有衣穿、有洁净水喝、有病能得到及时医治，使受灾人员基本生活有保障。在自然灾害应急阶段，灾区县级人民政府应首先投入应急资金和物资，不等不靠，保证受灾人员在12小时内得到初步救助。在救助资金和物资紧张、靠自身能力存在困难时，可以向上级人民政府及其有关部门提出书面申请，请求资金和物资帮助。

第二十三条　灾情稳定后，受灾地区县级以上人民政府应当评估、核定并发布自然灾害损失情况。

【释义】

本条是关于灾情报告评估、核定和发布的规定。

自然灾害发生后，到灾害结束前，灾情一直处于动态发展中。为确保上级部门能及时掌握最新灾情，以便在最短时间内作出救灾决策，受灾地区人民政府应当将每天的最新灾情，主要包括人员伤亡、财产损失、灾情发展趋势、自然灾害救助工作开展等情况逐级上报。

同时，政府应及时向社会发布灾情和救灾工作动态。未经政府授权，任何部门原则上不得擅自对外发布。发布灾情和救助工作动态是引导社会公众参与灾害救助的重要手段，灾害信息的发布，能够使灾区以外的社会公众了解灾害发生发展的趋势和政府开展的救助工作，能够引导广大社会成员、志愿者积极投身到灾害救助工作中；对于灾区群众，了解灾情，能够判断自身面临的灾害形势，可以采取恰当的方式，开展灾害避险和自救互救活动，降低灾害风险，减少灾害损失。根据民政部《自然灾害情况统计制度》（民发〔2013〕215号）要求，灾情报告的内容主要包括灾害损失和救灾工作开展情况。灾害损失情况的核心指标包括受灾人口、因灾死亡人口、因灾失踪人口、紧急转移安置人口、需紧急生活救助人口（旱灾时统计因旱需生活救助人口、因旱饮水困难需救助人口）、农作物受灾面积、农作物绝收面积、倒塌房屋户数和间数、严重损坏房屋户数和间数、一般损坏房屋户数和间数、直接经济损失等；救灾工作情况的核心指标包括各级启动救灾响应的时间和级别、各级已支出自然灾害生活补助资金、各级发放衣被数量、各级搭建帐篷数量和各级其他生活类物资投入折款等。

在向社会发布灾情时，必须做到及时发布，将最新灾情和救助工作开展情况向社会公众发布。灾害信息发布不及时，滞后于群众了解到的信息，信息发布会失去应有的作用，或者发挥不了很好的效果，造成灾害救助工作的被动局面和消极影响。因此，政府向社会发布灾情和救助工作动态信息，一定要做到快速、准确、及时，使得所发布的信息充分发挥告知情况、引导舆论、鼓舞士气的作用。

灾后对自然灾害损失情况进行评估、核定，是对本次灾害过程的全面总结，是对灾害损失的最终认定。开展灾害损失评估，是灾害恢复重建工作的基础。科学准确的评估，对灾后救助和灾区恢复重建规划、恢复重建方案制定具有重要意义。灾情稳定后，受灾地区县级以上人民政府需开展灾害评估，核定并发布灾害损失情况。开展评估、核定并发布自然灾害损失情况的主体是县级以上人民政府或者人民政府的自然灾害救助应急综合协调机构。

县级以上人民政府开展的灾害评估工作，应该是对自然灾害的综合评估，全面反映灾害发生发展过程和特点、灾害损失、社会影响等情况。在开展评估过程中，要协调各有关职能部门参与灾情会商和灾害评估，共同核定灾情，确定灾害评估结论，由县级以上人民政府统一组织发布。

第二十四条　受灾地区人民政府应当在确保安全的前提下，对住房损毁严重的受灾人员进行过渡性安置。

【释义】

本条是关于自然灾害过渡性安置的规定。

过渡性安置是指在应急救助阶段结束后至住房恢复重建完成前，对于基本生活依然存在困难的受灾人员给予一定时期的临时住所安排和生活救助，是妥善安排受灾人员生活、稳定人心、维护社会秩序、保障自然灾害应急救助向灾后恢复重建平稳过渡的重要环节，也是灾后恢复重建的基础性工作。

过渡性安置措施按照地点可分为就地安置和异地安置，按照责任主体可分为政府安置和自行安置。

就地安置是指在受灾地区县级区域范围内就近安置，而就地安置以外的安置就是异地安置。如果受灾地区本地存在安全隐患，确实不适宜受灾人员安置，受灾地区人民政府可以采取异地安置。

政府安置是指受灾地区人民政府通过采取搭建帐篷、篷布房、活动板房，或者通过借用公房、体育场馆等作为临时过渡安置点集中安置受灾人员。这种安置方式可以更好地使用公共设施，也便于管理。自行安置是指受灾人员采取投亲靠友、自行筹建确保安全的临时住所以及其他方式自行安置，国家对这部分群众给予适当补助。在安置措施的选择上，国家鼓励受灾人员采取自行安置由国家给予补助的方式。如安排临时住所确实存在困难的，可以采取政府安置措施。

过渡性安置应当依据受灾地区的实际情况，采取灵活多样的方式进行安置。在安置中，不论是就地安置，还是异地安置，当地政府都要做好安置点的管理，尽早重建临时社区，切实加强防火、防疫等工作，确保安置点的安全、卫生。

作为过渡性安置点选取的基本原则，交通便利有利于受灾人员恢复生产、生活所需物资的运输，为群众生产自救创造条件。同时，便于生产和生活的地点也可以最大限度的节约成本，取得事半功倍的效果。要十分注重加强耕地的保护，尽量选择占用废弃地，不占用或少占用耕地。如果确需占用少量耕地的，要按照国家和地方政府有关规定报批，在施工过程中也要为将来复耕打好基础。

2008 年汶川地震发生后，根据不同时段受灾群众生活所需，国务院及时出台了临时生活救助、后续生活救助、“三孤”人员（即因灾造成的孤儿、孤老、孤残人员）救助安置等政策，即 2008 年 6 ~ 8 月 3 个月内向受灾“三无”人员（即因灾无房可住、无生产资料和无收入来源的困难群众）每人每天发放 10 元钱和 1 斤粮、向受灾“三孤”人员每人每月发放600元钱；2008年9~11月间对地震灾区“三孤”人员等生活困难仍需救助的受灾群众平均每人每月补助200元。

2010年8月，经国务院批准，民政部、财政部增设过渡性生活救助项目，对国家启动Ⅳ级以上自然灾害应急响应的受灾地区，向“因灾房屋倒塌或严重损坏无房可住、无生活来源、无自救能力”的受灾群众，按照每人每天补助10元钱、救助期限3个月的标准实施过渡性生活救助。对受灾范围大且国家启动Ⅱ级以上自然灾害应急响应地区的受灾群众，每人每天增发1斤粮。过渡性生活救助政策到期后，对基本生活仍有困难的受灾群众，纳入当地城乡最低生活保障、农村五保供养和冬春受灾群众临时生活救助等现行社会救助制度，切实保障其基本生活需求。

此外，为使受灾地区尽早摆脱灾害造成的不利影响，尽快恢复灾区正常的生产生活秩序，受灾地区人民政府应当鼓励并组织受灾人员第一时间进行生产自救、互帮互助、重建家园，增强受灾地区的自救能力和恢复速度。总之，过渡性安置期间尽快开展自救互救、恢复生产是做好整个灾后恢复重建工作的基础，对于受灾地区社会经济秩序的恢复和发展具有重要的意义。

第二十五条　自然灾害危险消除后，受灾地区人民政府民政等部门应当及时核实本行政区域内居民住房恢复重建补助对象，并给予资金、物资等救助。

【释义】

本条是关于居民住房恢复重建的规定。

自然灾害往往会损毁受灾地区的居民住房，给灾区群众生产生活造成严重影响。居民住房是指在广大城市和乡村地区，以居住为目的，且正在使用的住房，是以自然间为计算单位，不包括独立的厨房、牲畜棚等辅助用房、活动房、工棚、简易房和临时房屋。居民住房恢复重建是指在自然灾害事件发生后，重建或修缮因灾损毁的城乡居民住房，使其达到或超过自然灾害事件发生前的标准，是减轻自然灾害损失、保障人民群众正常生产生活的重要环节。

居民住房恢复重建补助对象是指需政府重点帮助和扶持的对象，即因灾造成的无自救能力的全倒户、特困户、五保户和优抚对象以及其他符合救助条件的对象或家庭。居民住房恢复重建补助对象由受灾人员本人申请或者由村民小组、居民小组提名。经村民委员会、居民委员会民主评议，符合救助条件的，在自然村、社区范围内公示；无异议或者经村民委员会、居民委员会民主评议异议不成立的，由村民委员会、居民委员会将评议意见和有关材料提交乡镇人民政府、街道办事处审核，报县级人民政府民政等部门审批。

在具体实施过程中，受灾地区人民政府民政等部门应当制定恢复重建补助标准，主要包括倒塌和严重损坏房屋重建资金补助标准和一般损坏房屋维修资金补助标准。房屋恢复重建资金补助的标准由受灾地区人民政府根据本地实际情况制定建房对象和补助数额确定后，及时足额发放。

第二十六条 自然灾害发生后，受灾地区人民政府应当为因当年冬寒或者次年春荒遇到生活困难的受灾人员提供基本生活救助。

【释义】

本条是关于冬春救助工作的规定。

冬春救助是自然灾害救助工作的重要组成部分，重点是解决受灾人员因当年冬寒和次年春荒在口粮、衣被、取暖等方面遇到的基本生活困难。冬寒救助时段为每年的12月至次年的2月，春荒救助时段为每年的3～5月（一季作物区为每年的3～7月）。

每年9月下旬，受灾地区各级民政部门应当组织力量深入基层调查当年灾害损失情况，受灾困难人员的家庭基本情况、自救能力及口粮、衣被、取暖等方面存在的困难和需求。地方完成冬春救助任务确有困难的，由本级民政、财政部门联合向上一级民政、财政部门，或者建议本级人民政府向上一级人民政府，逐级上报申请资金补助。民政部根据冬春期间临时生活困难需政府救助人口核定数量，按照中央救灾补助标准，结合救灾资金按比例分担机制，考核地方各级财政冬春救灾资金安排情况，测算提出全国冬春救助资金总体方案和分配方案商财政部办理。方案确定后，中央冬春救灾资金分两批下拨：冬寒救灾资金在12月中旬前下拨，春荒救灾资金在次年2月中旬前下拨。省级、地（市）级民政部门接到上级拨款文件后，结合本级财政投入，提出资金分配意见，商同级财政部门确定后联合下文拨付，同时报上一级民政和财政部门备案。在分配冬春救灾款物时，上级政府应按照分类救助、重点救助原则，加大对重灾地区、革命老区、民族地区、边疆地区和贫困地区的资金支持力度，同时统筹兼顾新灾造成损失情况。冬寒救灾资金在1月中旬前拨至县级，春荒救灾资金在3月中旬前拨至县级。县级民政部门接到上级下拨冬春救灾资金文件后，结合本级财政安排冬春救灾资金数额和各乡镇（街道）受灾情况、受灾人员需救助情况，及时制定资金分配方案，指导乡镇（街道）认真做好救灾资金发放情况公示，15个工作日内将冬春救灾资金落实到救助对象手中，及时有效保障冬春期间受灾困难人员基本生活。

冬春救助工作完成后，受灾人员基本生活仍存在困难的，应按规定及时纳入相关社会救助制度安排。

第五章 医疗救助

本章规定了医疗救助的内容，共计六条，分别为：医疗救助的国家责任和制度目标；医疗救助对象范围；医疗救助方式以及医疗救助标准制定权限；医疗救助申请审批程序；医疗救助即时结算服务；疾病应急救助制度。

第二十七条 国家建立健全医疗救助制度，保障医疗救助对象获得基本医疗卫生服务。

【释义】

本条是关于医疗救助国家责任和制度目标的规定。

医疗救助制度与城镇职工基本医疗保险、城镇居民基本医疗保险、新型农村合作医疗共同组成我国的基本医疗保障体系。医疗救助制度主要针对城乡困难人群，对其参保参合及其难以负担的医疗费用提供补助，承担医疗保障托底功能，既是我国基本医疗保障体系的重要组成部分，也是我国社会救助体系中一项重要的专项救助制度。

《中华人民共和国宪法》赋予公民在疾病的情况下有从国家和社会获得物质帮助的权利。尽管医疗救助在《中华人民共和国传染病防治法》《中华人民共和国职业病防治法》《中华人民共和国精神卫生法》《中华人民共和国残疾人保障法》等法律中都有所提及，但是作为一项制度并没有专门的法律法规予以系统性规范。《暂行办法》第一次将医疗救助作为社会救助制度中的一项专门制度，以国务院行政法规的形式系统地予以明确和规范，这对于保障困难人群的基本医疗权益有着重要意义。

改革开放以来，随着社会主义市场经济体制的建立完善，市场在资源配置中发挥的作用越来越突出，医疗卫生领域暴露出来的问题也越来越多，部分群众因病致贫、因病返贫现象日益突出，特别是贫困群众看病就医难的问题亟待解决。为此，2002 年 10 月中共中央、国务院下发《关于进一步加强农村卫生工作的决定》（中发〔2002〕13 号），明确要求对农村贫困家庭实施医疗救助。2003 年，民政部、原卫生部、财政部联合下发《关于实施农村医疗救助的意见》（民发〔2003〕158 号），部署建立农村医疗救助制度。2005 年，国务院办公厅转发《民政部等部门关于建立城市医疗救助制度试点工作意见》（国办发〔2005〕10 号），试点建立城市医疗救助制度。到 2008 年，医疗救助制度在全国所有城镇和农村地区全面建立。2009 年，民政部、财政部、原卫生部、人力资源和社会保障部联合下发《关于进一步完善城乡医疗救助制度的意见》（民发〔2009〕81 号），要求探索建立城乡一体化的医疗救助制度，用三年左右时间，在全国基本建立起资金来源稳定，管理运行规范，救助效果明显，能够为困难群众提供方便、快捷服务的医疗救助制度。

近年来，我国医疗救助制度发展迅速。覆盖人群逐步由低保对象、农村五保供养对象延伸至低收入家庭患病成员以及因病致贫家庭；救助方式由单一的临时性医疗费用补助发展为住院、门诊、资助参保参合等多种救助方式；结算服务从“医前垫付、医后报销”转向“随来随治、随走随结”的“一站式”即时结算；资金支出从最初的每年16亿元，增加到2013年的257亿元；救助人次从最初的每年1274万人次，增加到2013年的10832万人次；住院救助水平从最初的人次均954元，增加到2013年的1673元。2013年底，财政部、民政部合并了城市和农村医疗救助两个基金账户，有力推进了医疗救助制度城乡统筹。《暂行办法》总结、规范了近些年医疗救助制度建设的成果，进一步明确了国家的主体责任和制度发展的目标，按照城乡统筹的原则在对象范围、救助方式、救助程序、救助标准、结算服务等方面作出更为清晰的规定。

关于国家承担实施医疗救助制度的主体责任。2003年、2005年，农村和城市医疗救助分别开展试点时，民政部会同财政部分别出台了《关于印发〈农村医疗救助基金管理试行办法〉的通知》（财社〔2004〕1号）和《关于加强城市医疗救助基金管理的意见》（财社〔2005〕39号），指导各地分别建立了农村医疗救助基金和城市医疗救助基金，要求实行专账核算、专项管理、专款专用。中央财政于试点当年分别安排3亿元彩票公益金，支持各地开展农村和城市医疗救助工作。2009年我国启动新一轮深化医药卫生体制改革后，中共中央、国务院出台《关于深化医药卫生体制改革的意见》（中发〔2009〕6号），要求进一步完善政府对基本医疗保障的投入机制，由政府提供必要的资金，支持城乡医疗救助制度的建立和完善。2013年，财政部、民政部联合下发《关于印发〈城乡医疗救助基金管理办法〉的通知》（财社〔2013〕217号），将原来在社保基金专户中分设的“城市医疗救助基金专账”和“农村医疗救助基金专账”合并，建立“城乡医疗救助基金专账”，实现了两项基金合并使用。《暂行办法》明确提出，国家建立健全医疗救助制度，这表明政府在医疗救助工作中的主体责任进一步强化。

关于医疗救助制度的目标。根据《暂行办法》规定，保障医疗救助对象获得基本医疗卫生服务是医疗救助的根本目标。《中共中央、国务院关于深化医药卫生体制改革的意见》指出，新医改的总目标是确保人人享有基本医疗卫生服务，基本适应人民群众多层次的医疗卫生需求，人民群众健康水平进一步提高。所谓基本医疗卫生服务，根据世界银行在《1993年世界发展报告》中的定义，是指包括基本公共卫生服务包、基本医疗服务包等在内的一揽子基本卫生服务项目。我国基本医疗卫生服务的内涵借鉴了这一定义，主要包括两大部分：一是公共卫生服务，主要包括疾病预防控制、计划免疫、健康教育、卫生监督、妇幼保健、精神卫生、卫生应急、急救、采血服务以及食品安全、职业病防治和安全饮水12个领域；二是基本医疗服务，主要包括采用基本药物、使用适宜技术、按照规范诊疗程序提供的急慢性疾病的诊断、治疗和康复等医疗服务。由于困难群众依靠自身能力无法获得或不能获得必要的基本医疗卫生服务，因此医疗救助制度的功能就是保障符合条件的医疗救助对象获得基本医疗卫生服务，最终实现“人人享有基本医疗卫生服务”。

在实践工作中，根据《暂行办法》的规定，医疗救助制度应当与新一轮深化医药卫生体制改革同步发展，与基本医疗保险协调推进，适应并满足困难群众的基本医疗需求。现阶段，医疗救助制度应按照困难群众基本医疗卫生服务需求的紧迫程度来确定阶段性发展目标，目前应聚焦在健全制度、强化机制、规范程序、加强管理、注重衔接等方面。随着医疗卫生和医疗保障事业的整体推进，医疗卫生服务水平逐步提高，困难群众医疗需求日益增加，我国的医疗救助制度将随之进一步发展，为困难群众提供更多样、更丰富、更高效、更便捷的服务。

第二十八条　下列人员可以申请相关医疗救助：

（一）最低生活保障家庭成员；

（二）特困供养人员；

（三）县级以上人民政府规定的其他特殊困难人员。

【释义】

本条是关于申请医疗救助人员即医疗救助对象范围的规定。

一项救助制度的建立，首先必须明确其对象范围。在制度建立初期，医疗救助就明确其救助对象主要是城乡困难群众。但对于谁是城乡困难群众，在不同的时期有不同的界定。民政部、原卫生部、财政部联合下发的《关于实施农村医疗救助的意见》规定，农村医疗救助对象主要是农村五保户、农村贫困户家庭成员以及地方政府规定的其他符合条件的农村贫困农民。国务院办公厅转发《民政部等部门关于建立城市医疗救助制度试点工作意见》规定，城市医疗救助对象主要是城市低保对象中未参加城镇职工基本医疗保险人员、已参加城镇职工基本医疗保险但个人负担仍然较重的人员和其他特殊困难群众。民政部、财政部、原卫生部、人力资源和社会保障部联合下发的《关于进一步完善城乡医疗救助制度的意见》将城乡困难群众界定为城乡低保家庭成员、农村五保供养对象和其他经济困难家庭人员；“其他经济困难家庭人员”主要包括低收入家庭重病患者以及当地政府规定的其他特殊困难人员。当然，中央部门的规定相对原则，医疗救助对象的具体界定标准，应由地方民政部门会同财政等有关部门，根据本地经济条件和医疗救助基金筹集情况、困难群众的支付能力以及基本医疗需求等因素制定，并报同级人民政府批准。

近年来，为适应医疗救助实际需要，城乡困难群众的认定范围进一步拓展，一些低保对象之外的困难群众也陆续获得医疗救助。《暂行办法》根据医疗救助的发展情况，对医疗救助对象进行了系统归类和规范，将救助对象归为三大类：第一类为低保家庭成员，这当然是最需要救助的对象，保持了以往政策规定的延续性。第二类为特困供养人员，由原来政策规定中的“农村五保供养对象”扩展到城乡特困供养对象，也即所有无劳动能力、无生活来源且无法定赡养、抚养、扶养义务人，或者其法定赡养、抚养、扶养义务人无赡养、抚养、扶养能力的老年人、残疾人以及未满16周岁的未成年人。上述两类人员是医疗救助的重点救助对象。第三类为县级以上人民政府规定的其他特殊困难人员。这部分人员在《暂行办法》中没有明确界定，从工作实际看，应主要包括以下人员：

1. 低收入重病患者、重度残疾人、低收入家庭老年人等特殊困难人员。《中华人民共和国社会保险法》第二十五条规定，城镇居民基本医疗保险实行个人缴费和政府补贴相结合；享受最低生活保障的人、丧失劳动能力的残疾人、低收入家庭60周岁以上的老年人和未成年人等所需个人缴费部分，由政府给予补贴。《国务院办公厅关于印发医药卫生体制五项重点改革2011年度主要工作安排的通知》（国办发〔2011〕8号）要求：资助困难人群参保，资助范围从低保对象、五保户扩大到低收入重病患者、重度残疾人、低收入家庭老年人等特殊困难群体。《国务院办公厅关于印发深化医药卫生体制改革2012年主要工作安排的通知》（国办发〔2012〕20号）进一步要求，救助范围从低保家庭成员、五保户扩大到低收入重病患者、重度残疾人以及低收入家庭老年人等困难群体，资助其参加城镇居民医保或新农合。由此可见，应将低收入重病患者、重度残疾人、低收入家庭老年人等视为其他特殊困难人员予以救助。

2. 因患重特大疾病导致医疗费用支出较大，家庭陷入贫困的人员。如果说低保属于收入型贫困家庭，那么因医疗费用超出家庭承受能力而导致的贫困就属于支出型贫困。这部分家庭的人均收入超过当地低保标准，但由于必需的医疗费用支出过大，收不抵支，从而使家庭陷入贫困状态。2012 年，民政部会同财政部、人力资源和社会保障部、原卫生部下发《关于开展重特大疾病医疗救助试点工作的意见》（民发〔2012〕21 号），要求各地在试点时将此类人员纳入重特大疾病医疗救助范围。对这部分人员的医疗救助，应根据当地经济社会发展水平和医疗救助基金筹集情况，统筹研究救助方式和救助标准。

3. 罹患特殊疾病的人员。一些罹患特殊疾病的人员，由于救治费用高，个人一般无力承担，也应视为其他特殊困难人员。一是艾滋病机会性感染病人。2012 年，民政部会同财政部、人力资源和社会保障部、原卫生部下发《关于对艾滋病机会性感染病人实施医疗救助的意见》（民发〔2013〕21 号），要求在艾滋病高流行地区探索开展对艾滋病机会性感染病人实施医疗救助，为这部分人享受医疗救助提供了政策依据。二是严重精神障碍患者。根据国务院办公厅转发中央综治办等部门的有关通知要求，各地应当将严重精神障碍患者作为重度残疾人全部资助参保参合，并对其中的贫困患者按照规定给予门诊和住院医疗费用救助。除上述人员以外，部分地方人民政府还可以根据实际情况，另外规定对其他特殊困难人员实施医疗救助。

第二十九条　医疗救助采取下列方式：

（一）对救助对象参加城镇居民基本医疗保险或者新型农村合作医疗的个人缴费部分，给予补贴；

（二）对救助对象经基本医疗保险、大病保险和其他补充医疗保险支付后，个人及其家庭难以承担的符合规定的基本医疗自负费用，给予补助。

医疗救助标准，由县级以上人民政府按照经济社会发展水平和医疗救助资金情况确定、公布。

【释义】

本条是关于医疗救助方式以及医疗救助标准制定权限的规定。

1. 关于对救助对象参加城镇居民基本医疗保险或者新型农村合作医疗的个人缴费部分，给予补贴。

这是医疗救助制度最基本的一种救助方式。随着国家对基本医疗保障投入的大幅增加，针对城乡困难群众的医疗救助显得越来越重要。按照“人人享有基本医疗卫生服务”的改革目标，基本医疗保险在基本医疗保障体系中承担基础支撑功能，获得基本医疗保险是确保公民公平享有基本医疗卫生服务的基础和前提。医疗救助帮助困难群众缴纳部分或者全部医疗保险费用，一方面减轻了困难群众的经济负担；另一方面，也确保了困难群众参加医疗保险后能够公平享有基本医疗卫生服务。

按照《暂行办法》要求，地方人民政府应确保对所有最低生活保障家庭成员、特困供养人员参加城镇居民基本医疗保险或新型农村合作医疗的个人缴费部分给予补助，保障其获得基本医疗服务。其中，对特困供养人员的个人缴费部分一般应全额补助，对最低生活保障家庭成员的个人缴费部分应结合其家庭经济状况以及本地实际，予以全额或者差额补助，补助额度原则上不高于特困供养人员。对纳入救助对象之前已经参加基本医疗保险的人员，不再追加补助。在做好资助最低生活保障家庭成员、特困供养人员参加基本医疗保险的基础上，各地还可以结合当地实施，逐步探索将资助范围扩大到低收入家庭老年人、未成年人、重度残疾人（含严重精神障碍患者）和重病患者等，资助标准由各地根据当地医疗救助制度发展情况、医疗救助资金筹集情况等确定，一般不高于特困供养人员和最低生活保障家庭成员。原则上，医疗救助基金对参加城镇职工基本医疗保险的个人缴费部分不予补助。

资助参保参合的程序，一般由县级人民政府民政部门将基本医疗保险经办机构确认后的符合救助条件的医疗救助人数、参保参合资助标准以及资金需求总量提供给同级财政部门，经同级财政部门审核后，将所需资金拨至基本医疗保险相应账户中。

2. 关于对医疗救助对象经基本医疗保险（包括城镇职工基本医疗保险、城镇居民基本医疗保险和新型农村合作医疗）、城乡居民大病保险以及其他各类补充医疗保险支付后，其个人承担的医疗费用给予补助。

这是医疗救助的另一种重要形式。医疗救助补助个人医疗费用包括门诊救助费用和住院救助费用两大类。门诊救助主要针对患有糖尿病、高血压等慢性病的救助对象以及患重特大疾病需要长期门诊治疗的救助对象。对终末期肾病等卫生计生部门已经明确诊疗路径、可以通过门诊治疗，且已经采取单病种付费方式的病种，应在基本医疗保险等补偿后给予门诊医疗救助；对政策范围内个人负担门诊费用较高的，可以采取年度定额补助的方式，也可以采取按一定比例补助费用的救助方式。住院救助主要针对医疗救助对象在定点医疗机构发生的政策范围内住院费用，对扣除各项保险支付后的个人负担费用按照规定的救助比例进行补助。根据《暂行办法》规定，医疗救助必须在基本医疗保险、大病保险以及其他各种补充医疗保险之后，这充分体现了“先保险后救助”的原则，明确先由各类保险发挥基础保障作用，再由医疗救助承担托底保障功能。当然，这并不是说对尚未参加基本医疗保险和其他各项补充医疗保险的对象不予以救助，而是强调要先发挥医疗保险的互助共济功能。

3. 关于医疗救助标准。

根据《暂行办法》规定，医疗救助标准由县级以上人民政府按照经济社会发展水平和医疗救助资金情况确定、公布。医疗救助标准根据救助方式不同，可分为资助参保参合额度、门诊救助比例和门诊年度最高救助限额、住院救助比例和住院年度最高救助限额等几种。一般来说，救助标准应当根据本地区经济社会发展水平和医疗救助资金情况，按照救助对象的困难程度、医疗费用负担能力或患病类别等因素分别确定。从制定主体上看，《暂行办法》

规定医疗救助标准应当由县级以上人民政府制定，根据经济社会发展、医疗卫生价格上涨等因素及时调整并向社会公布。

确定医疗救助标准应当考虑救助对象就诊的医院层级。一般情况下，越是到基层的医疗机构就医，救助的标准越高，反之救助标准越低。其目的是鼓励救助对象到基层医疗机构就诊。为此，各地可以采取适当提高救助比例等措施，引导救助对象到乡镇卫生院、社区卫生服务机构等基层医疗机构就医。同时，为方便救助对象看病就医，医疗救助经办机构可通过财政部门向定点医疗机构提供一定额度的预付资金，用于代缴医疗救助对象的住院押金。对因罹患重特大疾病导致医疗费用支出较大的救助对象，民政部门正在开展重特大疾病医疗救助试点工作，鼓励地方采取适当增加定点医院数量、放宽用药目录、提高救助比例和最高救助限额等措施提高医疗救助水平。

第三十条　申请医疗救助的，应当向乡镇人民政府、街道办事处提出，经审核、公示后，由县级人民政府民政部门审批。最低生活保障家庭成员和特困供养人员的医疗救助，由县级人民政府民政部门直接办理。

【释义】

本条是关于医疗救助申请审批程序的规定。

医疗救助的申请审批程序应坚持公开、公平、便捷的原则。根据救助对象、就医情况以及费用结算方式等方面的不同，医疗救助程序相应也有区别。

一、最低生活保障家庭成员和特困供养人员

由于这部分人员同时获得了医疗救助资格，已经通过了家庭经济状况调查等审核审批程序，因此《暂行办法》规定，可以由县级人民政府民政部门直接办理，无需再经过乡镇人民政府、街道办事处审核公示和审批。

具体来讲，在已经实行“一站式”即时结算服务的地区，最低生活保障家庭成员和特困供养人员持身份证、低保证等规定的有效证件到定点医疗机构看病就医，可直接获得医疗费用减免和救助。在尚未实行“一站式”即时结算服务的地区，救助对象则需到县级人民政府民政部门办理事后救助手续，即由医疗救助对象按规定提供基本医疗保险的补偿审核表或结算单、定点医疗机构复式处方或定点零售药店购药发票等能够证明合规医疗费用的有效凭证，由县级人民政府民政部门在规定时间内核批。县级人民政府民政部门核批后，还要向同级财政部门提出相应用款申请，同级财政部门通过城乡医疗救助基金专账，将救助资金直接支付给医疗救助对象。

二、县级以上人民政府规定的其他特殊困难人员

对县级以上人民政府规定的其他特殊困难人员实施医疗救助，首先需要对其是否符合医疗救助条件进行认定。因此，该类人员应当向乡镇人民政府、街道办事处提出申请，由社会救助经办机构对其家庭经济状况进行核查，并对合规的医疗费用进行审核。经过审核、公示等环节后符

合条件的，乡镇人民政府、街道办事处上报县级人民政府民政部门审批。根据《暂行办法》规定，该类人员申请医疗救助的程序与最低生活保障一样，即受理申请的责任主体是乡镇人民政府、街道办事处，村（居）委会可以协助其提出申请。对这部分人员的医疗救助资金支付方式也有两种：在就医前或出院结算前已经确认为医疗救助对象且就医所在定点医疗机构已开展"一站式"即时结算服务的，应当通过"一站式"即时结算其医疗救助费用；出院结算后确认为医疗救助对象的或在未开展"一站式"定点医疗机构就医的，可采用事后救助的方式支付救助资金。

为确保公开、公平，《暂行办法》对医疗救助申请审批程序中公示环节提出了明确要求。2009 年民政部、财政部等部门发布的《关于进一步完善城乡医疗救助制度的意见》要求建立健全医疗救助工作的民主监督机制，及时将医疗救助对象的姓名、救助标准、救助金额等向社会公布，接受群众和社会监督。2013 年 12 月财政部、民政部联合下发《关于印发〈城乡医疗救助基金管理办法〉的通知》进一步要求加强公示环节，城乡医疗救助对象和救助金额等情况应每季度在村（居）委会张榜公布，接受社会监督。因此，在实施医疗救助过程中，应当按照《暂行办法》要求，采取多种形式做好公示工作，以公示促公开，以公开促公平。

第三十一条　县级以上人民政府应当建立健全医疗救助与基本医疗保险、大病保险相衔接的医疗费用结算机制，为医疗救助对象提供便捷服务。

【释义】

本条是关于医疗救助结算方式和便捷服务的规定。

《暂行办法》将提供便捷的医疗救助服务作为目标，提出建立健全医疗救助与基本医疗保险、大病保险等医疗保障制度相衔接的医疗费用结算机制的要求。这对于进一步加快“一站式”即时结算机制的推广普及有着积极意义。

“一站式”即时结算机制是医疗救助工作中的一个创举，具体做法是：医疗救助对象凭相关证件或证明材料，到开展即时结算的定点医疗机构就医，出院时只需承担扣除保险支付和医疗救助补助部分之后的自负费用。这一做法实现了医疗救助和基本医疗保险等相关制度在费用结算上的无缝对接，极大地方便了困难群众就医。一是缩短了救助时限。救助对象所需医疗救助资金直接由医疗机构与民政部门结算，无需等到核批通过后到民政部门领取，简化了救助流程。二是提高了医疗服务可及性。医疗救助对象住院时可以免交或少交住院押金，无需在就医前垫付全部住院费用，使无力垫付医疗费用的贫困患者能够得到及时的医疗卫生服务。近年来，“一站式”即时结算机制快速发展，目前全国已有 80% 的县（市、区）初步建立这一机制。

建立健全医疗救助“一站式”即时结算机制的关键是做好医疗救助与基本医疗保险、大病保险的衔接，充分发挥不同医疗保障制度的协同互补作用，形成制度合力，有效减轻困难群众医疗费用负担。因此，实施中必须明确各项制度的功能定位，按照“先保险后救助”的原则，由基本医疗保险和大病保险先行核算并按规定支付，再由医疗救助对符合规定的费用予以补助。具体操作中，可由定点医疗机构在结算时先扣除基本医疗保险和大病保险报销费用、医疗救助补助费用，再由救助对象结清个人应承担部分。定点医疗机构垫付的医疗救助资金，可在规定时间内报民政部门审核后，由民政部门向同级财政部门提出支付申请，同级财政部门通过城乡医疗救助基金专账直接支付给定点医疗机构。民政部门可以通过财政部门向定点医疗机构提供一定预付资金额度，帮助医疗机构减免救助对象住院押金，方便其看病就医。有条件的地方还可以逐步在定点医疗机构或定点零售药店推行门诊救助即时结算服务。

建立健全医疗救助“一站式”即时结算机制的重点是加强信息化建设，通过医疗救助信息系统与医院结算终端或基本医疗保险信息系统对接，及时掌握医疗救助对象医疗费用情况、各项医疗保险支付情况等，实现互联互通、资源共用、信息共享、结算同步的“一站式”信息交换和即时结算。尚未实现信息化的地区，应当加快由手工结算向信息化结算的转变，提高结算效率和救助服务质量。

随着重特大疾病医疗救助的加快推进，医疗救助“一站式”即时结算机制还需要解决跨区域结算问题，以方便困难群众异地就医。有条件的地方可依据《暂行办法》的有关规定精神，通过提高统筹层级、签订合作协议或建立信息服务平台等方式，选取辖区外一定数量的市级、省级三级医院作为重特大疾病跨区域即时结算定点医疗机构，探索实行医疗救助费用异地即时结算方式。

第三十二条　国家建立疾病应急救助制度，对需要急救但身份不明或者无力支付急救费用的急重危伤病患者给予救助。符合规定的急救费用由疾病应急救助基金支付。

疾病应急救助制度应当与其他医疗保障制度相衔接。

【释义】

本条是关于疾病应急救助制度的规定。

随着基本医疗保险覆盖面的扩大和保障水平的逐步提升，人民群众看病就医得到了基本保障，但仍有极少数需要急救的患者因身份不明、无能力支付医疗费用等原因，导致出现“等钱救命”的情况，最后由于得不到及时有效的治疗，造成了不良后果。建立疾病应急救助制度，解决这部分患者的急救保障问题，是健全多层次医疗保障体系的重要内容，是解决人民群众实际困难的客观要求，是坚持以人为本、构建和谐社会的具体体现。党中央、国务院高度重视这项工作，先后出台了《国务院办公厅关于建立疾病应急救助制度的指导意见》（国办发〔2013〕15 号）等一系列文件，提出了建立疾病应急救助制度的要求。随后，财政部、国家卫生计生委印发了《疾病应急救助基金管理暂行办法》（财社〔2013〕94号），对疾病应急救助基金的设立、筹集、支付、管理等内容作了规定。根据《暂行办法》规定，疾病应急救助制度主要包括以下内容：

一、疾病应急救助的对象

本条第一款规定，疾病应急救助的对象为需要急救但身份不明或者无力支付急救费用的急重危伤病患者。其中，根据国家卫生和计划生育委员会印发的《需要紧急救治的急危重伤病标准及诊疗规范》（国卫办医发〔2013〕32号）的规定，“需要急救”的“急重危伤病”是指各种若不及时救治病情可能加重甚至危及生命的疾病，其症状、体征、疾病符合急重危伤病标准。常见的急症疾病包括休克、胸痛、腹痛、呼吸困难、气道异物、呕血、咯血、意识障碍、小儿高热惊厥等。常见的重危症疾病包括心脏骤停、恶性心律失常等循环系统疾病，重症支气管哮喘、呼吸衰竭等呼吸系统疾病，糖尿病低血糖昏迷等内分泌系统疾病，急性脑血管病等神经系统疾病，坠落伤、爆炸伤等意外伤害，颅脑损伤、胸部损伤等外科危重症，产后出血、宫外孕等妇产科危重症。“身份不明”是指无法查明身份；“无力支付急救费用”仅指身份明确但无力缴费的患者，身份明确、有负担能力但拒绝付费的患者不属于疾病应急救助的对象。

二、疾病应急救助的内容

各级各类医疗机构及其工作人员应当按照《需要紧急救治的急危重伤病标准及诊疗规范》的要求，对属于疾病应急救助对象的患者进行及时、有效的救治，不得以任何理由拒绝、推诿或拖延救治。对于违反规定的医疗机构，卫生计生行政部门要依法依规追究医疗机构及其主要负责人的责任。

三、疾病应急救助基金

疾病应急救助基金是指通过财政投入和社会各界捐助等渠道筹集，按规定用于身份不明确或者无负担能力患者急救费用补助的专项基金。各省（区、市）、市（地）应当分级设立疾病应急救助基金。省级疾病应急救助基金主要承担募集资金，向市（地）级基金拨付应急救助资金的功能。市（地）级疾病应急救助基金主要承担募集资金、向医疗机构支付应急救助资金的功能。各级各类医疗机构，按照属地化原则，向所在市（地）级疾病应急救助基金申请支付应急救助资金。

疾病应急救助基金支付范围包括：（1）无法查明身份的患者所发生的急救费用；（2）身份明确但无力缴费的患者所拖欠的急救费用。救助对象发生的急救费用先由责任人、道路交通事故社会救助基金、流浪乞讨人员救助资金等渠道按规定支付。身份明确但无力缴费的患者所拖欠的急救费用还应先由工伤保险和基本医疗保险等各类保险、公共卫生经费、医疗救助基金等渠道按规定支付。无上述渠道或经上述渠道支付后费用仍有缺口的，由疾病应急救助基金给予补助。

各地区财政、卫生和计划生育行政部门可以根据相关规定，结合当地实际情况，制定本地区的具体管理办法或实施细则，明确、细化疾病应急救助对象身份确认办法和疾病应急救助基金具体支付范围等事项。

四、有关部门的职责

卫生和计划生育行政部门牵头组织专家制定需紧急救治的急重危伤病的标准和急救规范；监督医疗机构及其工作人员无条件对救助对象进行急救，对拒绝、推诿或拖延救治的，要依法依规严肃处理；查处医疗机构及其工作人员虚报信息套取基金、过度医疗等违法行为。其中，各省级卫生计生行政部门应积极协调财政、人力资源社会保障、民政、公安等有关部门，建立疾病应急救助协调机制，负责日常协调工作。基本医疗保险管理部门要保障参保患者按规定享受基本医疗保险待遇。民政部门要协助基金管理机构共同做好对患者有无负担能力的鉴别工作；进一步完善现行医疗救助制度，将救助关口前移，加强与医疗机构的衔接，主动按规定对符合条件的患者进行救助，做到应救尽救。公安机关要积极协助医疗机构和基金管理机构核查患者的身份。

五、与其他医疗保障制度的衔接

疾病应急救助制度与我国现有的基本医疗保险制度、大病保险制度和医疗救助制度等其他医疗保障制度，不是简单叠加的关系，而是各项制度对不同的医疗保障对象提供不同内容、不同标准的医疗保障，发挥各自独特的作用和功能，同时很好地衔接、配套，协同发挥作用。

第六章　教育救助

本章是关于教育救助的规定，共计四条，分别对教育救助对象、救助方式、救助标准的确定、救助申请的申请与审核作了规定。

第三十三条　国家对在义务教育阶段就学的最低生活保障家庭成员、特困供养人员，给予教育救助。

对在高中教育（含中等职业教育）、普通高等教育阶段就学的最低生活保障家庭成员、特困供养人员，以及不能入学接受义务教育的残疾儿童，根据实际情况给予适当教育救助。

【释义】

本条是关于教育救助对象和范围的规定。

国家一直非常重视困难群体的教育问题，通过法律法规和一系列政策，有力保障困难群体接受教育的权利，促进了教育公平。《中华人民共和国教育法》第三十七条规定，国家、社会对符合入学条件、家庭经济困难的儿童、少年、青年，提供各种形式的资助。近年来，国家逐步建立了家庭经济困难学生资助体系。2006 年国家全面免除了农村义务教育阶段学生的学杂费，对家庭经济困难学生免费提供教科书，并对家庭经济困难寄宿生提供生活补助补贴；2008 年免除学杂费范围扩大到所有义务教育阶段学生。2007 年，国务院发布《关于建立健全普通本科高校高等职业学校和中等职业学校家庭经济困难学生资助政策体系的意见》（国发〔2007〕13 号），在高等教育阶段设立国家奖学金、国家励志奖学金、国家助学金，用于奖励特别优秀学生和资助家庭经济困难学生；在中等职业教育阶段，设立国家助学金资助所有全日制在校农村学生和城市家庭经济困难学生。2009 年，对所有全日制在校农村家庭经济困难学生和涉农专业学生实施免学费政策。2010 年，建立了普通高中国家助学金制度，用于资助普通高中在校生中的家庭经济困难学生。2011 年，国家建立了学前教育资助制度，按照“地方先行，中央补助”的原则，对家庭经济困难儿童、孤儿和残疾儿童予以资助。2012 年，政府建立了研究生国家奖学金制度，并从 2014 年起建立实施研究生国家助学金；启动了高校新生入学资助项目，进一步完善了中等职业学校国家资助政策，将免费政策扩大至中等职业学校全日制正式学籍所有农村（含县镇）学生、城市涉农专业学生和家庭经济困难学生，将国家助学金资助对象逐步调整为中等职业学校全日制一、二年级在校涉农专业学生和非涉农专业家庭经济困难学生。至此，我国已经建立了覆盖学前教育到研究生教育各阶段的学生资助制度，财政投入力度不断加大，资助规模不断扩大，资助金额逐年增长，基本保障了不让一个学生因家庭经济困难而失学。

在学生资助政策的基础上，《暂行办法》把教育救助纳入社会救助政策体系框架中，强调坚持托底线、救急难、可持续的原则，进一步扩大了救助范围，把不能入学接受义务教育的残疾儿童纳入救助范围，并强化了相关政策，明确了相关主体的责任。同时根据《暂行办法》关于社会救助制度与其他社会保障制度相衔接的原则，妥善处理好与现行学生资助政策的关系。《暂行办法》的颁布，对进一步加强困难群体的教育救助，保障其受教育权利有重要的意义和作用。

教育救助对象主要包括在校就读的最低生活保障家庭成员、特困供养人员两类群体。《暂行办法》第二章、第三章对于最低生活保障家庭和特困供养人员的范围和审批程序作出了明确规定。考虑到我国现阶段教育救助的特点，《暂行办法》将非义务教育阶段不能入学接受义务教育的残疾儿童，也纳入教育救助范围，给予适当救助。

关于义务教育阶段在校生的教育救助。《暂行办法》规定，对义务教育阶段就学的教育救助对象，必须给予教育救助。这是由义务教育的地位、作用和属性决定的。接受义务教育是适龄儿童依据《中华人民共和国宪法》和《中华人民共和国义务教育法》享有的基本权利和义务。《中华人民共和国义务教育法》第四条规定，凡具有中华人民共和国国籍的适龄儿童、少年，不分性别、民族、种族、家庭财产状况、宗教信仰等，依法享有平等接受义务教育的权利，并履行接受义务教育的义务。保障公民接受义务教育，是政府的基本职责和基本公共服务的重要内容。《中华人民共和国义务教育法》第六条第一款规定，国务院和县级以上地方人民政府应当合理配置教育资源，促进义务教育均衡发展，改善薄弱学校的办学条件，并采取措施，保障农村地区、民族地区实施义务教育，保障家庭经济困难的和残疾的适龄儿童、少年接受义务教育。义务教育不同于其他层次的教育，具有普及和免费的基本特征。适龄儿童、少年享有的接受义务教育权利的充分实现，应该由国家、社会、学校和家庭切实有效地加以保障，任何实施义务教育的学校都不能以适龄儿童、少年家庭经济困难为由，拒绝为其提供义务教育。《暂行办法》规定，国家对在义务教育阶段就学的最低生活保障家庭成员、特困供养人员，给予教育救助，是对实施《中华人民共和国义务教育法》的进一步具体化。根据国家有关规定，目前政府主要提供如下基本公共教育服务：为适龄儿童、少年提供免费九年义务教育，为农村义务教育阶段寄宿生提供免费住宿，并为家庭经济困难寄宿生提供生活补助；为贫困地区农村义务教育学生提供营养膳食补助。同时提高农村义务教育阶段家庭经济困难寄宿生的生活费补助标准。将义务教育阶段的孤儿寄宿生全面纳入生活补助范围。这些都是教育救助政策的具体体现。

关于非义务教育阶段的教育救助。《暂行办法》考虑到当前教育救助的属性、财力支持能力及非义务教育对公民发展的作用等多方面因素，规定对在高中教育（含中等职业教育）、普通高等教育阶段就学的教育救助对象，根据实际情况给予适当教育救助。

第一，关于非义务教育的教育救助范围。《暂行办法》确定为高中阶段教育和普通高等教育。高中阶段教育包括普通高中和中等职业教育；普通高等教育相对于成人高等教育而言，包括高等职业教育和本科以上普通高等教育。这些都是义务教育后的教育层次，对教育救助对象来说，保障其接受义务教育是满足其受教育权、培养其基本素质的基础性工程。而促进其接受义务教育后的教育则是提高其能力素质、实现发展权、改变生存状况的根本举措，同时也是落实有关教育法律法规的要求。《中华人民共和国职业教育法》第三十二条第一款规定，职业学校、职业培训机构可以对接受中等、高等职业学校教育和职业培训的学生适当收取学费，对经济困难的学生和残疾学生应当酌情减免。《中华人民共和国高等教育法》第五十四条规定，高等学校的学生应当按照国家规定缴纳学费。家庭经济困难的学生，可以申请补助或者减免学费。符合救助条件的受教育者在具备能力并获得高中教育和普通高等教育入学资格后，国家应根据实际情况给予适当的教育救助，帮助其顺利入学、完成学业。

需要说明的是，《暂行办法》未将学前教育纳入教育救助的范围。在《暂行办法》研究起草中，有一种意见要求根据学前教育发展的形势将学前教育纳入救助范围。2011 年，国家建立了学前教育资助制度。由于这项政策刚刚实施，目前学前教育入学率还不高，2012 年只有

64.5%。特别是考虑到政府财力支持能力还不够，学前教育政府办园比例还不高，暂时未将学前教育纳入教育救助范围。教育救助对象接受学前教育，虽然不能依据《暂行办法》申请教育救助，但是仍然可以享受国家规定的学前教育资助政策。目前学前教育资助采取“地方先行，中央补助”的政策，地方政府对经县级以上教育行政部门审批设立的普惠性幼儿园在园家庭经济困难儿童、孤儿和残疾儿童予以资助。中央财政根据地方出台的资助政策、经费投入及实施效果等因素，予以奖补。同时幼儿园从事业收入中提取3%~5%的资金，用于减免收费、提供特殊困难补助等，具体比例由各地自行确定。此外，国家积极引导和鼓励社会团体、企事业单位及个人等捐资，帮助家庭经济困难儿童、孤儿和残疾儿童接受普惠性学前教育。

第二，关于义务教育阶段未入学残疾儿童教育救助的规定。将未入学残疾儿童纳入教育救助范围，是《暂行办法》的一大亮点。据有关部门的统计，目前全国实名登记的约有8万名未入学适龄残疾儿童，主要分布在农村地区，未入学的原因之一是家庭经济困难。为保障未入学残疾儿童接受教育的权利，《暂行办法》将他们纳入了教育救助范围。

残疾儿童接受教育的水平，体现了一个国家的文明程度。保障残疾适龄儿童接受义务教育是《中华人民共和国义务教育法》和《中华人民共和国残疾人保障法》的重要规定。《中华人民共和国义务教育法》第六条规定，国务院和县级以上人民政府采取措施，保障家庭经济困难的和残疾的适龄儿童接受义务教育。《中华人民共和国残疾人保障法》第二十一条规定，“国家保障残疾人享有平等接受教育的权利”和“政府、社会、学校应当采取有效措施，解决残疾儿童、少年就学存在的实际困难，帮助其完成义务教育。”改革开放以来，我国特殊教育逐步形成了以随班就读和特教班为主，以特殊教育学校和送教上门等其他方式为补充的残疾儿童义务教育发展格局。

需要说明的是，与接受义务教育的学生教育救助不同，《暂行办法》对非义务教育阶段以及不能入学接受义务教育的残疾儿童，规定国家根据实际情况给予适当教育救助。这主要是因为：一是不同教育的属性不同，政府提供公共服务的职责也不同；二是非义务教育情况比较复杂，救助方式可以更加多样化；三是基于国家财力支持的能力，优先、重点保障教育基本公共服务，同时不断扩大公共服务的范围。

第三十四条　教育救助根据不同教育阶段需求，采取减免相关费用、发放助学金、给予生活补助、安排勤工助学等方式实施，保障教育救助对象基本学习、生活需求。

【释义】

本条是关于教育救助方式的规定。

对于在校就读的救助对象，《暂行办法》要求通过减免相关费用、发放助学金、给予生活补助、安排勤工助学等方式予以救助。除此之外，各地还根据实际情况综合运用高等教育阶段的助学贷款、高等学校新生入学补贴、入伍服义务兵役国家资助、高等学校毕业生基层就业学费补偿贷款代偿等方式对在校就读的家庭困难学生提供帮助。总之，教育救助的基本要求，是保障救助对象就学期间的住宿、餐饮、学习用品、交通、日常生活等多方面的基本学习、生活需求。

一、减免相关费用

减免相关费用是比较常用的学生资助政策，也是行之有效的教育救助方式，可以直接惠及当事人。减免相关费用，首先是减免学杂费。《中华人民共和国义务教育法》规定，实施义务教育不收取学费、杂费；《中华人民共和国职业教育法》规定，对经济困难的学生和残疾学生应当酌情减免（学费）；《中华人民共和国高等教育法》规定，家庭经济困难的学生，可以申请补助或者减免学费。2006年起，国家全面免除了农村义务教育阶段学生的学杂费，2008年将免除学杂费的范围扩大到所有义务教育阶段学生。2010年，国家建立了普通高中学费减免制度，普通高中学校从事业收入中足额提取3%~5%的经费，用于减免经济困难学生的学费，可优先减免低保家庭成员、特困供养人员的学费。从2012年秋季学期起，国家对公办中等职业学校全日制正式学籍一、二、三年级在校生中所有农村（含县镇）学生、城市涉农专业学生和家庭经济困难学生免除学费（艺术类相关表演专业学生除外）。高等学校也可以利用从事业收入中提取的资助资金以及社会团体、企事业单位和个人捐助资金等，用于为低保家庭成员、特困供养人员减免学费和其他费用等。其次是根据情况减免其他费用。根据《中华人民共和国义务教育法》规定，国家对家庭经济困难的在校学生免费提供教科书并补助寄宿生生活费。此外，对于义务教育阶段的救助对象，各地还根据实际情况和财力支持，进一步减免校服费、餐费、文具费、校车费等相关费用。

二、发放助学金

助学金是支持教育救助对象完成学业的重要救助政策。目前助学金主要包括国家助学金和学校助学金。一些企业和公益组织也捐赠设立专项助学金。《国务院关于建立健全普通本科高校高等职业学校和中等职业学校家庭经济困难学生资助政策体系的意见》印发以来，国家已经建立了从普通高中、中等职业学校到高等教育的国家助学金制度，用于资助家庭经济困难学生。普通高中阶段国家助学金平均资助标准为每生每年 1500 元，具体标准由各地结合实际在 1000 ~ 3000 元范围内分档确定。中等职业学校国家助学金标准为每生每年 1500 元，高等教育阶段（含高等职业教育）国家助学金标准为平均每生每年 3000 元。对于各教育阶段的救助对象，可以按各阶段的最高标准给予助学金。学校也可以自主设置助学金，同等条件下优先资助低保家庭成员、特困供养人员。

三、给予生活补助

在义务教育阶段，国家对家庭经济困难寄宿生提供生活补助，补助标准为小学生每生每天 4 元、初中生 5 元

（按每年250天计算）。此外，国家在集中连片特困地区实行营养改善计划，补助标准为每生每天3元。义务教育阶段的救助对象可以享受以上政策。普通高中、中等职业学校和高等学校，可以通过国家安排的专项资金或自主安排一定比例的事业收入、社会捐助等，为救助对象提供伙食、交通等方面的生活补助。高等学校新录取的救助对象，还可以优先享受新生入学资助，省、自治区、直辖市内院校录取的新生每人500元，省、自治区、直辖市外院校录取的新生每人1000元，资助款用于一次性补助家庭经济困难新生从家庭所在地到被录取院校之间的交通费及入学后短期的生活费用。

四、安排勤工助学

义务教育阶段和普通高中教育阶段的救助对象，不安排勤工助学。对于中等职业学校三年级的救助对象，可以根据《中等职业学校学生实习管理办法》的规定，安排顶岗实习，实习单位应合理支付实习期间的报酬。对于高等学校的救助对象，可以优先安排勤工助学岗位。安排勤工助学岗位，应按照法律法规和《高等学校学生勤工助学管理办法》的规定，合理安排勤工助学时间（原则上每周不超过8小时，每月不超过40小时），合理支付工资报酬（原则上不低于当地政府或有关部门制定的最低工资标准或居民最低生活保障标准或不低于每小时8元人民币）。

五、其他救助方式

对在高校就读的救助对象，各地还可以通过国家助学贷款、入伍服义务兵役国家资助、高等学校毕业生基层就业学费补偿贷款代偿等方式，予以帮助。根据救助对象的基本学习、生活需要，各地可以综合运用多种救助方式，保障救助对象不因家庭经济困难而失学。

六、关于未入学的残疾儿童的救助方式

根据国务院转发教育部等部门《特殊教育提升计划(2014—2016年)》的部署，国家通过扩大普通学校随班就读规模、提高特殊教育学校招生能力等方式，到2016年全国基本普及残疾儿童少年义务教育，视力、听力、智力残疾儿童少年义务教育入学率达到90%以上，其他残疾人受教育机会明显增加。原则上，残疾程度相对较轻的残疾儿童进入普通学校就读，中重度残疾儿童到特殊教育学校就读。对于能够入学的救助对象，可以通过减免费用、助学金、生活补贴等多种方式予以救助。针对某些重度残疾的适龄儿童，因其身体原因难以离家，无法到校上学的实际情况，各地特殊教育学校、残联等机构可以组织专门教师或康复专家，定期到残疾儿童家中开展上门教育与康复指导活动，提供免费的送教上门和康复训练等服务。同时，参照在校学生的救助政策，各地可以给予学习、生活方面的补助和帮扶，并提高救助标准。

第三十五条　教育救助标准，由省、自治区、直辖市人民政府根据经济社会发展水平和教育救助对象的基本学习、生活需求确定、公布。

【释义】

本条是关于教育救助标准的规定。

一、教育救助标准的确定

关于教育救助标准，本条作了授权性规定，授权省级人民政府确定并公布。各地在确定本地的教育救助标准时，主要应当依据两个方面的因素：

（一）根据本地的经济社会发展水平确定

这是由《暂行办法》确定的社会救助制度的原则决定的。《暂行办法》第二条规定，社会救助水平与经济社会发展水平相适应。一方面，教育救助的资金主要来源于各级财政，脱离经济社会发展水平和财力状况，片面提高教育救助的标准，可能会因财政压力过重影响教育救助的可持续性；另一方面，如果标准过低，难以从根本上保证教育救助对象的教育与生活质量。目前，我国经济社会发展水平区域差距较大，教育救助的需求和保障条件不同，全国采取统一的标准不符合实际。因此，本条授权省级人民政府，根据当地的经济社会发展水平确定教育救助标准。各省、自治区、直辖市确定教育救助标准后，应当报国家教育行政部门和民政部门备案。

（二）根据教育救助对象的基本学习、生活需求确定

基本学习需求，是指保证教育救助对象能够进入学校并顺利完成学业的最低水平的经费支持以及其他保障条件。一般来说，保障基本学习需求，首先要保证学费、教科书费、文具费的支出；其次根据不同情况还可能发生交通费、校服费等其他费用。基本生活需求，是指保证教育救助对象在校学习期间能够获得必要的生活费用，主要包括餐费、住宿费和其他最低的生活费用支出。

制定教育救助标准，要考虑救助对象的差别。依据不同的分类标准，可以将教育救助标准分为不同的类别。根据人员来源的不同，可以分为低保家庭成员教育救助标准、特困供养人员教育救助标准、不能入学接受义务教育的残疾儿童救助标准。根据学习阶段的不同，可分为义务教育学生教育救助标准、高中阶段教育学生教育救助标准、普通高等教育学生教育救助标准。根据救助方式的不同，可以分为减免费用标准、助学金标准、生活补助标准等。确定教育救助标准，要区分不同的类别，特别是要考虑学习阶段的差异，科学、合理地确定。

制定教育救助标准还要结合现有学生资助标准。教育救助和学生资助，在政策对象上有所不同，又有所交叉。现有学生资助不包括不能接受义务教育的残疾儿童。但是，对于进入国民教育体系的残疾儿童、低保家庭成员、特困供养人员，都已经纳入学生资助的覆盖范围。因此，在制定教育救助标准的时候，要参考学生资助标准，并在此基础上适当提高。对于未能入学接受义务教育的残疾儿童的教育救助标准，应当综合运用多种救助政策，探索灵活、有效的救助方式，并进一步提高救助标准和帮扶水平。

二、教育救助标准的公布

公开原则是现代公共行政的一项基本原则。教育救助标准确定后，应当采取多种形式予以公布，便于申请人知晓，便于社会监督。公布的方式主要包括四种：一是通过政府公告、政府门户网站、报纸等途径公布。二是通过学校招生简章对有关教育救助的政策和标准进行介绍。三是通过校园信息公开栏、校园网、校园广播等途径向在校学生公布。四是通过有关教师、工作人员向申请人提供教育救助政策和救助标准等方面的咨询。有关教师、工作人员应当熟悉教育救助政策和救助标准。

第三十六条　申请教育救助，应当按照国家有关规定向就读学校提出，按规定程序审核、确认后，由学校按照国家有关规定实施。

【释义】

本条是关于教育救助的申请及其审核确认的规定。

一、关于受理申请主体

对于在校就读的救助对象，接受教育救助申请的主体是其就读的学校。同时，学校还负有审核、确定申请人资格的职责。对于不能入学接受义务教育的残疾儿童的救助申请，可以按照就近入学的原则，参照其他儿童入学标准，就近向户籍所在地公办学校提出。

在《暂行办法》制定过程中，有一种意见认为，教育救助申请人可以向户籍所在地的县级人民政府教育行政部门申请，也可以向就读学校提出申请。考虑到目前学校的主管部门除了教育行政部门外还有其他部门，且有较大规模的流动人口子女在流入地入学，向户籍所在地县级教育行政部门申请可能给申请人带来不便。因此，为方便困难学生提出教育救助申请，《暂行办法》规定由申请人直接向就读学校提出。

二、关于教育救助的申请程序

由于教育救助与学生资助存在交叉，因此，对于在校就读的申请人的教育救助申请，应当按照相应学生资助的申请程序办理。对于未入学的残疾儿童的教育救助申请，可以参照在校就读学生的申请程序执行。

（一）申请的提出

教育救助申请由本人（未成年人由其监护人）向就读学校提出。申请寄宿生生活补助、各阶段国家助学金等，在按照相关规定填写申请表、提交身份证明的同时，还应提交县级人民政府民政部门认定的低保家庭成员或特困供养人员证明，或者在《家庭经济情况调查表》中注明其低保家庭成员或特困供养人员的情况，经县级人民政府民政部门盖章。有的申请还需要提供申请人的学业信息，比如对于高等学校国家励志奖学金的申请人，还应当提供其学业成绩等证明。

（二）申请的审查与确认

学校应当明确负责受理和审查教育救助申请的机构。教育救助的审查与确认程序，可以按照学生资助的有关程序执行。目前，学生资助的审查与确认，由于教育层次与资助方式不同，有关审查与确认主体也存在差异。比如，就助学金来说，根据财政部、教育部发布的《普通本科高校、高等职业学校国家助学金管理暂行办法》（财教〔2007〕92 号）的规定，高等教育在校学生申请助学金，由学生按照国家有关规定向学校提出申请，高校学生资助管理机构应当结合本校家庭经济困难学生等级认定情况，组织评审，提出享受国家助学金资助初步名单及资助档次，报学校领导集体研究通过后，于每年11月15日前，将本校当年国家助学金政策的落实情况按隶属关系报至中央主管部门或省级教育部门备案。根据财政部、教育部等发布的《中等职业学校国家助学金管理办法》（财教〔2013〕110号）的规定，新生和二年级学生在新学年开学一周内向就读学校提出申请，并递交相关证明材料。中等职业学校应当根据本办法和各地制定的国家助学金实施细则，受理学生申请，组织初审，并通过全国中等职业学校学生管理信息系统和技工学校学生管理信息系统报至同级学生资助管理机构审核、汇总。根据财政部、教育部发布的《普通高中国家助学金管理暂行办法》（财教〔2010〕461号）的规定，普通高中每年9月30日前受理学生申请，并按照公开、公平、公正的原则，对学生提交的《普通高中国家助学金申请表》及相关材料，组织由学校领导、班主任和学生代表组成的评审小组进行认真评审，并在学校内进行不少于5个工作日的公示。公示无异议后，即可发放国家助学金。

一般来说，有关审查机构要重点审查申请材料的真实性及其与有关政策的适应性。一般采取书面审查的方式，必要时也可以通过约谈本人、访谈班主任和家访等方式，或者请求开具有关证明的民政部门协助核实有关信息的真实性。有关信息审核后，应由审核人员和机构负责人签字确认。教育救助工作机构应当组织对申请人的评审，提出享受救助初步名单及救助金额，通过必要程序予以确认。

（三）备案和实施

有关审查确认机构按照有关程序报学校主管机关备案，以便主管部门依法拨付相关救助经费。教育救助根据不同方式，由学校按照国家有关规定实施。

关于教育救助的结果是否需要公开，《暂行办法》规定为“按规定程序”。在国家未制定单独的教育救助程序规则前，应当适用学生资助政策的审查程序。目前国家对申请学生资助相关政策，在审查阶段一般都要经过公示程序。比如普通高中在校生申请国家助学金，需在学校内进行不少于5个工作日的公示。公示无异议后，即可发放国家助学金。实践中，由于教育救助对象与一般的学生资助对象在家庭困难程度方面的审查程序不同，因此应当区别对待。教育救助对象是就读的最低生活保障家庭成员和特困供养人员，其家庭困难情况已经政府有关主管部门依法审查。只要当事人提供的有关证明材料真实性没有问题，就不需要再次公示。同时，不再公示也有利于保护教育救助对象。这一点，有关主管部门和教育机构在贯彻实施《暂行办法》时，应予以进一步明确。

此外，对于不能入学接受义务教育的残疾儿童申请教育救助，《暂行办法》没有做出具体规定，需要有关主管部门在贯彻实施的意见中予以明确。实践中，申请残疾儿童教育救助，可以由其监护人向划片就近应入学的学校提出。

三、有关工作要求

《暂行办法》规定，社会救助工作应当坚持公开、公正、公平、及时原则。教育救助申请人或其监护人，应当诚实守信，如实填报相关材料，有弄虚作假的，一经查证，即取消其获得救助的资格。教育行政部门和民政部门要加强对区域内教育救助工作的领导和指导。学校应当制定本校教育救助的具体实施办法，明确工作机构，完善工作制度，严格审查程序。学校及其他审查机构应认真核实、确认本校获得教育救助的人员信息，并如实报送。在教育救助对象认定工作过程中，有关部门和学校不得弄虚作假，骗取教育救助资金；不得克扣、占有救助对象的教育救助资金。教育救助工作过程中，有关人员违反规定的，依法追究其法律责任。

第七章　住房救助

本章共计五条，对住房救助对象、实施方式、住房困难标准和救助标准的确定、申请和批准程序、政府为实施住房救助提供的保障措施作出了原则性规定。

第三十七条　国家对符合规定标准的住房困难的最低生活保障家庭、分散供养的特困人员，给予住房救助。

【释义】

本条是关于住房救助对象条件的规定。

社会救助是一项保民生、促公平的托底性、基础性的制度安排，住房救助是社会救助的重要组成部分。住房救助属于住房保障范畴，是针对特定对象实施的特殊类型的住房保障，目的是在住房方面扶危济困、救急救难，帮助最困难群众解决住房困难。

住房是人类生存和发展最基本的物质条件。在经济和社会发展进程中，总有一些群众由于个人身体原因、技能不适应等导致就业不充分，收入水平较低；或者因病因学、遭受灾害或重大变故导致经济条件变差，没有能力通过市场购买或者租赁合适住房，面临住房困难。从维护人的住房基本权利及促进社会公平正义等角度，政府应当通过实施住房救助“补好位”，帮助这些最困难的群众获得基本住房。

作为特殊类型的住房保障，住房救助针对特殊困难群体。根据《暂行办法》，居住在城镇的最低生活保障家庭、分散供养的特困人员是城镇住房救助对象，居住在农村的低保家庭、分散供养的特困人员、贫困残疾人家庭和其他贫困农户是农村住房救助对象。相较于其他类型的住房保障对象，住房救助对象生活更加困难，支付能力更为有限。政府实施住房救助，通过“兜底性”保障，能够帮助这一群体尽快解决住房困难。《暂行办法》还强调判别住房救助对象时，应严格把准住房困难这一标准。也就是说，不是对所有社会救助对象都要实施住房救助，也不是对所有住房困难群众实施的住房保障都叫住房救助。只有对住房困难的社会救助对象实施的住房保障，才叫住房救助。

《国务院关于解决城市低收入家庭住房困难的若干意见》（国发〔2007〕24 号）明确要求，要切实解决城市低收入家庭住房困难问题。自 2008 年第四季度以来，国家通过大规模实施保障性安居工程，加快解决群众特别是社会救助对象住房困难问题。2008 年至 2012 年，全国城镇保障性安居工程新开工 3000 多万套，基本建成 1800 多万套，新增解决了 1700 万户家庭的住房困难。截至 2012 年年底，全国累计解决了 3100 万户家庭的住房困难，占城镇家庭总户数（2.49 亿户）的 12.5%。此外，全国还有

500多万户城镇低收入住房困难家庭享受了政府发放的廉租住房租赁补贴。2013年，全国又开工建设666万套，基本建成544万套。

这几年，国家也加大了帮助贫困农户解决最基本的安全住房工作的力度。2008年中央支持贵州省率先开展农村危房改造试点，2009年住房城乡建设部会同国家发展改革委、财政部开展扩大农村危房改造试点。截至目前，农村危房改造覆盖地区范围有序扩大，已经覆盖全国。中央安排的危房改造任务逐年增加，已累计安排补助资金960多亿元，支持了近1300万贫困农户改造危房。补助标准也逐年提高，中央危房改造补助标准从每户5000元逐步提高到每户7500元。2013年，对贫困地区再次提高了中央补助标准，由平均每户7500元提高到了8500元。

第三十八条　住房救助通过配租公共租赁住房、发放住房租赁补贴、农村危房改造等方式实施。

【释义】

本条是关于住房救助实施方式的规定。

近年来，国家通过大规模实施保障性安居工程，不仅明确了解决社会救助对象住房困难的政策渠道，而且解决了一大批救助对象的住房困难问题。根据规定，对城镇低保家庭，主要通过配租廉租住房、公共租赁住房及发放租赁补贴等方式解决其住房困难，目前大部分地方对这部分困难群众基本做到了“应保尽保”；对农村五保户、低保户等救助对象的住房困难，除民政部门实施集中供养的之外，优先纳入农村危房改造计划予以解决；对于因灾导致住房困难的家庭，各地应通过相应的救助政策予以解决。应当说，社会救助对象的住房困难，在现有政策体系下，通过上述渠道能够逐步得到解决。

自2014年起，各地廉租住房与公共租赁住房将逐步并轨运行，之前通过配租廉租住房解决城镇最低生活保障家庭住房困难，今后将通过配租公共租赁住房的方式予以解决。同时，原有的廉租住房租赁补贴仍将按规定发放给符合条件的住房救助对象。

同时，考虑到救助对象生活困难、住房支付能力低，住房救助一般应与解决衣食等其他基本生存条件统筹实施，目的是从根本上缓解社会救助对象的生活状况。实施住房救助后，由于承租公共租赁住房的救助对象承担的租金水平低于其他类型保障对象的租金水平，部分对象甚至是免费的，因此，住房救助对象的住房负担并不重。

第三十九条　住房困难标准和救助标准，由县级以上地方人民政府根据本行政区域经济社会发展水平、住房价格水平等因素确定、公布。

【释义】

本条是关于住房困难标准和救助标准的规定。

合理确定住房困难标准和救助标准，是住房救助实施的基础，不仅有利于发挥好社会救助制度的济困、解难作用，而且有利于提高政策的有效性，让改革发展的红利更公平的惠及所有困难群众，促进社会公平公正。同时，将住房困难标准和救助标准与经济社会发展水平、住房价格水平相衔接，目的是形成科学规范、可持续的住房救助长效机制，确保救助对象住房条件能够随着经济和社会发展水平的进步而相应提高，让全体社会成员共享改革发展的成果。也就是说，实施住房救助，不仅要满足基本居住条件，而且还要按照一定标准不断改善居住环境。

住房困难标准和救助标准的制定主体，《暂行办法》规定为县级以上地方人民政府，包括省、自治区、直辖市人民政府，设区的市级人民政府和县级人民政府。

第四十条　城镇家庭申请住房救助的，应当经由乡镇人民政府、街道办事处或者直接向县级人民政府住房保障部门提出，经县级人民政府民政部门审核家庭收入、财产状况和县级人民政府住房保障部门审核家庭住房状况并公示后，对符合申请条件的申请人，由县级人民政府住房保障部门优先给予保障。

农村家庭申请住房救助的，按照县级以上人民政府有关规定执行。

【释义】

本条是关于住房救助的申请和批准程序的规定。

考虑到社会救助对象的特殊性，确定住房救助申请、审批程序的总体原则是规定简洁明确、实施便民快捷，目的是帮助困难群众在尽早获得住房救助的同时，尽量减轻负担。

城镇家庭申请住房救助时，直接向乡镇人民政府、街道办事处或者直接向县级人民政府住房保障部门提出申请。当申请提交后，民政部门核实家庭收入、财产状况，住房保障部门审核家庭住房状况后，经相应的渠道公示，即可确认救助对象的资格。这样的申请审核程序最大程度上兼顾了申请审核的效率和准确性。对社会救助对象的住房救助申请，应当及时受理，符合条件的，要做到应保尽保、优先安排，体现社会救助政策的兜底性。

农村家庭申请住房救助时，按照农户自愿申请、村民会议或村民代表会议民主评议、乡（镇）审核、县级审批的程序进行。确定补助对象，应当坚持公开、公平、公正的原则。农村住房救助，应当优先帮助住房最危险、经济最贫困的农户，解决其基本安全住房。

第四十一条　各级人民政府按照国家规定通过财政投入、用地供应等措施为实施住房救助提供保障。

【释义】

本条是关于住房救助支持政策的规定。

住房救助是政府基本公共服务的内容，各级人民政府都有义务履行好职责，通过多种形式的政策支持，确保住房救助这项工作做好做实。住房救助的各项支持政策，与住房保障有关支持政策基本一致。

一是财政投入。住房救助资金纳入各级财政年度预算安排。中央财政对用于住房救助的公共租赁住房建设给予补助。县级以上地方人民政府也应当安排不低于中央补助的资金数量，为实施住房救助提供相应的资金保障。农村危房改造依据改造方式、建设标准、成本需求和补助对象自筹资金能力等不同情况，合理确定不同地区、不同类型、不同档次的省级分类补助标准，省级人民政府有关部门在整合中央补助资金的基础上，落实对特困地区、特困农户在补助标准上的倾斜照顾政策。

二是确保用地供应。对符合规定条件的用于住房救助的公共租赁住房，各地应当在土地供应计划中优先安排。

三是免缴行政事业性收费和政府性基金。对涉及住房救助的城市基础设施配套费等各种行政事业性收费和政府性基金予以免收。

四是农村危房改造设计、施工、验收等环节应当严格执行相关规定，通过县级以上管理部门定期组织开展现场指导和巡查，乡镇建设管理人员在关键施工阶段到现场指导和检查，以及建立验收合格与补助资金拨付进度挂钩等机制，确保改造后每户住房均不低于最低建设要求。

第八章　就业救助

本章共计五条，对就业救助的救助对象、救助方式、救助程序、促进积极求职以及对吸纳就业救助对象用人单位的扶持政策，作出了原则性规定。

第四十二条　国家对最低生活保障家庭中有劳动能力并处于失业状态的成员，通过贷款贴息、社会保险补贴、岗位补贴、培训补贴、费用减免、公益性岗位安置等办法，给予就业救助。

【释义】

本条是关于就业救助对象和救助方式的规定。

一、就业救助和就业援助

就业救助既是社会救助的重要组成部分，同时也是就业援助的重要内容。就业援助是指政府建立的以就业困难人员为主要对象，通过各类特殊扶持政策和有针对性的援助措施，帮助就业困难人员尽快实现再就业的一项制度。《中华人民共和国就业促进法》第六章对就业援助作了专门规定，要求采取税费减免、贷款贴息、社会保险补贴、岗位补贴等办法，通过公益性岗位安置等途径，对就业困难人员实行优先扶持和重点帮助。根据《中华人民共和国就业促进法》第五十二条第二款规定，就业困难人员是指因身体状况、技能水平、家庭因素、失去土地等原因难以实现就业，以及连续失业一定时间仍未能实现就业的人员。最低生活保障家庭中有劳动能力并处于失业状态的成员就属于就业困难的人员，属于就业援助的对象之一。就业救助和就业援助的条件、程序、经办、管理是完全一致的，但是在对象范围上突出强调了最低生活保障家庭中有劳动能力并处于失业状态的成员。因此，《暂行办法》关于就业救助的有关规定，既保持了与《中华人民共和国就业促进法》的有效衔接，又体现了社会救助体系的完整性。

二、就业救助对象

就业救助对象，是最低生活保障家庭中有劳动能力并处于失业状态的成员。也就是说，就业救助的对象需要同时满足三个条件：一是最低生活保障家庭成员，根据《暂行办法》第九条的规定，最低生活保障家庭是指共同生活的家庭成员人均收入低于当地最低生活保障标准，且符合当地最低生活保障家庭财产状况规定的家庭。二是有劳动能力，即拥有进行劳动工作的能力，包括体力劳动和脑力劳动。三是处于失业状态。《国务院关于做好促进就业工作的通知》（国发〔2008〕5 号）规定，各省、自治区、直辖市在本行政区域内实行统一的就业失业登记证，向劳动者免费发放，并注明可享受的扶持政策。登记失业人员凭登记证在核发证件的省、自治区、直辖市内享受公共就业服务和就业扶持政策，对就业困难人员在登记证上予以注明。因此，就业救助的对象应当办理失业登记，并持有就业失业登记证。

三、就业救助方式

实施扶持政策，帮扶就业救助对象通过不同渠道尽快实现就业，是就业救助工作的核心。《暂行办法》规定的贷款贴息、社会保险补贴、岗位补贴、培训补贴、费用减免等办法以及公益性岗位安置等途径，既是现行积极就业政策的重要内容，也是实践证明行之有效的措施。具体的政策内容会根据不同时期的工作要求而有所变化，针对不同的对象给予不同的政策扶持：

（一）贷款贴息

《国务院关于进一步加强就业再就业工作的通知》（国发〔2005〕36号）规定，对符合条件的劳动者，自谋职业、自主创业或者合伙经营和组织起来就业的，其自筹资金不足部分，由政府提供贷款担保，由银行发放小额担保贷款；对利用小额担保贷款从事微利项目的，由财政提供一定额度或者全额的贷款贴息。根据《财政部、人力资源和社会保障部、中国人民银行关于加强小额担保贷款财政贴息资金管理的通知》（财金〔2013〕84号）的规定，最低生活保障家庭中有劳动能力并处于失业状态的成员属于财政贴息资金的支持对象，财政贴息资金支持的最高小额担保贷款额度为5万元，小额担保贷款期限最长为2年。

（二）社会保险补贴

为了鼓励失业人员自谋职业和自主创业，《国务院关于做好促进就业工作的通知》规定，对各类企业招用就业困难人员，签订劳动合同并缴纳社会保险费的，在相应期限内给予基本养老保险、基本医疗保险和失业保险补贴；对就业困难人员灵活就业后申报就业并缴纳社会保险费的，给予一定数额的社会保险补贴；在公益性岗位安排就业困难人员，视其缴纳社会保险费的情况，在相应期限内给予社会保险补贴。社会保险补贴的期限，除对距法定退休年龄不足5年的人员可延长至退休外，其余人员最长不超过3年。最低生活保障家庭中有劳动能力并处于失业状态的成员就属于就业困难人员，可以按照规定享受社会保险补贴政策。

（三）岗位补贴

《中华人民共和国就业促进法》第五十三条规定，被安排在社区公益性岗位工作的，按照国家规定给予岗位补贴。《国务院关于做好促进就业工作的通知》规定，各地政府投资开发的公益性岗位，要优先安排符合岗位要求的就业困难人员，并在相应期限内给予适当的岗位补贴。岗位补贴期限，除对距法定退休年龄不足5年的人员可延长至退休外，其余人员最长不超过3年。《财政部、人力资源和社会保障部关于进一步加强就业专项资金管理有关问题的通知》（财社〔2011〕64号）对就业专项资金安排使用公益性岗位补贴作了具体规定。最低生活保障家庭中有劳动能力并处于失业状态的成员就属于就业困难人员，可以按照规定享受岗位补贴政策。

（四）培训补贴

《中华人民共和国就业促进法》第四十九条规定，失业人员参加就业培训的，按照有关规定享受政府培训补贴。《国务院关于做好促进就业工作的通知》规定，鼓励劳动者参加各种形式的培训，对失业人员、符合条件的进城务工农村劳动者参加职业培训的，按规定给予职业培训补贴。《国务院关于加强职业培训促进就业的意见》（国发〔2010〕36号）还规定，对城乡未继续升学的应届初高中毕业生参加劳动预备制培训，按规定给予培训费补贴的同时，对其中农村学员和城市家庭经济困难学员给予一定生活费补贴。从各地情况看，培训标准根据培训类型和层次的不同，一般为300元～1000元不等，部分地区高级技能培训的补贴已超过1000元。

（五）费用减免

《国务院关于进一步加强就业再就业工作的通知》规定，对符合条件的劳动者，从事个体经营，在规定限额内依次减免营业税、城市维护建设税、教育费附加和个人所得税，并免收属于管理类、登记类和证照类的各项行政事业性收费。《国务院关于做好促进就业工作的通知》规定，上述税费减免政策继续有效。《财政部、国家税务总局关于支持和促进就业有关税收政策的通知》（财税〔2010〕84号）进一步明确，对持就业失业登记证（注明“自主创业税收政策”或附着《高校毕业生自主创业证》）人员从事个体经营（除建筑业、娱乐业以及销售不动产、转让土地使用权、广告业、房屋中介、桑拿、按摩、网吧、氧吧外）的，在3年内按每户每年8000元为限额依次扣减其当年实际应缴纳的营业税、城市维护建设税、教育费附加和个人所得税。纳税人年度应缴纳税款小于上述扣减限额的，以其实际缴纳的税款为限；大于上述扣减限额的，应以上述扣减限额为限。

此外，关于公益性岗位安置。《中华人民共和国就业促进法》第五十三条规定，政府投资开发的公益性岗位，应当优先安排符合岗位要求的就业困难人员。政府投资开发的公益性岗位是指由政府作为出资主体，扶持或通过社会筹集资金开发的，以安置就业困难人员为主，符合社会公共利益需要的服务性岗位和协助管理岗位。政府投资开发的公益性岗位，在同等条件下，应当优先录用和安排包括最低生活保障家庭中有劳动能力并处于失业状态的成员在内的各类就业困难人员。

第四十三条　最低生活保障家庭有劳动能力的成员均处于失业状态的，县级以上地方人民政府应当采取有针对性的措施，确保该家庭至少有一人就业。

【释义】

本条是关于确保最低生活保障家庭至少有一人就业的规定。

一、关于最低生活保障家庭有劳动能力的成员均处于失业状态

根据《暂行办法》第四十二条规定，就业救助的对象是最低生活保障家庭中有劳动能力并处于失业状态的成员。如果最低生活保障家庭中有劳动能力的成员均处于失业状态，那么这种家庭就属于就业救助工作的重点对象。除了可以享受贷款贴息、社会保险补贴、岗位补贴、培训补贴、费用减免等政策扶持以外，县级以上地方人民政府还应当采取有针对性的措施，确保这种家庭至少有一人就业。按照有关规定，“零就业”家庭主要是指城镇家庭中，所有法定劳动年龄内、具有劳动能力和就业愿望的家庭成员均处于失业状态，且无经营性、投资性收入的家庭。本条所称的有劳动能力的成员均处于失业状态的最低生活保障家庭，就属于“零就业”家庭中的一类。

做好“零就业”家庭成员的就业工作，对于改善群众基本生活，维护社会稳定，促进社会和谐具有十分重要而特殊的意义。党的十六届六中全会通过的《中共中央关于构建社会主义和谐社会若干重大问题的决定》明确提出，扩大再就业政策扶持范围，健全再就业援助制度，着力帮助“零就业”家庭和就业困难人员就业。《中华人民共和国就业促进法》第五十六条规定，县级以上地方人民政府采取多种就业形式，拓宽公益性岗位范围，开发就业岗位，确保城市有就业需求的家庭至少有一人实现就业。2007 年6 月，劳动和社会保障部下发《关于全面推进零就业家庭就业援助工作的通知》(劳社部发〔2007〕24 号)，提出了促进“零就业”家庭就业、争取到年底现有“零就业”家庭至少一人实现就业，以及建立“零就业”家庭就业援助长效机制，做到“零就业”家庭“产生一户，援助一户，消除一户，稳定一户”的工作目标，对全面推进“零就业”家庭就业援助工作进行了部署。据统计，自

2007年部署“零就业”家庭就业援助工作至当年年底，全国累计帮扶86.9万户“零就业”家庭实现每户至少一人就业，占“零就业”家庭总量的99.9%，取得了很好的效果。截至2012年底，全国累计援助“零就业”家庭127.8万户，帮助“零就业”家庭成员实现就业153.1万人。2012年，全国共有“零就业”家庭59371户（其中新增58815户，上年结转556户），共帮助58576户“零就业”家庭实现就业67912人，2012年底实有“零就业”家庭795户，全国基本实现了“零就业”家庭动态援助、动态消除的目标。

二、关于县级以上地方人民政府应当采取的措施

按照国家法律法规政策规定，县级以上地方人民政府应当采取多种就业形式，拓宽公益性岗位范围，开发就业岗位，确保有就业需求的城镇家庭至少有一人实现就业。具体措施包括：通过实行相关补贴，开发公益性岗位，安置年龄偏大、家庭困难的零就业家庭成员就业；通过实行相应政策扶持，鼓励各类用人单位吸纳零就业家庭成员实现稳定就业；通过开发适用性强的创业项目，指导零就业家庭成员自主创业；通过扶持兴办劳动密集型小企业，推广适于家庭手工业加工的项目，引导“零就业”家庭成员灵活就业；通过组织劳务输出项目，组织“零就业”家庭成员转移就业。在多渠道开发就业岗位的同时，政府还要规范企业裁员行为，加强失业调控，尽量避免裁减家庭成员中已经有失业人员的职工，严格控制夫妻双方同时失业，从源头上控制“零就业”家庭的产生。

劳动和社会保障部《关于全面推进零就业家庭就业援助工作的通知》还对人力资源社会保障部门特别是公共就业服务机构做好“零就业”家庭就业援助工作提出了具体要求：

一是建立申报认定和调查登记制度。符合条件的居民家庭可按照自愿原则，向其住所地的街道、社区劳动保障工作机构申请零就业家庭登记认定。街道、社区公共就业服务机构要采取措施，限期做出核实认定。在此基础上，街道、社区公共就业服务机构要开展定期上门调查走访，准确掌握零就业家庭的总量、具体情况和就业愿望等，建立基本台账，指定专人负责，跟踪服务。对新出现的零就业家庭及时登记，实行动态管理。

二是完善政策措施。将“零就业”家庭成员纳入就业困难人员范围，给予重点援助。政府投资开发的公益性岗位，应优先安排零就业家庭成员，并按规定给予岗位补贴和社会保险补贴；鼓励零就业家庭成员自谋职业和自主创业，鼓励企业吸纳零就业家庭成员。

三是强化就业服务。及时为援助对象上门开展“送政策、送岗位、送服务”活动，实行动态管理和“一对一”服务。完善社区就业服务功能，积极推进各项服务进社区活动，使“零就业”家庭不出社区就能得到优质、高效的“一条龙”公共就业服务。制定即时援助预案，对新出现的“零就业”家庭，及时启动援助预案，实现有效的就业援助，确保一定期限内实现就业。

第四十四条　申请就业救助的，应当向住所地街道、社区公共就业服务机构提出，公共就业服务机构核实后予以登记，并免费提供就业岗位信息、职业介绍、职业指导等就业服务。

【释义】

本条是关于就业救助程序和内容的规定。

一、就业救助申请的提出

根据《暂行办法》规定，申请就业救助的，应当向住所地街道、社区公共就业服务机构提出。由此可以看出，申请就业救助的主体应当是就业救助对象，即最低生活保障家庭中有劳动能力、办理了失业登记、持有就业失业登记证的成员；负责受理就业救助申请的机构是就业救助对象住所地街道、社区公共就业服务机构。

1. 住所地。住所是指自然人长期居住的场所。根据《中华人民共和国民法通则》第十五条规定，自然人以其户籍所在地的居住地为住所，如果经常居住地与户籍所在地不一致时，则将经常居住地视为住所。经常居住地即自然人经常居住的场所，根据最高人民法院司法解释，自然人离开住所地最后连续居住 1 年以上的地方，为经常居住地，但住院治疗的除外。

2. 街道、社区公共就业服务机构。《国务院关于做好促进就业工作的通知》规定，县级以上人民政府要建立健全公共就业服务体系，规范公共就业服务机构，明确服务职责和范围；街道、社区公共就业服务机构要设立服务窗口，开展公共就业服务。《人力资源和社会保障部、财政部关于进一步完善公共就业服务体系有关问题的通知》（人社部发〔2012〕103号）进一步明确了公共就业服务机构的设置及职责：省、市、县三级设立公共就业服务机构，县以下街道（乡镇）和社区（行政村）设立基层公共就业服务平台。县级以下基层公共就业服务平台负责开展以就业援助为重点的公共就业服务，落实各项就业政策，实施劳动力资源调查统计，并承担上级人力资源社会保障行政部门安排的其他就业服务工作。根据《人力资源和社会保障部关于进一步加强基层平台就业工作若干问题的意见》（人社部发〔2010〕37号）规定，街道、乡镇平台在就业救助方面承担的基本职责主要包括：负责审核、上报就业登记、失业登记相关资料，组织开展登记失业人员日常管理工作；负责收集、发布就业信息，提供职业指导、职业介绍、农村劳动力转移就业等就业服务；负责审核、上报就业困难人员认定资料，组织开展就业援助工作，协助落实就业政策。社区、行政村平台在就业救助方面承担的基本职责主要包括：负责受理就业登记、失业登记申请和初审，承担登记失业人员日常管理等工作；收集、发布就业信息，开展职业指导、职业介绍、农村劳动力转移就业等就业服务；开展就业援助对象的调查摸底和日常动态管理工作，受理就业援助申请，建立管理台账和及时更新信息库，协助落实就业政策，为就业援助对象提供上门入户援助服务。

二、审核与登记

《人力资源和社会保障部关于加强就业援助工作的指

导意见》（人社部发〔2010〕29 号）规定，各地要简化登记认定程序，强化动态管理，使各类援助对象都能够在社区进行登记。对未进行失业登记的，要首先进行失业登记，并核发就业失业登记证明；对符合援助对象条件的，要按照规定程序及时予以公示认定。社区平台要及时掌握援助对象的就业状态和具体情况，以社区台账和信息系统为载体，做到基本信息登记造册和动态信息及时更新。因此，收到就业救助对象的申请后，社区公共就业服务机构应当予以审核，对符合条件的，按照规定程序及时予以公示认定。符合条件的就业救助对象可以免费享受公共就业服务。

三、就业救助服务的内容

根据《中华人民共和国就业促进法》第三十五条规定，对包括就业救助对象在内的就业困难人员实施就业援助，是公共就业服务机构的重要职责之一。援助措施通常包括：

（一）求职登记和职业指导

为每一位急需就业的就业救助对象量身定制一份服务方案，针对其在求职就业、享受再就业扶持政策和其他劳动保障政策方面的不同需求，确定具体服务内容，综合运用职业介绍、职业指导、就业培训、公益性岗位和其他劳动保障相关服务措施，提供针对性服务。

（二）提供就业岗位信息和职业介绍

公共就业服务机构应当通过各种媒体以多种形式发布与就业救助对象求职就业有关的人力资源市场信息，供就业救助对象参考选择，包括用人单位的岗位需求信息、人力资源市场工资指导价位信息、职业培训信息等，并为登记求职的就业救助对象提供免费的职业介绍服务。

（三）职业技能培训

根据就业岗位的需求，结合就业救助对象的特点，介绍并指导其选择职业技能培训课程，组织并推荐其参加职业技能培训。

（四）岗位援助

开发并掌握一批适合就业救助对象的就业岗位，通过组织就业救助对象参加招聘活动，或者个别介绍、送岗位到家等形式，使有就业愿望的就业救助对象了解岗位信息，及时落实再就业岗位。同时，对在公益性岗位实现就业的就业救助对象，落实社会保险补贴和岗位补贴政策。对已灵活就业的就业救助对象，组织其申报就业，参加社会保险，并帮助其落实社会保险补贴。

（五）跟踪服务

在就业救助对象上岗后，继续提供职业咨询和指导的服务，同时，跟踪各项服务措施的落实，及时了解推荐人员上岗情况，办理招聘备案手续情况、缴纳社会保险和发放工资情况等。

第四十五条　最低生活保障家庭中有劳动能力但未就业的成员，应当接受人力资源社会保障等有关部门介绍的工作；无正当理由，连续3次拒绝接受介绍的与其健康状况、劳动能力等相适应的工作的，县级人民政府民政部门应当决定减发或者停发其本人的最低生活保障金。

【释义】

本条是关于就业救助对象应当积极求职的规定。

一、就业救助对象应当接受有关部门介绍的工作

提供及时有效的岗位信息，组织开展形式多样的职业介绍活动是促进就业救助对象就业的重要措施。为此，《中华人民共和国就业促进法》规定，地方各级人民政府加强基层就业援助服务工作，对就业困难人员实施重点帮助，提供有针对性的就业服务和公益性岗位援助。除了公共就业服务机构免费提供的职业介绍服务外，政府还可以通过提供职业介绍补贴等方式，鼓励工青妇等群团组织、其他各类职业介绍机构为就业救助对象介绍工作，提供免费的职业介绍服务。

根据《暂行办法》规定，就业救助对象必须积极求职，通过就业救助，免费享受公共就业服务机构等提供的就业服务，努力接受人力资源社会保障等有关部门介绍的工作并实现就业。这一规定的主要考虑是，促进就业救助对象尽快实现就业是就业救助工作的主要目标。要实现这一目标，一方面需要加快经济发展，创造更多的就业岗位，发展完善就业服务体系，为就业救助对象提供更多便捷、有效的就业服务；另一方面也要求就业救助对象积极主动地寻找工作，利用各种就业机会和就业服务设施争取尽快实现就业。同时，就业救助对象还要不断提高自身素质，增强竞争就业的能力，从根本上解决失业问题。可以说，这是就业救助对象应尽的义务之一。

此外，要求就业救助对象积极求职还有更广泛的涵义。《国务院关于做好促进就业工作的通知》规定，要促进失业保险、社会救助与促进就业工作的有机结合，严格失业保险金、城市居民最低生活保障金的申领条件和程序，在准确区分申请人员有无劳动能力的基础上，要将申领条件与接受职业介绍、职业培训以及参加公益性劳动情况相挂钩，逐步形成促进就业的政策导向。要将享受失业保险待遇人员和有劳动能力、有就业愿望的城市居民最低生活保障人员组织到职业介绍、职业培训、公益性劳动等活动中，采取多种措施，鼓励和吸引其积极就业。因此，就业救助对象除了要接受有关部门介绍的与其健康状况、劳动能力等相适应的工作外，还应当接受公共就业服务机构提供的职业培训等就业服务。

二、就业救助对象无正当理由拒绝接受介绍工作的后果

如果就业救助对象没有正当理由，拒不接受人力资源社会保障等有关部门介绍的工作，则表明，这些人员并不是没有机会就业，而是在有机会的情况下放弃了就业。鉴于此，就不应当让其继续享受相应的待遇，应减发或者停发其本人的最低生活保障金，否则，就会有悖于就业救助“促进就业”的宗旨。

（一）减发或者停发就业救助对象本人低保金的判断标准

根据《暂行办法》规定，就业救助对象同时满足下列

三个条件的，县级人民政府民政部门应当决定减发或者停发其本人的最低生活保障金：一是拒不接受人力资源社会保障等有关部门介绍的工作。二是无正当理由。如果就业救助对象有正当理由拒绝介绍工作的，则不能以拒绝介绍工作为由减发或者停发其待遇。这里的“正当理由”，包括就业救助对象本人健康状况、劳动能力、家庭中是否有人需要照顾，等等。三是连续3次拒绝介绍工作。

（二）减发或者停发就业救助对象本人低保金的主体

根据《暂行办法》第十一条、第十二条的规定，最低生活保障申请，由县级人民政府民政部门审查批准；对批准获得最低生活保障的家庭，县级人民政府民政部门按照共同生活的家庭成员人均收入低于当地最低生活保障标准的差额，按月发给最低生活保障金。相应地，决定减发或者停发就业救助对象最低生活保障金的机构也应当是县级人民政府民政部门。

（三）减发或者停发就业救助对象本人低保金的含义

根据《暂行办法》第十二条的规定，最低生活保障金的计算是以家庭为单位，按照共同生活的家庭成员人均收入低于当地最低生活保障标准的差额发给。如果最低生活保障家庭中有劳动能力但未就业的成员无正当理由，连续3次拒绝接受介绍的与其健康状况、劳动能力等相适应的工作，属于本人的过错，不能因为某个人的过错而影响最低生活保障家庭其他成员的低保金。因此，本条规定，减发或者停发的仅是就业救助对象本人的最低生活保障金。

第四十六条　吸纳就业救助对象的用人单位，按照国家有关规定享受社会保险补贴、税收优惠、小额担保贷款等就业扶持政策。

【释义】

本条是对吸纳就业救助对象的用人单位进行就业扶持的规定。

一、享受就业扶持政策的用人单位

鼓励用人单位吸纳就业，是帮扶就业困难人员就业的重要渠道之一。根据《暂行办法》第四十二条规定，就业救助的对象是最低生活保障家庭中有劳动能力并处于失业状态的成员，属于就业困难人员的一部分。为了更好地帮助就业救助对象实现就业，本条规定，吸纳就业救助对象的用人单位，即招用最低生活保障家庭中失业人员的用人单位，可以按照国家有关规定享受社会保险补贴、税收优惠、小额担保贷款等就业扶持政策。

二、用人单位享受的就业扶持政策的主要内容

根据《暂行办法》规定，吸纳就业救助对象的用人单位可以享受的就业扶持政策主要包括：社会保险补贴、税收优惠、小额担保贷款。其中，税收优惠和社会保险补贴等政策，有利于降低企业的用工成本；小额担保贷款政策有利于解决企业的资金来源。为符合条件的企业提供社会保险补贴政策，还有利于解决就业困难人员最关心的社会保险接续问题，消除其后顾之忧。

（一）社会保险补贴

为了鼓励企业吸纳就业困难人员就业，《国务院关于做好促进就业工作的通知》规定，对各类企业招用就业困难人员，签订劳动合同并缴纳社会保险费的，在相应期限内给予基本养老保险、基本医疗保险和失业保险补贴。社会保险补贴期限，除对距法定退休年龄不足5年的人员可延长至退休外，其余人员最长不超过3年。

（二）税收优惠

为了鼓励企业吸纳就业，《国务院关于进一步加强就业再就业工作的通知》规定，符合条件的企业新招用持再就业优惠证的人员，与其签订1年以上期限劳动合同并缴纳社会保险费的，按实际招用人数，在相应期限内定额依次减免营业税、城市维护建设税、教育费附加和企业所得税，期限最长不超过3年。《国务院关于做好促进就业工作的通知》规定，上述税收优惠政策继续有效。《财政部、国家税务总局关于支持和促进就业有关税收政策的通知》进一步规定，对商贸企业、服务型企业（除广告业、房屋中介、典当、桑拿、按摩、氧吧外）、劳动就业服务企业中的加工型企业和街道社区具有加工性质的小型企业实体，在新增加的岗位中，当年新招用持就业失业登记证（注明“企业吸纳税收政策”）人员，与其签订1年以上期限劳动合同并依法缴纳社会保险费的，在3年内按实际招用人数予以定额依次扣减营业税、城市维护建设税、教育费附加和企业所得税优惠。定额标准为每人每年4000元，可上下浮动20%，由各省、自治区、直辖市人民政府根据本地区实际情况在此幅度内确定具体定额标准，并报财政部和国家税务总局备案。按上述标准计算的税收扣减额应在企业当年实际应缴纳的营业税、城市维护建设税、教育费附加和企业所得税税额中扣减，当年扣减不足的，不得结转下年使用。

（三）小额担保贷款

为了鼓励企业吸纳就业，《国务院关于进一步加强就业再就业工作的通知》规定，对符合贷款条件的劳动密集型小企业，在新增加的岗位中，新招用持再就业优惠证人员达到企业现有在职职工总数30%以上，并与其签订1年以上期限劳动合同的，根据实际招用人数，提供最高不超过人民币100万元的贷款。《国务院关于做好促进就业工作的通知》规定，进一步完善小额担保贷款政策，创新小额担保贷款管理模式。各地可根据实际情况适当提高小额担保贷款额度和扩大贷款范围，进一步加大对符合条件的劳动密集型小企业的贷款贴息支持力度，鼓励利用小额贷款担保基金为劳动密集型小企业提供贷款担保服务。为了贯彻《国务院关于做好促进就业工作的通知》，2008年8月，中国人民银行、财政部、人力资源和社会保障部联合发布《关于进一步改进小额担保贷款管理积极推动创业促就业的通知》（银发〔2008〕238号），放宽了对劳动密集型小企业的小额担保贷款政策：对当年新招用符合小额担保贷款申请条件的人员达到企业现有在职职工总数30%（超过100人的企业达15%）以上、并与其签订1年以上劳动合同的劳动密集型小企业，经办金融机构根据企业实际招用人数合理确定小额担保贷款额度，最高不超过人民币200万元，贷款期限不超过2年。经办金融机构对符合上述条件的劳动密集型小企业发放小额担保贷款，由财政部门按中国人民银行公布的贷款基准利率的50%给予贴息（展期不贴息），贴息资金由中央和地方财政各负担一半。同时，鼓励各省级和省级以下财政部门利用担保基金为符合条件的劳动密集型小企业提供贷款担保服务。

第九章　临时救助

本章规定了临时救助的内容，共计五条，分别为：临时救助对象范围；临时救助申请审核审批程序；临时救助具体事项、救助标准制定权限；国家对生活无着的流浪、乞讨人员提供救助；流浪、乞讨救助工作中，有关行政机关工作人员职责。

第四十七条　国家对因火灾、交通事故等意外事件，家庭成员突发重大疾病等原因，导致基本生活暂时出现严重困难的家庭，或者因生活必需支出突然增加超出家庭承受能力，导致基本生活暂时出现严重困难的最低生活保障家庭，以及遭遇其他特殊困难的家庭，给予临时救助。

【释义】

本条是关于临时救助对象范围的规定。

作为一项临时性短期救助措施，临时救助在我国已经有了比较长的实践。早在新中国成立初期，为解决战后大量贫民的生存问题，中央人民政府于 1950 年专门召开会议，决定为困难群众提供临时性救济。当时的临时救济主要针对遭遇临时性、突发性变故致使生活出现暂时困难的居民家庭，以及灾民、流离失所人员等，是一种非定期、非定量的生活救济，也是临时救助制度的雏形。20 世纪 90 年代以后，我国逐步探索建立了城乡最低生活保障、农村五保供养、受灾人员救助以及医疗、教育、住房、就业等方面的救助制度，绝大多数困难群众的基本生活得到了有效保障。但是，仍有一些遭遇突发性、紧迫性、临时性生活困难的群众得不到及时救助。为从制度上解决这些困难群众的生活问题，民政部于 2007 年下发《关于进一步建立健全临时救助制度的通知》（民发〔2007〕92 号），部署各地探索建立临时救助制度。截至 2013 年年底，全国 31 个省（区、市）已全部制定出台了临时救助政策文件。其中，26 个省（区、市）由省级人民政府或由民政、财政两部门联合下发关于建立临时救助制度的政策文件。从各地实施临时救助的对象范围看，一般包括城乡低保家庭、低保边缘家庭等。

《暂行办法》在总结地方临时救助实践的基础上，着眼于健全完善社会救助制度体系，设专章对临时救助作出制度规范，并对临时救助的功能定位、制度内容、对象范围、标准制定、申请审批程序、救助方式等提出了明确要求。以国务院行政法规形式对临时救助制度建设提出要求，这对于在全国全面建立临时救助制度，有效解决城乡困难群众突发性、紧迫性、临时性基本生活困难，使全体居民在获取社会救助方面权利公平、机会公平、待遇公平具有非常重要的意义。

临时救助与解决基本生活的最低生活保障制度以及解决专门问题的医疗救助、教育救助、住房救助、就业救助等制度有着清晰的制度边界，即临时救助制度救助的主要是遭遇“急难”问题或因必需支出突然增加造成基本生活发生暂时严重困难的家庭。根据《暂行办法》规定，临时救助主要包括三类救助对象：

1. 因火灾、交通事故等意外事件，家庭成员突发重大疾病等原因，导致基本生活暂时出现严重困难的家庭。

这是临时救助最需要救助的困难类型之一。无论火灾、交通事故等意外事件，还是家庭成员突发重大疾病，都属于典型的急难事项。任何一个家庭遭遇这样的急难事项，并由此导致基本生活出现暂时严重困难时，都需要外界的帮助，否则生活就将难以为继。临时救助的制度功能就是为遭遇突发事件、意外伤害或重大疾病的家庭提供基本的生活保障。意外事件主要包括：（1）人为事故灾难。如火灾、溺水、矿难、人员踩踏等重大事故；（2）突发重特大疾病危及生命健康安全；（3）依法拘押、突然失踪、精神疾病发作等原因致使人身受限，造成家庭临时性困难的；（4）交通事故、刑事案件等造成人身伤亡，且因各种原因无法获得赔付；（5）其他造成基本生活暂时出现严重困难的突发事件。

这一类临时救助对象首先是遭遇了意外事件或是家庭成员突发重大疾病，并由此导致基本生活暂时出现严重困难，二者应具有一定的因果关系。其中，虽遭遇意外事件，但不足以导致家庭基本生活困难的，不应纳入临时救助范围。不属于突发性、紧迫性、临时性基本生活困难的，可由最低生活保障、特困人员供养、医疗、教育、住房、就业等其他救助制度解决；因自然灾害、重大事故、公共卫生、社会安全等突发公共事件，需要开展紧急转移安置和基本生活救助的，应按国家有关规定执行。

需要注意的是，突发事故、意外事件等，可能产生责任赔付问题。如遭遇交通事故、火灾、溺水等意外事件，导致家庭财产受损或者家庭突然失去经济来源，生活陷入困境，原则上交通肇事方、事故责任方或保险公司等责任方应当给予赔付或按规定先行帮助（如保险公司可提前介入）。但是，当急难事项发生后，责任方因种种原因不能及时赔付，致使困难群众得不到及时救助，当下基本生活无法维系时，各地应当及时启动临时救助程序。

2. 因生活必需支出突然增加超出家庭承受能力，导致基本生活暂时出现严重困难的最低生活保障家庭。

此类临时救助对象主要是指“支出型”贫困低保家庭，相对于“收入型”贫困家庭而言，更强调生活必需支出突然增加，超出家庭收入可以负担的范围。根据《暂行办法》规定，在理解此类救助对象时，应重点把握以下三个关键因素：一是“低保家庭”，即本身已较为贫困并享受最低生活保障的家庭，在领取低保金的基础上，由于刚性支出较大仍难以维系基本生活的。二是“生活必需支出”，必需支出指维持基本生活所需的最低限度的费用支出，比如：长期病残人员的营养品保障和护理支出，因子女就学造成的交通、生活费用支出，北方地区的冬季采暖支出，以及节日或平时物价上涨增加的生活支出等。三是“突然增加”，强调时间上的突然性。如果上述因素造成的家庭支出增加为持续性的，在可预期的一段时间以内将造成救助对象持续陷入生活困境中，则应视情况申请其他救助制度给予保障。

3. 遭遇其他特殊困难的家庭。

对第三类救助对象的规定是一个开放性的兜底条款，是指前两种类型之外的其他“急难”情形，给予地方一定的自由裁量权限。在实际生活中，特殊困难的情况千差万别，类型多种多样，在法规中不可能穷尽列举。《暂行办法》提出兜底性要求，是为了避免挂一漏万，使某些急难情形得不到及时救助。各地在实践操作中，应结合实际，具体问题具体分析，根据《暂行办法》精神科学界定救助对象范围，严格掌握尺度，在救助对象出现特殊困难并且导致家庭基本生活暂时出现严重困难时及时给予救助。

与其他社会救助制度相比，临时救助的对象范围更为宽泛，主要体现在两个地方：一是任何一个家庭遭遇“急难”情形，致使家庭基本生活暂时出现严重困难时，都可以按程序申请临时救助，不局限于低保家庭或特困供养人员。二是困难群众申请临时救助，不再严格强调“户籍所在地”。根据《国务院关于全面建立临时救助制度的通知》（国发〔2014〕47 号）要求，临时救助对象不仅包括具有本地户籍的家庭，也包括部分人户分离的流动人口家庭。凡具有本地户籍、持有当地居住证的人员，在遭遇急难时均可以家庭为单位申请临时救助。

需要指出的是，在工作实践中，各地应高度关注那些未被现行社会救助制度覆盖的居民家庭，包括支出型贫困的非低保家庭和需要过渡性、临时性救助的急难家庭。所谓支出型贫困的非低保家庭是指家庭人均收入虽超过当地最低生活保障标准，但因家庭必需支出过大导致入不敷出，基本生活出现严重困难的家庭；需要过渡性、临时性救助的居民家庭是指虽符合最低生活保障、特困人员供养或者医疗、教育、住房、就业等其他救助制度的救助条件，但由于申请、审核、审批时间的原因，其他救助制度尚未生效，而家庭当前已陷入困境，如不立即给予救助则无法维持基本生活。对于上述两种家庭，也应及时给予临时救助，并提供转介服务，帮助受助人按程序申请相应的救助制度，或由公益慈善组织、社会工作服务机构等给予帮扶。

第四十八条　申请临时救助的，应当向乡镇人民政府、街道办事处提出，经审核、公示后，由县级人民政府民政部门审批；救助金额较小的，县级人民政府民政部门可以委托乡镇人民政府、街道办事处审批。情况紧急的，可以按照规定简化审批手续。

【释义】

本条是关于临时救助申请审核审批程序的规定。

“救急解难”是临时救助制度的重要特点。《暂行办法》在规定临时救助申请受理、审核审批程序时，也体现了这一要求。《国务院关于全面建立临时救助制度的通知》总结了地方实践经验，并根据《暂行办法》的要求，对临时救助申请受理及审核审批程序进行了细化、实化。

一、申请受理

为及时解决困难家庭的“急难”问题，有效防止冲击社会道德和心理底线的事件发生，临时救助在坚持依申请受理的基础上，要求地方积极开展主动受理。

（一）依申请受理

依申请受理是根据困难家庭提出的临时救助申请进行受理。为突出临时救助制度覆盖全体居民家庭及便民、利民的特点，《国务院关于全面建立临时救助制度的通知》规定困难家庭可在“所在地”申请临时救助。由此，临时救助申请的受理主体也有所不同。

一是在户籍所在地申请。这一规定与最低生活保障等其他社会救助制度相同，即凡认为符合救助条件的本地户籍居民均可以家庭为单位向户籍所在地乡镇人民政府、街道办事处提出临时救助申请。

二是在居住地申请。持有当地居住证的困难居民，可以向居住地乡镇人民政府、街道办事处提出临时救助申请。

三是在“急难”发生地申请。对于不持有当地居住证的非本地户籍居民家庭，遭遇急难情形时可以向急难发生地县级人民政府设立的生活无着人员救助管理机构提出申请；当地县级人民政府没有设立生活无着人员救助管理机构的，可以直接向县级人民政府民政部门提出申请。同时，“急难”发生地乡镇人民政府、街道办事处有责任协助其向救助管理机构或县级人民政府民政部门提出救助申请。

此外，从临时救助的“救急解难”特点出发，结合地方实践，临时救助在坚持书面申请的基础上，允许适当简化相关程序。当情况紧急（如火灾），困难群众无法在申请时提供相关证明材料时，乡镇人民政府、街道办事处可先行受理。一般来说，申请临时救助需要携带居民身份证、户口簿（居住证）原件、复印件以及本人收入证明、财产证明、申请事由证明等相关材料；支出型贫困低保家庭申请临时救助的，还应提供享受最低生活保障证明材料，并填写书面申请表格。无正当理由，乡镇人民政府、街道办事处不得拒绝受理。由于临时救助解决的是突发性、临时性、紧迫性基本生活困难，为避免申请人由于时间紧迫、文化程度不高、申请资料不齐全等原因无法提出书面申请，而使得急难生活问题不能得到及时有效解决，各地可结合实际，规定临时救助多种申请形式。对于不便提交书面申请的申请人，可由村民委员会、居民委员会工作人员或其他人员代为填写；对于无法及时填写书面申请或是无法提供完整资料的申请人，可在履行口头申请程序之后，再补充提交相关材料。

（二）主动发现受理

所谓主动发现受理是相对于依申请受理而言的。一些临时救助对象或因时间紧迫，或因身处险境，或因行为能力不足等原因，无法及时或自主提出申请，而他们的困难又迫切需要得到解决，这就需要社会救助经办机构或审批机关去主动发现困难对象并启动受理程序。在这一环节，明确主动发现的责任主体尤为关键。《国务院关于全面建立临时救助制度的通知》规定，乡镇人民政府、街道办事处、村（居）民委员会要及时了解、掌握、核实辖区居民遭遇突发事件、意外事故、罹患重病等特殊情况，帮助有困难的群众提出救助申请；公安、城管等部门在执法中发现身处困难处境的未成年人、精神病人等无民事行为能力或不完全民事行为能力人，以及失去主动求助能力的危重病人等，应主动采取必要的措施，帮助其脱离困难处境。乡镇人民政府、街道办事处或县级人民政府民政部门及其救助管理机构在发现或接到有关部门、社会组织、公民个人报告的救助线索后，应主动核查情况，对于其中符合临时救助条件的，应协助其申请救助并受理。需要注意的是，各地在实施主动发现受理时，应及时将救助对象姓名、救助原因、救助情况等登记备案。

二、审核审批

为充分体现临时救助的时效性，《国务院关于全面建立临时救助制度的通知》依据《暂行办法》有关规定，将临时救助审核审批程序分为一般程序和紧急程序。

（一）一般程序

临时救助审核审批一般程序的规定，充分借鉴了最低生活保障审核审批的成熟经验和作法，针对不同的申请对象，规定不同的审核审批程序。

一是对具有本地户籍或持有本地居住证家庭的临时救

助审核审批程序。一般情况下，临时救助审核主体为乡镇人民政府、街道办事处，审批主体为县级人民政府民政部门。审核内容、方式、民主评议、公示等均可参照最低生活保障审核审批程序执行。特别需要注意的是，为提高临时救助的时效性，《暂行办法》在明确“临时救助原则上由县级人民政府民政部门审批”的基础上；特别规定“救助金额较小的，县级人民政府民政部门可以委托乡镇人民政府、街道办事处审批”。在实际操作中，对于救助金额较小的，乡镇人民政府、街道办事处可直接进行审批，并报县级民政部门备案。这样的规定有利于提高临时救助的时效性，帮助困难家庭解决燃眉之急。这一做法，已在地方实践中被普遍运用，受到救助对象和经办机构的一致欢迎。《暂行办法》在充分吸收地方实践经验的基础上，对此进行了明确。关于“救助金额较小”的具体标准，各地可在制定具体实施细则时予以明确，同时应对乡镇人民政府、街道办事处直接审批的具体事由、责任追究等作出规定，以确保临时救助的规范操作和公平公正实施。

二是对不持有当地居住证的非本地户籍居民家庭的临时救助审核审批程序。其审核审批主体为县级民政部门设立的救助管理机构或县级人民政府民政部门，审核内容、方式等应按照生活无着、流浪乞讨人员救助管理有关规定执行。

（二）紧急程序

紧急程序是相对于一般程序而言的。紧急程序相对简化了临时救助的审核审批环节。

《暂行办法》规定，“情况紧急的，可以按照规定简化审批手续”。所谓情况紧急，可以理解为需立即采取救助措施，先行救助，以防止造成无法挽回的损失或无法改变的严重后果。在具体操作中，各地应结合实际，对“情况紧急的”具体情形以及如何先行救助进行细化。

所谓先行救助，是指在简化相关审核、公示、审批等环节的情况下，直接对救助对象实施救助的行为。在紧急程序中，乡镇人民政府、街道办事处可开展先行救助，县级人民政府民政部门也可直接受理、先行救助。两者可根据“谁受理、谁救助”的原则或按照救助金额的权限划分分别开展先行救助。需要强调的是，各地在执行紧急程序的同时，也应做好后续工作，在紧急情况解除之后应尽快补齐相关材料，并及时进行公示、登记备案，使相关审核审批手续完备。对公示有异议的，要进一步做好调查核实工作，对其中恶意骗取临时救助款物且拒不退还的，应按规定追究当事人责任。

此外需要注意的是，一般来说，临时救助实行一事一救，申请人以同一事由重复申请临时救助，无正当理由的，不予救助。对于因同一事由造成基本生活严重困难，持续时间较长的，各地可考虑转介到其他社会救助制度。特殊情况经县级民政部门认定，也可给予多次救助，但各地应把握原则上同一事由一年只可救助一次。

第四十九条　临时救助的具体事项、标准，由县级以上地方人民政府确定、公布。

【释义】

本条是关于临时救助具体事项、救助标准制定权限的规定。

一、关于临时救助具体事项

与最低生活保障制度等社会救助制度不同，由于临时救助对象范围广、救助情形较为复杂，《暂行办法》无法穷尽具体救助类型，因此规定临时救助的具体事项由县级以上地方人民政府确定、公布。从各地具体实践经验看，临时救助具体事项一般应包括临时救助的资金管理、救助方式、制度衔接、能力建设等内容。

（一）资金管理

依据《暂行办法》有关规定，《国务院关于全面建立临时救助制度的通知》对临时救助资金管理作出了明确要求，即地方各级人民政府要将临时救助资金列入财政预算；省级人民政府要优化财政支出结构，切实加大临时救助资金投入；城乡居民最低生活保障资金有结余的地方，可安排部分资金用于最低生活保障对象的临时救助支出；中央财政对地方实施临时救助制度给予适当补助，重点向救助任务重、财政困难、工作成效突出的地区倾斜。从近几年地方临时救助实践看，临时救助资金筹集渠道主要包括四类：一是财政拨款。包括中央财政临时救助补助资金，省、市、县（区）各级财政预算安排的临时救助资金，这是临时救助资金最主要的来源。二是低保结余资金。一些城乡居民最低生活保障资金有结余的地方，安排了部分资金用于低保对象的临时救助支出。需要注意的是，低保结余资金用于临时救助的前提是确保低保对象实现“应保尽保”，确保低保救助水平稳步提高，与当地经济社会发展水平和人民生活水平相适应。各地应依据财政部、民政部印发的《城乡最低生活保障资金管理办法》（财社〔2012〕171 号）有关规定，合理控制低保资金结余，在低保结余资金占当年资金支出总额 10% 的允许范围之外，将超出部分用于开展临时救助。三是社会捐助资金。除政府财政资金投入外，一些地方社会组织和个人向民政部门或受民政部门委托的慈善机构捐的一些临时救助资金。四是福彩公益金。一些地方民政部门每年划拨部分本级福彩公益金用于开展临时救助。

（二）救助方式

由于临时救助具有应急性、过渡性和补充性等特点，县级以上地方人民政府可根据实际情况，针对不同原因造成的临时救助家庭，采取不同的方式因情施救。《国务院关于全面建立临时救助制度的通知》对临时救助方式进行了规范，规定了以下几种救助方式：

一是发放临时救助金。分为社会化发放和现金发放两种方式。各地可在积极推行社会化发放、按照财政国库管理制度通过金融机构将临时救助金直接支付到救助对象个人账户的同时，对因病、就学、突发事件而需要救助的家庭，采取发放现金的方式予以救助。

二是发放实物。对缺少衣物、食品、饮用水、临时住所的家庭，可采取实物发放的方式予以救助。除紧急情况外，发放的实物一般应严格按照政府采购制度的有关规定执行。

三是提供转介服务。这是对给予临时救助金、实物救助后，仍然困难的临时救助对象提供的另外一种救助方式。《国务院关于全面建立临时救助制度的通知》规定了转介服务的具体内容和途径：(1) 社会救助制度之间的转介。即对符合最低生活保障或医疗、教育、住房、就业等专项救助条件的临时救助申请家庭，帮助其申请相关社会救助。(2) 政府救助与慈善救助之间的转介。即对临时救助之后，仍无法解决基本生活困难，需要公益慈善组织、社会工作服务机构等通过慈善项目、发动社会募捐、提供专业服务、志愿服务等形式给予帮扶的，要及时提供转介服务。

(三) 制度衔接

临时救助作为社会救助体系的托底性制度，是最后一道“安全网”。对于遭遇突发事件、意外伤害、重大疾病或其他特殊原因导致生活陷入困境，其他社会救助制度暂时无法覆盖或救助之后仍有困难的家庭，可通过临时救助给予应急性、过渡性或补充性基本生活救助，是临时救助制度的功能定位。为此，在实际操作中，各地尤其需要加强临时救助与相关救助制度的有效衔接。一是要加强救助制度之间的衔接。各地要认真把握临时救助的制度边界，正确处理临时救助制度与最低生活保障制度及其他专项救助制度的关系，加强各项救助制度的衔接配套，形成临时救助与其他社会救助制度各有侧重、相互衔接、良性互动的运行机制。二是要加强临时救助与慈善救助的衔接。在坚持公平公正实施临时救助的同时，充分利用慈善救助方法灵活、形式多样、一案一策的特点，形成救助形式上的互补、救助效益上的叠加。三是要着力建立社会救助信息共享平台。要建立好社会救助管理部门之间的社会救助信息共享平台、社会救助管理部门与慈善组织之间的社会救助信息共享平台以及社会救助资源与救助对象需求之间有效对接的平台，实现信息共享、资源统筹。

二、关于临时救助标准

（一）制定原则

临时救助是对因各种情形造成基本生活严重困难的居民给予的应急性、过渡性救助，因此，临时救助标准的设定必须遵循“托底线”的基本原则，既尽力而为，又量力而行，确保临时救助标准与当地经济社会发展水平相适应。

（二）制定层级

根据《暂行办法》规定，县级以上地方人民政府是临时救助标准的制定主体。因此，县级、地市级以及省级人民政府都可以成为临时救助标准的制定主体。考虑到临时救助覆盖面广、困难情形复杂、困难类型多样，各地在具体工作中，可根据本地实际，对临时救助标准制定层级作出规范。同时，为减小临时救助标准的区域差异，有条件的地方，可以逐步提高标准制定层级，加强省级人民政府对临时救助标准的统筹、调控能力，推动形成相对统一的区域临时救助标准。

（三）制定依据

按照临时救助解决突发性、临时性、紧迫性基本生活困难的功能定位，在制定临时救助标准时，各地应根据临时救助的困难类型、困难程度、困难时间等，合理确定临时救助标准，并适时调整。针对不同困难类型和困难程度，各地可以设定不同的救助标准。具体可以当地最低生活保障标准为参照，综合家庭人口、困难程度、困难持续时间等科学测算救助标准。

第五十条　国家对生活无着的流浪、乞讨人员提供临时食宿、急病救治、协助返回等救助。

【释义】

本条是关于国家对生活无着的流浪、乞讨人员提供救助的内容。

《暂行办法》对流浪、乞讨人员救助管理工作的基本性质、救助主体、部门职责、救助内容等方面作出了新的定位和表述，相较2003年国务院颁布实施的《城市生活无着的流浪乞讨人员救助管理办法》（国务院令第381号）具有积极而又重要的创新和突破：一是明确了流浪、乞讨人员救助工作是一项临时性社会救助措施，属于临时救助制度的范畴；二是将救助范围由城市拓展到城乡，取消了"城市"范围的限制，扩大了救助范围，体现了城乡统筹发展的原则；三是明确了救助条件，将"生活无着"作为判断救助对象的核心标准，求助人员处于自身无力解决食宿、无亲友投靠的“生活无着”状态，就属于救助对象；四是明确了基本救助内容，突出强调了救助管理制度的临时救助、急难救助功能。

一、救助管理工作性质

救助管理工作是指对生活无着的流浪、乞讨人员实行救助，保障其基本生活权益，维护其人格尊严的一项临时性社会救助措施。2003 年 6 月 20 日，国务院公布《城市生活无着的流浪乞讨人员救助管理办法》，建立了对流浪、乞讨人员的关爱型救助管理制度，是我国社会救助体系的重要组成部分，体现了党和政府“以人为本、执政为民”的理念，对保障改善民生、促进社会和谐稳定具有重大意义。

二、救助管理工作对象

救助管理工作的对象主要是指生活无着的流浪、乞讨人员，既包括生活无着的流浪人员，又包括生活无着的乞讨人员。救助管理工作对象的核心判断标准就是看求助人员是否处于自身无力解决食宿，无亲友投靠的“生活无着”状态。因务工不着、寻亲不遇、被偷被骗等原因而陷入困境、居无定所的人员符合“自身无力解决食宿，无亲友投靠”的生活无着情形，属于救助对象。一些人员虽有流浪、乞讨行为，但不符合“自身无力解决食宿，无亲友投靠”的生活无着情形，也不属于救助对象。对因年老、年幼、残疾等原因无法提供个人情况证明的，可以先提供救助，再查明情况。

三、救助工作具体措施

对流浪、乞讨人员的救助内容和救助方式，要以满足受助人员基本生存需要为限度，对受助人员超出限度的无理要求应当予以拒绝。对残疾人、未成年人、老年人等特殊困难群体应当实施特别救助，在生活上给予照顾和必要保护。救助期限要根据受助人员的具体情况确定，一般不超过10天。救助管理机构对受助人员主要提供下列救助：提供符合食品卫生要求的食物、符合基本条件的住处、对突发急病的及时送医救治、帮助与其亲属联系、对没有交通费的提供返回乘车凭证。救助管理机构还可以根据受助人员需要和自身条件提供心理疏导、就业帮扶等其他服务。救助管理机构对残疾人、未成年人或其他行动不便者等不具备自主返回能力的特殊困难受助人员，亲属确有困难无法接回的，可以帮助接送返回。对无家可归的流浪、乞讨人员，由其户籍地人民政府妥善安置；对因年老、年幼或者残疾无法认知自己行为、无表达能力，因而无法查明其亲属，也无法查明其户籍所在地的，由民政部门予以妥善安置。

根据《中华人民共和国未成年人保护法》第四十三条和《国务院办公厅关于加强和改进流浪未成年人救助保护工作的意见》（国办发〔2011〕39号）要求，救助管理机构要依法承担受助未成年人的临时监护责任，为其提供文化和法制教育、心理辅导、行为矫治、技能培训等救助保护服务，对合法权益受到侵害的，要协助司法部门依法为其提供法律援助或司法救助，要在教育行政部门指导下，帮助受助未成年人接受义务教育或替代教育。流出地要对流浪、乞讨未成年人的家庭监护情况进行调查评估：对确无监护能力的，由救助管理机构协助监护人及时委托其他人员代为监护；对拒不履行监护责任、经反复教育不改的，由救助管理机构向人民法院提出申请撤销其监护人资格，依法另行指定监护人；对暂时查找不到父母或其他监护人的受助未成年人，在继续查找的同时通过救助保护机构照料、社会福利机构代养、家庭寄养等多种方式予以妥善照顾。

第五十一条　公安机关和其他有关行政机关的工作人员在执行公务时发现流浪、乞讨人员的，应当告知其向救助管理机构求助。对其中的残疾人、未成年人、老年人和行动不便的其他人员，应当引导、护送到救助管理机构；对突发急病人员，应当立即通知急救机构进行救治。

【释义】

本条是关于行政机关工作人员在流浪、乞讨人员救助管理工作中职责的规定。

2003 年流浪、乞讨人员关爱型救助管理制度实施以来，民政部会同公安部、卫生计生委、住房城乡建设部等部门先后就流浪乞讨危重病人、精神病人救治、街面流浪乞讨人员救助、流浪未成年人救助保护等重点工作印发了政策文件，明确了政策措施、部门职责和协作程序。本条充分吸收借鉴了已有政策创制成果，将部门文件中达成的政策共识上升为行政法规，确定了对流浪、乞讨人员进行分类救助的基本原则，确立了救助管理机构的救助和管理的职能，首次在行政法规中将救助管理站、未成年人救助保护中心等明确为救助管理机构；强化了引导护送、急病救治工作的主体部门、具体措施和协作机制；理顺了公安机关等有关行政机关和救助管理、医疗（急救）等机构的工作衔接，有利于部门落实职责任务，强化部门联动协作，完善救助救治措施，建立长效工作机制。

一、关于救助管理工作实施主体

县级以上地方人民政府应当采取积极措施及时救助生活无着的流浪、乞讨人员，根据需要设立救助管理站、未成年人救助保护中心等救助管理机构，建立完善覆盖城乡社区的救助服务网络，对包括未成年人在内的生活无着的流浪、乞讨人员进行救助。县级以上地方人民政府民政部门负责流浪、乞讨人员救助工作，并对救助管理机构进行指导、监督。救助管理站、未成年人救助保护中心等救助管理机构具体承担生活无着的流浪、乞讨人员临时食宿、教育矫治、协助返回等救助服务工作。公安、卫生计生、城市管理等部门和医疗（急救）等机构应当在各自的职责范围内做好相关工作。公安机关应当依法履行引导、护送工作职责，并协助民政部门和救助管理机构查询求助人员身份。城市管理部门等有关单位应当积极协助民政部门和公安机关开展流浪、乞讨人员救助工作，依法履行告知或引导等工作职责。卫生计生行政部门应当指导医疗机构做好突发急病流浪、乞讨人员救治工作。

二、关于流浪乞讨人员分类救助

流浪、乞讨人员救助管理工作实行“自愿求助”的基本原则，即是否向救助管理机构求助、什么时候求助、是否接受救助等，一般由流浪、乞讨人员自行决定。因此公安机关和其他有关行政机关的工作人员需履行告知救助政策、救助管理机构地址、求助方式等工作职责，引导生活无着的流浪、乞讨人员到救助管理机构求助。民政部门和救助管理机构可采取现场救助、巡回救助等便民服务措施，方便生活无着的流浪、乞讨人员求助。2009 年民政部、公安部、住房城乡建设部、卫生部、财政部联合印发了《关于进一步加强城市街头流浪乞讨人员救助管理和流浪未成年人解救保护工作的通知》（民发〔2009〕102 号），明确了对生活无着的流浪、乞讨人员进行分类救助的政策措施，并规定了公安机关、城市管理部门和民政部门在城市街头流浪乞讨人员救助管理工作中的职责任务和协作程序。

对于流浪、乞讨未成年人，《国务院办公厅关于加强和改进流浪未成年人救助保护工作的意见》明确规定了公安机关、民政和城市管理部门的主动救助职责，要求“公安机关发现流浪乞讨的未成年人，应当护送到救助保护机构接受救助。其中由成年人携带流浪乞讨的，应当进行调查、甄别，对有胁迫、诱骗、利用未成年人乞讨等违法犯罪嫌疑的，要依法查处；对由父母或其他监护人携带流浪乞讨的，应当批评、教育并引导护送到救助保护机构接受救助”；“民政部门要积极开展主动救助，引导护送流浪未成年人到救助保护机构接受救助。城管部门发现流浪未成年人，应当告知并协助公安或民政部门将其护送到救助保护机构接受救助。”

三、关于突发急病流浪、乞讨人员救治

流浪、乞讨人员关爱型救助管理制度实施以来，城市街头突发急病的生活无着流浪、乞讨人员救治工作是困扰各地的难点问题，特别是流浪、乞讨人员中危重病人、精神病人救治工作中存在的部门职责不清、救治费用不落实等问题一定程度上制约了流浪、乞讨病人救治工作的开展，影响了对流浪、乞讨病人生命权益的保障。2006 年民政部、公安部、财政部、劳动和社会保障部、建设部、卫生部联合印发了《关于进一步做好城市流浪乞讨人员中危重病人、精神病人救治工作的指导意见》（民发〔2006〕6 号），明确了突发急病的生活无着流浪、乞讨人员“先救治后救助”的基本原则，将救治对象限定在必须抢救的有生命危险的流浪乞讨危重病人和危及他人生命安全或严重影响社会秩序和形象的精神病人范围内，明确了部门职责、协作程序和医疗救治经费来源、结算办法，要求民政、公安和城建城管监察等部门的工作人员在执行职务时做好流浪、乞讨危重病人、精神病人的救治衔接工作。公安机关等有关行政机关对于城市街头流浪、乞讨的危重病人、传染病人，应当立即通知急救机构进行救治；民政部门负责甄别和确认病人身份；卫生部门负责指导定点医院对流浪乞讨病人病情进行诊断、甄别和救治。《中华人民共和国精神卫生法》第二十八条规定，对查找不到近亲属的流浪乞讨疑似精神障碍患者，由当地民政等有关部门按照职责分工，帮助送往医疗机构进行精神障碍诊断。对疑似精神病人，应当帮助将其送往医疗机构进行精神障碍诊断。

第十章　社会力量参与

本章规定了社会力量参与的内容，共计五条，分别为：社会力量参与社会救助途径；政府对社会力量参与社会救助的扶持政策；政府向社会力量购买服务的规定；社会工作机构和社会工作者的地位和功能；社会救助管理部门及相关机构对社会力量参与社会救助的扶持措施。

第五十二条　国家鼓励单位和个人等社会力量通过捐赠、设立帮扶项目、创办服务机构、提供志愿服务等方式，参与社会救助。

【释义】

本条是关于社会力量参与社会救助途径的规定。

单位和个人等社会力量可以通过多种途径参与社会救助。《暂行办法》主要规定了四种方式：一是进行社会捐赠。围绕社会救助的不同领域捐赠金钱、资产和物品，或者捐赠股权、有价证券、专利、技术等，让资源流向需要帮扶的群体。个人和单位既可以向救助对象或相关公益慈善组织直接捐赠，也可以通过在线捐赠、公益信托、慈善义演、慈善消费、义拍、义卖、义展、义诊、义赛等渠道奉献爱心。二是设立帮扶项目。针对低保群体、特困供养人员、受灾群体和其他困难群体等，依托公益慈善组织，设立领域不同、富有实效的慈善项目，提供多层次、个性化的服务。三是创办服务机构。有条件的单位和个人，可以举办扶贫济困、助医助学、就业帮扶、社会工作等方面的服务机构，独立或配合政府提供社会救助服务。四是提供志愿服务。为救助对象获取救助和改善生活、帮助政府开展救助服务而自愿、无偿地奉献时间、智力、体力和技能等。当然，除上述四种形式外，单位和个人还可以采取其他方式参与社会救助。

第五十三条　社会力量参与社会救助，按照国家有关规定享受财政补贴、税收优惠、费用减免等政策。

【释义】

本条是关于政府对社会力量参与社会救助扶持政策的规定。

社会力量参与社会救助，可按照国家有关规定享受财政补贴、税收优惠、费用减免等政策扶持。个人所得税法及其实施条例规定，个人将其所得通过境内的社会团体、国家机关向教育和其他社会公益事业以及遭受严重自然灾害地区、贫困地区的捐赠，其捐赠额未超过纳税义务人申报的应纳税所得额30%的部分，可以从其应纳税所得额中扣除。企业所得税法及其实施条例、《财政部、国家税务总局、民政部关于公益性捐赠税前扣除有关问题的通知》（财税〔2008〕160号）规定，企业通过基金会、慈善组织等公益性社会团体或者县级以上人民政府及其部门，用于救助灾害、救济贫困等公益事业捐赠法规定的公益事业的捐赠支出，不超过年度利润总额12%部分，准予扣除。国务院批转的《关于深化收入分配制度改革的若干意见》（国发〔2013〕6号）进一步规定，对企业公益性捐赠支出超过年度利润总额12%的部分，允许结转以后年度扣除。同时，企业所得税法及其实施条例、《财政部、国家税务总局关于非营利组织免企业所得税免税收入问题的通知》（财税〔2009〕122号）规定，符合条件的非营利组织，其捐赠收入、财政拨款外的其他政府补助收入、会费和不征税收入孳生的银行存款利息收入等免征企业所得税。此外，我国的就业、住房保障、残疾人权益保障等政策也对社会力量参与社会救助明确了财政补贴、税收优惠、费用减免等扶持措施。

第五十四条　县级以上地方人民政府可以将社会救助中的具体服务事项通过委托、承包、采购等方式，向社会力量购买服务。

【释义】

本条是关于政府向社会力量购买服务的规定。

县级以上人民政府及其有关部门可以将社会救助中适合采取市场化方式提供、社会力量能够承担的具体服务事项，如救助对象家庭收入状况和财产状况核查、救助物资发放、特困人员生活照料、就业培训和指导、社会救助工作绩效评价等，通过委托、承包、采购等方式，交给具备条件的社会力量承担，并由政府根据服务数量和质量向后者支付费用。2013 年 9 月国务院办公厅颁布的《关于政府向社会力量购买服务的指导意见》（国办发〔2013〕96 号）规定，向社会力量购买服务，既可以采取委托、承包等定向方式，将政府需要转移的服务事项交给特定社会力量承担，也可以采取政府采购方式，公布购买服务目录，面向社会公开招标，择优选择服务承接者。向社会力量购买服务，要按照公开、公平、公正原则进行，坚持费随事转。无论是采取什么购买方式，购买主体都要按照合同管理要求，与承接主体签订合同，明确所购买服务的范围、标的、数量、质量要求，以及服务期限、资金支付方式、权利义务和违约责任等，按照合同要求支付资金，并加强对服务提供全过程的跟踪监管和对服务成果的检查验收。承接者要严格履行合同义务，按时完成服务项目任务，保证服务数量、质量和效果。

第五十五条　县级以上地方人民政府应当发挥社会工作服务机构和社会工作者作用，为社会救助对象提供社会融入、能力提升、心理疏导等专业服务。

【释义】

本条是关于社会工作机构和社会工作者在社会救助中发挥作用的规定。

《暂行办法》首次以法规形式明确社会工作在社会救助中的独特地位与专业功能，充分体现了党中央、国务院对社会工作的高度重视，也是组织动员社会力量积极参与社会救助的重大举措，对推动社会救助由单一的物质层面救助向物质救助、精神慰藉、心理疏导、能力提升等相结合的现代化、专业化、人性化救助服务转变，具有重要促进作用。

现代意义上的社会工作，是指在社会服务与管理领域，遵循专业伦理规范，综合运用专业知识、技能和方法，帮助有需要的个人、家庭、群体、组织和社区，整合社会资源，协调社会关系，预防和解决社会问题，恢复和发展社会功能，促进社会和谐的职业活动。截至 2014 年，据民政部统计全国已有持证社会工作专业人才 15.9 万人，民办社会工作服务机构 2452 家，不少地方在社会福利、社区建设、防灾减灾、社区矫正、职工帮扶、青少年服务、民族宗教、医疗卫生、教育辅导等领域积极开展社会工作服务，特别是在社会救助领域探索引入专业社会工作，取得良好成效，社会工作逐步发展成为深受群众欢迎的新型社会服务业态。

社会工作在社会救助中具有重要作用。大部分社会救助对象生活在社会底层，基本生活陷入困境，心理脆弱、敏感，社会支持体系不健全，自我脱贫、自我发展、自我改善能力不足，特别是一些因生活和工作等受到挫折的救助对象，容易对生活失去信心，产生极端行为，引发社会问题。综合、系统解决救助对象的问题，不仅需要提供经济支持和物质救助，也需要提供心理疏导、精神抚慰、功能修复、能力提升等专业服务，帮助其重树生活信心，形成积极、正面的社会心态，建构良性的社会支持环境。具体而言，社会工作在社会救助中可以发挥五方面作用：一是社会融入作用，帮助救助对象调节家庭和社会关系，消除社会歧视，更好地适应融入社区和社会环境；二是能力提升作用，帮助救助对象转变思想观念，学习谋生技能，发展生计项目，走出救助依赖；三是心理疏导作用，帮助救助对象缓解心理压力，矫正不良行为，建立积极进取、乐观向上的心态，预防发生社会极端事件；四是资源链接作用，帮助救助对象联系生活、就学、就业、医疗等方面社会资源，组织其他专业力量和志愿者为救助对象提供服务；五是宣传倡导作用，帮助救助对象更加详细、全面地了解政府的社会救助政策，及时、有效地评估并向政府反馈社会救助政策执行的成效与不足，建立健全上情下达、下情上达的信息沟通网络，推动完善社会救助政策。

为更好地发挥社会工作服务机构和社会工作者在社会救助中的专业作用，当前要重点做好六方面工作：一是研究制定专业社会工作服务机构和社会工作者参与社会救助的政策措施。吸纳借鉴国（境）外救助方面社会工作的理论研究与实践发展成果，及时将《暂行办法》关于社会工作和志愿服务方面的要求，转化为可操作、可落实的政策措施与标准规范，研究明确社会工作介入社会救助的领域、方式、路径与保障，研究提出社会工作者引领志愿者参与社会救助的有关要求。二是组织开展试点。救助方面的社会工作是一项新领域、新业务，实践发展还不太深入，也较为零散。可从全国范围选取若干有条件、有基础、积极性高、代表性强的市（区、县），开展救助方面社会工作专项试点。通过试点创新，探索新做法、新经验、新机制与新模式，为出台救助方面的社会工作专项政策措施奠定实践基础。三是加快培养壮大救助领域社会工作专业人才队伍，特别是鼓励现有社会救助工作人员掌握应用社会工作专业理念、知识与方法，提升他们的专业服务能力与素质。四是在社会救助领域积极培育民办社会工作服务机构，引导现有救助工作机构开发设置社会工作专业岗位，为社会工作者介入社会救助提供平台与空间。五是通过政府购买服务等方式，支持社会工作服务机构和社会工作者承接救助对象需求调查、救助成效评估等工作，开展专业救助服务，不断深化救助内涵、拓展救助范围、提升救助成效。六是建立健全社会工作者引领志愿者服务机制，通过社会工作者的组织、招募、培训、策划等工作，发动广大志愿者参与救助工作，壮大社会救助力量，营造人人关心、关爱困难群众的良好社会氛围。

第五十六条　社会救助管理部门及相关机构应当建立社会力量参与社会救助的机制和渠道，提供社会救助项目、需求信息，为社会力量参与社会救助创造条件、提供便利。

【释义】

本条是关于社会救助管理部门及相关机构为社会力量参与社会救助提供扶持措施的规定。

社会救助管理部门及相关机构应当从两个方面为社会

力量参与社会救助提供扶持：一是建立参与机制和渠道，在社会救助规划编制、制度设计和具体工作推进中，注重社会力量参与，建立需求导向、信息共享、统筹协调、表彰激励等机制，畅通参与渠道，使社会力量便捷、有序参与社会救助工作。二是提供社会救助项目和需求信息，认真搜集、整理、分析各类救助对象需求信息，在尊重救助对象合法权益的基础上主动提供信息给社会力量，降低后者确定服务对象的成本。同时，政府应当将一些社会救助领域开展的慈善帮扶项目全面、无偿地推介给愿意奉献爱心的个人、企业和慈善组织。有条件的地区，还可以搭建集需求信息、项目信息等于一体的救助信息共享平台。

第十一章　监督管理

本章规定了社会救助监督的相关内容，共计九条，分别规定了监督主体；救助对象家庭收入、财产申报，经济状况核对；监督方式；统一受理救助申请；信息保密；政策宣传；责任追究；权利救济等内容。

第五十七条　县级以上人民政府及其社会救助管理部门应当加强对社会救助工作的监督检查，完善相关监督管理制度。

【释义】

本条是关于社会救助工作监督管理的规定。

社会救助是保障困难群众基本生活的托底性制度，事关困难群众的衣食冷暖。《暂行办法》的公布施行，是党中央、国务院推进以法治方式织牢民生安全网的重要举措，对促进社会公平正义，维护社会和谐稳定，使全体人民共享改革发展成果，都具有重要意义。《暂行办法》公布施行后，各地区、各部门的执行情况如何，直接关系到困难群众的切身利益和《暂行办法》的实施效果。为了保障困难群众的基本生活，促进社会救助工作水平的不断提高，有效防范和遏制社会救助工作中的各类违法行为，本条对社会救助工作的监督管理作了明确规定。对社会救助工作进行监督管理，既有利于推广在执行《暂行办法》中形成的好的做法，也有利于及时纠正在执行《暂行办法》中存在的问题。

根据《暂行办法》的规定，监督检查社会救助工作和完善相关监督管理制度的行政机关，是县级以上人民政府及其社会救助管理部门。其中，县级以上人民政府，是指国务院、省（自治区、直辖市）、市（自治州、盟）、县（民族自治县、市、区、旗）；县级以上人民政府社会救助管理部门，是指县级以上人民政府的民政、卫生计生、教育、住房城乡建设、人力资源和社会保障等部门。《暂行办法》规定的社会救助的具体工作职责、制度建设职责，有的由政府及其有关部门承担，有的由社会救助经办机构承担。但是，无论上述单位所承担社会救助职责的性质、内容如何，均应当依法接受监督管理，不能有例外。

一、监督检查的主要内容

《暂行办法》第一章至第十章规定的有关单位所承担各项社会救助具体工作职责的履行情况，均是监督检查的内容：

一是综合管理职责的履行情况，主要包括县级以上人民政府将社会救助纳入国民经济和社会发展规划，将政府安排的社会救助资金和社会救助工作经费纳入财政预算，对社会救助资金实行专项管理、分账核算、专款专用，以及按照国家统一规划建立社会救助管理信息系统的情况。

二是最低生活保障有关职责的履行情况，主要包括省、自治区、直辖市或者设区的市级人民政府确定、公布并适时调整本地区最低生活保障标准，制定本地区最低生活保障家庭收入状况、财产状况认定办法，以及县级以上地方人民政府对获得最低生活保障后生活仍有困难的老年人、未成年人、重度残疾人和重病患者采取必要措施给予生活保障的情况。

三是特困人员供养有关职责的履行情况，主要包括省、自治区、直辖市或者设区的市级人民政府确定、公布本地区特困人员供养标准，以及衔接特困人员供养制度与城乡居民基本养老保险、基本医疗保障、最低生活保障、孤儿基本生活保障等制度的情况。

四是受灾人员救助有关职责的履行情况，主要包括设区的市级以上人民政府和自然灾害多发、易发地区的县级人民政府设立自然灾害救助物资储备库，以及受灾地区人民政府对本行政区域内居民住房恢复重建补助对象给予资金、物资等救助，为因当年冬寒或者次年春荒遇到生活困难的受灾人员提供基本生活救助的情况。

五是医疗救助有关职责的履行情况，主要包括县级以上人民政府确定、公布本地区医疗救助标准，以及建立健全医疗救助与基本医疗保险、大病保险相衔接的医疗费用结算机制的情况。

六是教育救助有关职责的履行情况，主要包括省、自治区、直辖市人民政府确定、公布本地区教育救助标准的情况。

七是住房救助有关职责的履行情况，主要包括县级以上地方人民政府确定、公布本地区住房困难标准和救助标准的情况。

八是就业救助有关职责的履行情况，主要包括县级以上地方人民政府确保本地区最低生活保障家庭中的“零就业”家庭至少有一人就业的情况。

九是临时救助有关职责的履行情况，主要包括县级以上地方人民政府确定本地区临时救助的具体事项、标准，以及对流浪、乞讨人员实施救助的情况。

十是引导社会力量参与有关职责的履行情况，主要包括县级以上地方人民政府将社会救助中的具体服务事项向社会力量购买服务，以及发挥社会工作服务机构和社会工作者作用为社会救助对象提供社会融入、能力提升、心理疏导等专业服务的情况。

二、监督管理的主要制度

完善社会救助监督管理制度，主要是指应当根据社会救助工作实际建立健全社会救助监督管理方面的制度。完善相关监督管理制度，专指做好社会救助的制度建设工作，不包括具体工作。

《暂行办法》第十一章规定的有关单位在完成各项社会救助具体工作职责过程中的具有普遍性的事项特别是程序性事项，是制度建设的重点。这些事项主要包括：县级以上人民政府民政部门代为查询、核对申请或者已获得社会救助家庭收入状况、财产状况的制度；县级以上人民政府社会救助管理部门和乡镇人民政府、街道办事处查阅、记录、复制与社会救助事项有关的资料，询问与社会救助事项有关的单位、个人，要求其对相关情况作出说明，提供相关证明材料的制度；社会救助经办机构或者县级人民政府民政部门接到社会救助申请人的求助后，转交其他社会救助管理部门办理的制度；乡镇人民政府、街道办事处统一受理社会救助申请的窗口转办社会救助申请人申请事项的制度；对在社会救助工作中知悉的公民个人信息予以保密的制度；县级人民政府及其社会救助管理部门及时公开社会救助资金、物资的管理和使用等情况的制度；受理、核实、处理对社会救助工作中的违法行为进行举报、投诉的制度等。

对在监督管理过程中发现的问题，应当及时予以纠正；对违法、犯罪行为，应当依照《暂行办法》第十二章和有关法律、行政法规的规定，依法追究法律责任。

第五十八条　申请或者已获得社会救助的家庭，应当按照规定如实申报家庭收入状况、财产状况。

县级以上人民政府民政部门根据申请或者已获得社会救助家庭的请求、委托，可以通过户籍管理、税务、社会保险、不动产登记、工商登记、住房公积金管理、车船管理等单位和银行、保险、证券等金融机构，代为查询、核对其家庭收入状况、财产状况；有关单位和金融机构应当予以配合。

县级以上人民政府民政部门应当建立申请和已获得社会救助家庭经济状况信息核对平台，为审核认定社会救助对象提供依据。

【释义】

本条是关于申请或者已获得社会救助的家庭申报家庭经济状况和民政部门代为查询、核对其家庭经济状况的规定。

户籍状况、家庭收入和家庭财产是认定最低生活保障对象的三个基本条件。随着经济社会持续快速发展，人口流动日益频繁，居民家庭经济状况也呈现收入多元化、财产多样化趋势，救助申请家庭户籍管理和经济状况核查难的问题日益突出。为了提高社会救助对象认定的准确性，必须建立诚信、科学、高效的社会救助家庭经济状况申报、核查机制。

本条中申请或者已获得社会救助的家庭，包括申请或者已获得最低生活保障、特困人员供养、受灾人员救助、医疗救助、教育救助、住房救助、就业救助、临时救助等各项具体救助的家庭。社会救助是由政府统筹全社会的资源，用于需要救助的困难群众。为了防止出现“漏助、错助、骗助”，杜绝“养懒汉”，确保宝贵的社会救助资源真正用于需要救助的困难群众，困难家庭既有申请和获得社会救助的权利，也有如实申报家庭经济状况的义务。因此，在申请社会救助的过程中和获得社会救助后的定期核查环节，困难家庭都应当按照规定如实申报家庭收入状况、财产状况。

同时，根据《中华人民共和国商业银行法》第二十九条第二款的规定，对个人储蓄存款，商业银行有权拒绝任何单位或者个人查询、冻结、扣划，但法律另有规定的除外。《暂行办法》作为行政法规，不能直接对民政部门查询个人储蓄存款作出规定，但是由于困难家庭有如实申报家庭经济状况的义务，民政部门根据申请或者已获得社会救助家庭的请求、委托，通过户籍管理等单位和银行等金融机构，查询、核对其家庭收入状况、财产状况，在法律上是没有障碍的。

近年来，在社会救助家庭收入状况、财产状况查询、核对方面，有关文件和部门规章中已经作出了明确规定，各地也根据文件和规章的要求在救助工作实践中进行了一些探索。《国务院关于进一步加强和改进最低生活保障工作的意见》（国发〔2012〕45号）要求：建立救助申请家庭经济状况核对机制，在强化入户调查、邻里访问、信函索证等调查手段基础上，加快建立跨部门、多层次、信息共享的救助申请家庭经济状况核对机制，健全完善工作机构和信息核对平台，确保最低生活保障等社会救助对象准确、高效、公正认定。经救助申请人及其家庭成员授权，公安、人力资源和社会保障、住房和城乡建设、金融、保险、工商、税务、住房公积金等部门和机构应当根据有关规定和最低生活保障等社会救助对象认定工作需要，及时向民政部门提供户籍、机动车、就业、保险、住房、存款、证券、个体工商户、纳税、公积金等方面的信息。民政部要会同有关部门研究制定具体的信息查询办法，并负责跨省（区、市）的信息查询工作。到“十二五”末，全国要基本建立救助申请家庭经济状况核对机制。民政部在《最低生活保障审核审批办法（试行）》中也明确规定，社会救助申请人在提出申请的同时应当履行授权民政部门核查其家庭经济状况的义务。

本条在总结已有规定和实践经验的基础上，从申请或者已获得社会救助的家庭、民政部门、相关单位三个角度，规定了社会救助家庭经济状况申报、核查方面的相关权利义务。申请或者已获得社会救助的家庭有申报义务，应当按照规定如实申报家庭收入状况、财产状况。民政部门有查核职责，根据申请或者已获得社会救助家庭的请求、委托，可以通过户籍管理、税务、社会保险、不动产登记、工商登记、住房公积金管理、车船管理等单位和银行、保险、证券等金融机构，代为查询、核对其家庭收入状况、财产状况。相关单位有配合义务，有关单位和金融机构应当对有关查询、核对工作予以配合。

为了保证各项社会救助申请、受理、审核工作的有效衔接，为审核认定社会救助对象提供依据，本条还规定，县级以上人民政府民政部门应当建立申请和已获得社会救助家庭经济状况信息核对平台，这为今后民政、教育、住房保障、人力资源社会保障等有关部门科学、准确认定社会救助对象并完善退出机制，确保社会救助公平、公正实施奠定了基础。按照《暂行办法》要求，民政部将会同国务院有关部门研究提出审核认定社会救助家庭金融、户籍、车辆、就业、保险等信息的具体办法，加快建立社会救助家庭经济状况信息核对平台。

第五十九条　县级以上人民政府社会救助管理部门和乡镇人民政府、街道办事处在履行社会救助职责过程中，可以查阅、记录、复制与社会救助事项有关的资料，询问与社会救助事项有关的单位、个人，要求其对相关情况作出说明，提供相关证明材料。有关单位、个人应当如实提供。

【释义】

本条是关于社会救助管理部门和乡镇人民政府、街道办事处在履行社会救助职责过程中，有权查阅、记录、复制与社会救助事项有关的资料，询问与社会救助事项有关的单位、个人的规定。

县级以上人民政府社会救助管理部门和乡镇人民政府、街道办事处在履行社会救助职责过程中，涉及社会救助申请的受理、审核、评议、公示、审批和资金发放等多个环节，同时对已获得社会救助家庭的人口状况、收入状况、财产状况还需要定期核查，实行动态管理。社会救助管理部门和乡镇人民政府、街道办事处在履行社会救助职责过程中，既要准确掌握各类社会救助家庭的生活状况，及时提供社会救助，又要认真开展核查，提高社会救助对象认定的准确性，防止“漏助、错助、骗助”行为，工作任务十分繁重，对工作准确性、及时性的要求也很高。因此，有必要明确社会救助管理部门和乡镇人民政府、街道办事处在社会救助管理、服务工作中有权查阅、记录、复制与社会救助事项有关的资料，询问与社会救助事项有关的单位、个人，并要求有关单位、个人如实提供相关资料。

本条中所称的“与社会救助事项有关的资料”，主要包括申请人及其家庭成员的经济状况、户籍状况、就业状况、教育状况、身体状况等资料以及社会救助申请书、资金发放台账、社会救助服务记录等。

本条中所称的“与社会救助事项有关的单位、个人”，主要包括有关管理部门、就业单位、申请人、申请人的近亲属等。

第六十条　申请社会救助，应当按照本办法的规定提出；申请人难以确定社会救助管理部门的，可以先向社会救助经办机构或者县级人民政府民政部门求助。社会救助经办机构或者县级人民政府民政部门接到求助后，应当及时办理或者转交其他社会救助管理部门办理。

乡镇人民政府、街道办事处应当建立统一受理社会救助申请的窗口，及时受理、转办申请事项。

【释义】

本条是关于社会救助受理机制的规定。

《暂行办法》对不同种类社会救助的申请、审核和办理程序作出了明确规定。一般来说，申请社会救助的部门和程序是清楚的，申请人是可以找到申请渠道的。但是，由于不同的社会救助有许多是由不同的救助管理部门进行救助，申请人对申请救助的事项可能出现难以确定救助管理部门，或者在获得救助后仍然存在特殊困难需要求助的现象。为了确保困难群众"求助有门"，防止部门之间推诿扯皮，《暂行办法》规定了统一受理机制。主要内容包括：

1. 申请条件。对《暂行办法》已经明确规定的各类救助申请，申请人应当按照规定的条件和程序，向《暂行办法》规定的受理机关提出申请。比如，申请最低生活保障、特困人员供养、医疗救助、临时救助应当向乡镇人民政府、街道办事处提出；申请教育救助应当向就读学校提出；申请住房救助应当经由乡镇人民政府、街道办事处或者直接向县级人民政府住房保障部门提出；申请就业救助应当向住所地街道、社区公共就业服务机构提出；申请自然灾害救助应当按照属地管理、分级负责的原则，向县级以上人民政府或者人民政府的自然灾害救助应急综合协调机构提出。只有在申请人难以确定社会救助管理部门的情况下，才可以先向社会救助经办机构或者县级人民政府民政部门求助。

2. 申请事项。申请人难以确定社会救助管理部门的原因有很多，有的属于法律没有明确规定，有的属于需要救助的事项性质不明，有的可能不属于《暂行办法》明确规定的社会救助事项、但申请人有特殊困难需要帮助。不论是否属于《暂行办法》规定的社会救助事项，也不论是否有明确规定，只要申请人基本生活遇有特殊困难，均可提出求助或救助申请。

3. 受理机构。为了方便困难群众申请，《暂行办法》明确规定，接受申请的机构为乡镇人民政府、街道办事处的社会救助经办机构，也可以是县级人民政府民政部门。这样规定，目的是便于申请人就近提出求助，防止相关救助管理部门推诿扯皮。

4. 处理方式。社会救助经办机构或者县级人民政府民政部门收到求助或者救助申请后，都要予以受理，不得推诿。属于社会救助事项并属于《暂行办法》规定应当由社会救助经办机构或者民政部门办理的，社会救助经办机构或县级人民政府民政部门应当按照《暂行办法》的规定予以办理。对属于社会救助事项，但不属于社会救助经办机构或民政部门办理的，社会救助经办机构或县级人民政府民政部门应当转交其他社会救助管理部门办理。比如，申请就业救助，按照《暂行办法》的规定，应当向住所地街道、社区公共就业服务机构提出，社会救助经办机构或者县级人民政府民政部门收到就业救助申请时应当转交街道或者社区公共就业服务机构办理。

5. 办理结果。对申请人的申请或求助是否给予救助或帮助、怎样救助或帮助，由有关部门依照相关规定审核后根据实际情况分别作出不同的决定。对符合救助条件的给予救助；对不属于救助范围但确需帮助的，可以采取抚恤、补助、扶助等方式给予帮助。

6. 一个窗口受理制度。《暂行办法》规定的医疗救助、住房救助、教育救助、就业救助等往往是与最低生活保障、特困人员供养挂钩的，为了方便这些家庭申请各项社会救助，《暂行办法》还规定了“一个窗口受理制度”，即要求乡镇人民政府、街道办事处建立社会救助窗口，统一受理各种社会救助事项。困难群众均可通过这个窗口申请低保、特困、受灾、医疗、教育、住房、就业、临时救助等各类救助。社会救助窗口接到社会救助申请后，对属于《暂行办法》规定由乡镇人民政府、街道办事处受理的救助事项如最低生活保障、特困人员救助等，应当受理并审核后报县级人民政府民政部门核准；对不属于乡镇人民政府、街道办事处受理的救助事项如教育救助，救助受理窗口受理后应当及时转交学生就读学校办理。

贯彻执行本条规定，关键是要把基层各有关救助管理部门的资源整合起来，畅通救助渠道，防止各自为政。已经建有政务大厅、办事大厅等政府公共服务平台的，可以将社会救助办理事项纳入政务大厅、办事大厅等公共服务平台，完善受理、转办流程，明确办理标准和时限。有条件的地方还应当建立社会救助统一求助电话，保障困难群众求助有门、受助及时。

第六十一条　履行社会救助职责的工作人员对在社会救助工作中知悉的公民个人信息，除按照规定应当公示的信息外，应当予以保密。

【释义】

本条是关于对社会救助申请人个人信息依法予以保密的规定。

随着信息技术的发展，公民个人信息与其个人利益之间的联系越来越密切。个人信息如果使用得当，能够给公民的工作和生活带来便利；个人信息如果被他人非法泄露、利用甚至交易，则将对公民的合法权益造成损害。考虑到履行社会救助职责的工作人员在社会救助工作中将知悉大量的公民个人信息，为了保护公民的合法权益，本条对公民个人信息的依法保密作出了明确规定。

履行社会救助职责的工作人员，是指履行最低生活保障、特困人员供养、受灾人员救助、医疗救助、教育救助、住房救助、就业救助、临时救助工作职责，履行社会救助监督管理职责，以及履行社会救助其他相关职责的工作人员。

在社会救助工作中知悉的公民个人信息，是指在社会救助工作中了解、掌握的社会救助申请人、社会救助申请人家庭成员等公民的个人信息，包括其公民身份号码、常住户口所在地住址、联系方式甚至其存款状况、健康状况、就医记录等。

按照规定应当公示的信息，是指根据《暂行办法》第十一条、第十六条、第三十条、第四十条、第四十八条等关于公示的规定和《城市居民最低生活保障条例》《农村五保供养工作条例》《自然灾害救助条例》《城市生活无着的流浪乞讨人员救助管理办法》等其他有关社会救助的法规、规章、规范性文件等关于公示的规定，在履行社会救助公示程序中应当予以公开的公民个人信息。根据本条的规定，除上述个人信息以外的公民其他个人信息，均应当予以保密。

我国有关法律还规定了有关单位及其工作人员对在履行职责或者提供服务过程中获得的公民个人信息的保密义务，以及违反上述保密义务应当承担的法律责任。其中，《中华人民共和国居民身份证法》第十三条第二款规定，有关单位及其工作人员对履行职责或者提供服务过程中获得的居民身份证记载的公民个人信息，应当予以保密。第十九条规定，国家机关或者金融、电信、交通、教育、医疗等单位的工作人员泄露在履行职责或者提供服务过程中获得的居民身份证记载的公民个人信息，构成犯罪的，依法追究刑事责任；尚不构成犯罪的，由公安机关处十日以上十五日以下拘留，并处五千元罚款，有违法所得的，没收违法所得。单位有前款行为，构成犯罪的，依法追究刑事责任；尚不构成犯罪的，由公安机关对其直接负责的主管人员和其他直接责任人员，处十日以上十五日以下拘留，并处十万元以上五十万元以下罚款，有违法所得的，没收违法所得。有前两款行为，对他人造成损害的，依法承担民事责任。《中华人民共和国刑法》第二百五十三条之一规定，国家机关或者金融、电信、交通、教育、医疗等单位的工作人员，违反国家规定，将本单位在履行职责或者提供服务过程中获得的公民个人信息，出售或者非法提供给他人，情节严重的，处三年以下有期徒刑或者拘役，并处或者单处罚金。窃取或者以其他方法非法获取上述信息，情节严重的，依照前款的规定处罚。单位犯前两款罪的，对单位判处罚金，并对其直接负责的主管人员和其他直接责任人员，依照各该款的规定处罚。

第六十二条　县级以上人民政府及其社会救助管理部门应当通过报刊、广播、电视、互联网等媒体，宣传社会救助法律、法规和政策。

县级人民政府及其社会救助管理部门应当通过公共查阅室、资料索取点、信息公告栏等便于公众知晓的途径，及时公开社会救助资金、物资的管理和使用等情况，接受社会监督。

【释义】

本条是关于宣传社会救助法律法规和公开社会救助资金物资管理使用情况的规定。

一、宣传

为了让需要救助的困难群众准确、全面了解社会救助法律法规和各项救助政策，本条第一款规定了宣传社会救助法律法规和各项政策的内容，要求县级以上人民政府及其社会救助管理部门通过报刊、广播、电视、互联网等媒体，广泛、持续地组织开展宣传活动。县级以上人民政府及其社会救助管理部门应当高度重视宣传工作，加强组织领导，认真组织开展。宣传活动应当深入困难群众、深入基层，力戒形式主义和走过场。县级以上人民政府及其社会救助管理部门可以通过报刊、广播、电视等传统媒体，以开办法制栏目专版、专栏等多种形式，广泛开展宣传。同时，也要充分发挥互联网媒体、移动媒体等新兴媒体的特点和优势，积极开展宣传活动，尤其要努力办好普法网站，充分发挥政府网及门户网站在社会救助法律法规和各项政策的宣传工作中的重要平台和示范带动作用。

二、公开

为了确保社会救助资金、物资真正用于保障困难群众的基本生活，本条第二款规定了社会救助资金、物资的管理和使用等情况的公开制度，要求县级人民政府及其社会救助管理部门通过公共查阅室、资料索取点、信息公告栏等便于公众知晓的途径，及时公开社会救助资金、物资的管理和使用等情况，接受社会监督。

《中华人民共和国政府信息公开条例》第九条规定："行政机关对符合下列基本要求之一的政府信息应当主动公开：（一）涉及公民、法人或者其他组织切身利益的；（二）需要社会公众广泛知晓或者参与的；（三）反映本行政机关机构设置、职能、办事程序等情况的；（四）其他依照法律、法规和国家有关规定应当主动公开的。"第十条第九项规定，县级以上各级人民政府及其部门应当依照本条例第九条的规定，在各自职责范围内确定主动公开的政府信息的具体内容，并重点公开"扶贫、教育、医疗、社会保障、促进就业等方面的政策、措施及其实施情况"。第十六条第二款规定："行政机关可以根据需要设立公共查阅室、资料索取点、信息公告栏、电子信息屏等场所、设施，公开政府信息。"

社会救助资金、物资的管理和使用等情况涉及困难群众的切身利益，属于应当主动、重点公开的政府信息。社会救助资金、物资的管理和使用等情况的公开，对于提高社会救助工作的透明度，保障公民知情权，畅通人民群众对政府权力监督的渠道，具有重要意义。公开的主体是县级人民政府及其社会救助管理部门，公开的内容是社会救助资金、物资的管理和使用等情况，公开的形式是公共查阅室、资料索取点、信息公告栏等便于公众知晓的方式。

第六十三条　履行社会救助职责的工作人员行使职权，应当接受社会监督。

任何单位、个人有权对履行社会救助职责的工作人员在社会救助工作中的违法行为进行举报、投诉。受理举报、投诉的机关应当及时核实、处理。

【释义】

本条是关于社会监督和举报投诉的规定。

一、关于社会监督

社会救助工作关系到困难群众的切身利益，涉及大量的资金、物资。为了保证将有限的救助资源分配到真正需要救助的人群手中，发挥社会救助制度托底线、救急难的功能，实现“雪中送炭”，就需要对社会救助工作进行严格的监督管理。为此，《暂行办法》规定了行政监督事项，第五十七条要求县级以上人民政府及其社会救助管理部门加强对社会救助工作的监督检查，完善相关监督管理制度；第六十四条明确由县级以上人民政府财政部门、审计机关依法对社会救助资金、物资的筹集、分配、管理和使用实施监督。实践证明，仅有政府的行政监督是不够的，还需要积极发挥社会力量的监督作用。因此本条规定，履行社会救助职责的工作人员行使职权，应当接受社会监督。目前，我国的社会监督形式主要有社会团体监督、新闻媒体舆论监督、人民群众举报投诉等。

实现社会监督，需要具备相应的条件，其中一项重要的前提是相关信息要公开。《中华人民共和国政府信息公开条例》第十条第九项规定，县级以上人民政府及其部门需公开扶贫、教育、医疗、社会保障、促进就业等方面的政策、措施及其实施情况；第十一条第四项规定，设区的市级人民政府、县级人民政府及其部门需重点公开抢险救灾、优抚、救济、社会捐助等款物的管理、使用和分配情况；第十二条第六项规定，乡（镇）人民政府应当重点公开抢险救灾、优抚、救济、社会捐助等款物的发放情况。根据这些规定，各级政府需公开社会救助的相关信息，接受人民群众的监督。此外，根据《暂行办法》的有关规定，在城乡最低生活保障、特困人员供养、专项救助等方面，要求在社区、村公布申请人的姓名、住址等相关信息。由于街坊四邻每天在一起生活，对邻里的经济状况、家庭情况最为了解，社会救助申请人的相关信息在社区、村等小范围公开，能够有效实现社会监督。

二、关于举报投诉

对违法行为进行举报、投诉，是宪法赋予公民的一项神圣权利。我国宪法第四十一条第一款规定，中华人民共和国公民对于任何国家机关和国家工作人员，有提出批评和建议的权利；对于任何国家机关和国家工作人员的违法失职行为，有向有关国家机关提出申诉、控告或者检举的权利，但是不得捏造或者歪曲事实进行诬告陷害。与之相对应，该条第二款规定，对于公民的申诉、控告或者检举，有关国家机关必须查清事实，负责处理。任何人不得压制和打击报复。

就社会救助工作而言，公民既可以对与自己相关的社会救助申请是否批准、救助金如何发放等事项进行举报、投诉，也可以针对社会救助工作中的任何有关国家工作人员的违法行为进行举报、申诉。受理公民这些举报、投诉的机关，包括民政、教育、卫生计生、住房和城乡建设、人力资源和社会保障等社会救助管理部门、财政部门、审计机关、监察机关等。这些部门、机关在接到公民的举报、投诉后，需区别情况加以处理：

第一，对属于本部门、本机关职责范围的，应当及时依法处理，不得推诿。受理后需及时处理，对投诉进行调查核实，经核实确属不当的，应当予以更正，并告知投诉人；经核实没有问题的，也要告知投诉人。对举报也要进行及时处理，举报人要求答复本人的，需告知举报人处理结果。对涉及重大问题和紧急事项的举报，监督机关应当立即向有关领导报告，并在职责范围内依法采取必要措施。

各部门、机关应当公布本部门、本机关的监督电话号码、传真号码、通讯地址、邮政编码、电子邮件地址等，同时要公布受理举报、投诉的范围，为举报人、投诉人提供便利条件。此外，还可以建立举报奖励制度，对举报立功者予以奖励。在处理举报、投诉事项时，要注意做好对举报人、投诉人的保密、保护工作，严禁泄露举报人、投诉人的姓名、单位、住址等情况，不得向被调查单位和被调查人出示举报、投诉材料，对匿名举报、投诉材料不得鉴定笔迹；宣传报道和奖励举报、投诉有功人员，除征得举报人、投诉人同意外，不得公开举报人、投诉人的姓名、单位、住址等内容。必要时，还可以依法采取措施，切实保护举报人、投诉人的生命、财产安全。泄露举报人、投诉人有关信息，给举报人、投诉人造成损失或者伤害的，需承担相应的法律责任。

第二，对不属于本部门、本机关职责范围的，应当书面通知并移交有权处理的部门、机关处理，并将有关情况告知举报人、投诉人。有权处理的部门、机关在接到其他部门、机关转交的投诉、举报后，应当受理并及时进行处理，不得推诿。近些年来，一些地方和部门开展了行政效率专项监督检查，对群众的举报、投诉等诉求反映不及时、政策不落实的，需承担相应的行政责任乃至刑事责任。

第六十四条　县级以上人民政府财政部门、审计机关依法对社会救助资金、物资的筹集、分配、管理和使用实施监督。

【释义】

本条是关于财政部门、审计机关对社会救助资金、物资实施监督的规定。

完善社会救助资金、物资保障机制，是确保困难群众获得社会救助的必然要求。因此，《暂行办法》第五条第一款规定，县级以上人民政府应当将政府安排的社会救助资金纳入财政预算；第五条第二款规定："社会救助资金实行专项管理，分账核算，专款专用，任何单位或者个人不得挤占挪用。社会救助资金的支付，按照财政国库管理的有关规定执行。"为了防止截留、挤占、挪用、私分社会救助资金、物资等违纪违法现象发生，保障社会救助资金、物资安全，财政部门、审计机关必须加强对社会救助资金、物资的监督。

一、财政监督

财政监督是指财政部门对行政机关、企事业单位以及其他组织执行财税法律法规和政策情况，以及对涉及财政收支、会计资料和国有资本金管理等事项依法进行的监督检查活动。财政监督体现财政管理的本质属性，是实施财政分配政策、实现宏观调控目标、规范财经秩序的重要手段。

《财政部门监督办法》（财政部令第69号）第三条规定，"财政部门应当按照财政管理体制、财务隶属关系对财政、财务等事项实施监督"。第四条规定："财政部门实施监督应当坚持事前、事中和事后监督相结合，建立覆盖所有政府性资金和财政运行全过程的监督机制。"第十六条第一款规定，财政部门依法对"预算编制、执行、调整和决算情况"，"税收收入、政府非税收入等政府性资金的征收、管理情况"，"国库集中收付、预算单位银行账户的管理使用情况"和"财务会计制度的执行情况"等事项实施监督。

财政部门对社会救助资金、物资实施监督，主要是指财政部门组织实施对社会救助资金、物资的筹集、分配、管理和使用情况的财政监督。财政部门实施财政监督的具体权限包括：

1. 要求报送资料权。财政部门有权要求监督对象报送与监督事项有关的各种资料。

2. 调查检查权。财政部门有权调取、查阅、复制监督对象有关预算编制、执行、调整和决算资料，会计凭证和账簿、财务会计报告、审计报告、账户信息、电子信息管理系统情况，以及其他有关资料。经县级以上人民政府财政部门负责人批准，有权向与被监督单位有经济业务往来的单位查询有关情况，向金融机构查询被监督单位的存款。

3. 登记保存权。在证据可能灭失或者以后难以取得的情况下，经县级以上人民政府财政部门负责人批准，有权先行登记保存证据，并在7日内及时作出处理决定。

4. 责令停止权。对正在进行的财政违法行为，财政部门有权责令停止；拒不执行的，暂停财政拨款或者停止拨付与财政违法行为直接有关的款项；已经拨付的，责令暂停使用。

此外，财政部门实施监督过程中，发现监督对象制定或者执行的规定与国家相关规定相抵触的，可以根据职权予以纠正或者建议有权机关予以纠正。

二、审计监督

审计监督是指审计机关依法独立检查被审计单位的会

计凭证、会计账簿、财务会计报告以及其他与财政收支、财务收支有关的资料和资产，监督财政收支、财务收支真实、合法和效益的行为，属于行政机关内部监督中一种专门监督形式。审计机关对审计事项作出客观公正的评价，并提出审计报告。

《中华人民共和国审计法》第二条第二款规定，国务院各部门和地方各级人民政府及其各部门的财政收支，国有的金融机构和企业事业组织的财务收支，以及其他依照本法规定应当接受审计的财政收支、财务收支，依照本法规定接受审计监督。第二条第三款规定，审计机关对前款所列财政收支或者财务收支的真实、合法和效益，依法进行审计监督。第十六条规定，审计机关对本级各部门（含直属单位）和下级政府预算的执行情况和决算以及其他财政收支情况，进行审计监督。第十七条第二款规定，地方各级审计机关分别在省长、自治区主席、市长、州长、县长、区长和上一级审计机关的领导下，对本级预算执行情况和其他财政收支情况进行审计监督，向本级人民政府和上一级审计机关提出审计结果报告。

审计机关对社会救助资金、物资的筹集、分配、管理和使用进行审计监督，即按照国家财务会计制度的规定，对社会救助资金、物资实行会计核算的各项支出进行审计。审计机关依法进行审计监督的具体权限包括：

1. 要求报送资料权。审计机关有权要求被审计单位向审计机关提供与财政收支或者财务收支有关的情况和资料。

2. 调查检查权。审计机关为履行审计监督职责，有权检查被审计单位运用电子计算机管理财政收支、财务收支的财务会计核算系统，就审计事项的有关问题向有关单位和个人进行调查时，有权查询被审计单位在金融机构的存款，并取得证明材料。

3. 取证封存权。审计机关有根据认为被审计单位可能转移、隐匿、篡改、毁弃会计凭证、会计账簿、会计报表以及其他与财政收支或者财务收支有关的资料的，有权采取取证措施；必要时，经审计机关负责人批准，有权暂时封存被审计单位与违反国家规定的财政收支或者财务收支有关的账册资料。

第六十五条　申请或者已获得社会救助的家庭或者人员，对社会救助管理部门作出的具体行政行为不服的，可以依法申请行政复议或者提起行政诉讼。

【释义】

本条是关于不服社会救助行为救济途径的规定。

社会救助行为属于给付行政的一种。与限制和影响公民权利的干预行政、管制行政相对应，给付行政是指行政机关为公民提供物质帮助、服务和其他利益的行政行为。给付行政是公民受益行为。长期以来，由于给付行政的法制化程度不高，哪些该给付，哪些不该给付，不给付的法律后果如何，法律法规往往规定不明确，行政机关自由裁量权较大，给付往往成为恩赐而非公民的权利。我宪法第四十五条第一款规定：“中华人民共和国公民在年老、疾病或者丧失劳动能力的情况下，有从国家和社会获得物质帮助的权利。国家发展为公民享受这些权利所需要的社会保险、社会救济和医疗卫生事业。”无救济即无权利。根据我国宪法的规定，获得物质帮助是公民的一项权利，权利得不到享受，公民就应当有权申请救济。近些年来，我国公民受给付的范围和领域不断扩大，制度化、法治化程度不断提高，例如，在社会保险领域，有《中华人民共和国社会保险法》和一系列配套行政法规。在社会救助领域，有《城市居民最低生活保障条例》《农村五保供养工作条例》《自然灾害救助条例》《城市生活无着的流浪乞讨人员救助管理办法》等。但是，这些法律法规基本上都没有规定行政机关不履行给付义务或者违法行使权力损害受益人权益行为的救济权利和渠道。《中华人民共和国行政诉讼法》和《中华人民共和国行政复议法》虽然有所规定，但是规定的受案范围都很窄。根据行政诉讼法的有关规定，人民法院受理公民、法人和其他组织提起诉讼的情况包括，认为行政机关没有依法发给抚恤金的等。行政诉讼法规定的可诉的给付行政行为仅限于“没有依法发给抚恤金”的行为。《中华人民共和国行政复议法》规定的复议案件受案范围比行政诉讼受案范围要大一点，除对不依法发放抚恤金可以诉讼或申请复议外，对不依法发放社会保险金或者最低生活保障费的也可以起诉或者提起复议。《中华人民共和国行政复议法》第六条规定，有下列情形之一的，公民、法人或者其他组织可以依照本法申请行政复议：（十）申请行政机关依法发放抚恤金、社会保险金或者最低生活保障费，行政机关没有依法发放的；（十一）认为行政机关的其他具体行政行为侵犯其合法权益的。但是，从实践看，不论是行政诉讼的受案范围还是行政复议的受案范围，都没有涵盖社会救助的所有行政行为。《暂行办法》规定，申请或者已获得社会救助的家庭或者人员对社会救助管理部门的具体行政行为都有依法提起行政诉讼或者行政复议的权利，这就把所有社会救助行政行为都纳入了行政诉讼和行政复议审查内容，大大拓展了对社会救助行政行为的受案范围，对保障公民依法获得社会救助的权利，维护社会和谐稳定，具有重要意义。

一、对社会救助行政行为的受案范围

社会救助管理部门的各种具体行政行为都属于行政复议和行政诉讼的受案范围，只要申请或者已获得社会救助的家庭或者人员不服社会救助管理机关的决定，都可以提申请复议或者起诉讼。对社会救助行政行为可以按照不同的标准，分为不同的种类。

1. 根据行为的性质不同，可以将社会救助行政行为分为不依法履行给付行为和侵犯公民合法权益行为。

不依法履行给付行为又分为实体违法行为和程序违法行为两个方面，主要包括：对符合申请条件的救助申请不予受理，对符合救助条件的救助申请不予批准，不按规定发放社会救助金、物资或者提供服务等行为。侵犯公民合法权益的行为主要包括：违法减发或者停发社会救助金、物资或者提供服务，泄露在工作中知悉的公民个人信息等。

2. 根据救助事项的不同，可以将社会救助行政行为分为最低生活保障行为、特困人员供养行为、受灾人员救助行为、医疗救助行为、教育救助行为、住房救助行为、就业救助行为、临时救助行为等。

社会救助管理部门作出的抽象行政行为，比如最低生活保障标准和最低生活保障家庭收入状况、财产状况认定办法的制定，特困人员供养标准的制定，医疗救助标准的制定，教育救助标准的制定，住房困难标准和救助标准的制定，临时救助的具体事项和救助标准的制定等，虽然也都会影响公民获得救助的权利，但公民不能对这些抽象行政行为提起行政诉讼或者申请行政复议。需要说明的是，申请或者已获得救助的家庭或者人员认为行政机关的社会救助具体行政行为所依据的这些规定不合法，在对社会救助管理机关具体行政行为申请行政复议时，可以一并向行政复议机关提出对这些规定的审查申请。比如，某县住房保障部门经审查，认为申请人某甲不符合市政府规定的住房困难标准，作出对某甲不予住房救助的决定。某甲不服，在申请市政府住房保障部门对某县住房保障部门的决定进行行政复议的同时，可以对县住房保障部门决定所依据的市政府制定的住房保障标准提出审查申请。

二、社会救助行政行为行政复议申请人或者行政诉讼原告

社会救助行政行为行政复议的申请人或者行政诉讼原告有两类，一是申请或者已获得救助的家庭；二是申请或者已获得救助的人员。由于最低生活保障、低保家庭住房救助、流浪乞讨人员救助以外的临时救助都是以家庭为单位申请并获得社会救助的，因此，提起行政诉讼的被告或者行政复议的申请人应当是家庭成员，以家庭名义提出；特困人员供养、就业救助、受灾人员救助、教育救助都是以个人名义申请并获得救助的，提起行政诉讼或者行政复议就应当是申请或者已获得救助的人员。

三、社会救助行政复议被申请人或者行政诉讼的被告

作出社会救助行政行为的行政机关是行政复议的被申请人或者行政诉讼的被告。按照谁行为谁负责的原则，社会救助管理部门、有权确认是否给予学生教育救助的学生就读学校都可能成为社会救助行政复议的被申请人或者行政诉讼的被告。乡镇人民政府、街道办事处的初审环节，不构成独立的审批行为，没有决定权，因此，乡镇人民政府、街道办事处不能作为行政复议的被申请人或者行政诉讼的被告。同理，社会救助经办机构作为乡镇人民政府、街道办事处具体负责救助申请、调查审核工作的机构，也不能作为行政复议的被申请人、行政诉讼的被告。

四、社会救助行政复议和行政诉讼案件的管辖

根据《暂行办法》的规定，社会救助具体行政行为主要是由县级人民政府社会救助管理部门作出的，因此对社会救助具体行政行为不服申请行政复议的，根据《中华人民共和国行政复议法》的规定，区别不同情况，向下列行政复议机关提出：

1. 对县级人民政府社会救助管理部门，如县级民政部门、住房保障部门、人力资源和社会保障部门等作出的社会救助决定不服的，由申请人选择，既可以向该部门的县级人民政府提出行政复议，也可以向其上一级行政主管部门提出。所谓县级社会救助管理部门的上一级行政主管部门，如县级民政部门的上一级行政主管部门为市级民政部门，县级住房保障部门的上一级行政主管部门为市级住房保障部门，县级人力资源和社会保障部门的上一级行政主管部门则为市级人力资源和社会保障部门。

2. 就读学校对学生教育救助申请的确认，属于行政法规授权，对学校作出的具体行政行为不服，分别向直接管理该学校的地方人民政府教育部门或者国务院教育行政部门申请行政复议，具体要根据学校的隶属关系确定。如学生对县属中学的决定不服，应当向县级教育行政部门提出行政复议；学生对省属大学的决定不服，应当向省级教育行政部门提出行政复议；学生对教育部直属大学的决定不服，应当向教育部提出行政复议。

对社会救助具体行政行为不服，包括对符合申请条件的申请不予受理、对符合救助条件的不予批准等违法行为提起诉讼的，按照《中华人民共和国行政诉讼法》的规定，应当向作出具体行政行为的行政机关所在地基层人民法院提出。

第十二章　法律责任

本章规定了社会救助法律责任的相关内容，共计四条，分别规定了社会救助经办人员的法律责任；违法行为处理；救助申请人的法律责任；刑事责任的追究等内容。

第六十六条　违反本办法规定，有下列情形之一的，由上级行政机关或者监察机关责令改正；对直接负责的主管人员和其他直接责任人员依法给予处分：

（一）对符合申请条件的救助申请不予受理的；

（二）对符合救助条件的救助申请不予批准的；

（三）对不符合救助条件的救助申请予以批准的；

（四）泄露在工作中知悉的公民个人信息，造成后果的；

（五）丢失、篡改接受社会救助款物、服务记录等数据的；

（六）不按照规定发放社会救助资金、物资或者提供相关服务的；

（七）在履行社会救助职责过程中有其他滥用职权、玩忽职守、徇私舞弊行为的。

【释义】

本条是关于社会救助有关部门及其工作人员在社会救助工作中不履行社会救助管理职责，或者滥用职权、玩忽职守、徇私舞弊所应当承担的行政责任的规定。

在社会救助工作中，有关部门及其工作人员如果不履行社会救助管理职责，或者滥用职权、玩忽职守、徇私舞弊，将会直接侵害社会救助申请人、社会救助对象的合法权益。为了保护社会救助申请人、社会救助对象的合法权益，本条对实施直接侵害其合法权益行为所应当承担的行政责任作出了明确规定。

违反《暂行办法》规定直接侵害社会救助申请人、社会救助对象合法权益应当承担行政责任的情形，主要分为七种：一是对符合申请条件的救助申请不予受理的，主要是指社会救助申请人提交的申请材料内容齐全、形式完备，或者其已经请求、委托县级以上人民政府民政部门代为查询、核对其家庭收入状况、财产状况，依法应当受理，但因工作人员个人好恶或者不作为等原因而不予受理的；二是对符合救助条件的救助申请不予批准的，主要是指社会救助申请人提交的申请材料能够证明其符合救助条件，或者经查询、核对其家庭收入状况、财产状况能够证明其符合救助条件，依法应当批准，但因工作人员个人好恶或者不作为等原因而不予批准的；三是对不符合救助条件的救助申请予以批准的，主要是指社会救助申请人提交的申请材料证明其不符合救助条件，或者经查询、核对其家庭收入状况、财产状况发现其不符合救助条件，依法应当不予批准，但因工作人员个人好恶、审查不严或者优亲厚友等原因而予以批准的；四是泄露在工作中知悉的公民个人信息造成后果的，主要是指未妥善保管、故意泄露甚至非法交易在工作中知悉的公民个人信息，侵害公民的隐私权或者给其生活造成其他较严重困扰的；五是丢失、篡改接受社会救助款物、服务记录等数据的，主要是指因丢失载有社会救助款物、服务记录等数据的台账、电脑、移动存储设备等造成数据灭失，或者故意篡改相关数据造成数据失实；六是不按照规定发放社会救助资金、物资或者提供相关服务的，主要是指在按照规定应当发放社会救助资金、物资或者提供相关服务时，不予发放、提供，不足额发放、提供，或者不及时发放、提供；七是在履行社会救助职责过程中有其他滥用职权、玩忽职守、徇私舞弊行为的，主要是指上述六种情形之外，在履行社会救助职责过程中存在的其他滥用职权、玩忽职守、徇私舞弊行为。

出现本条所列情形之一的，应当由上级行政机关或者监察机关责令改正。对于地方各级人民政府而言，上级机关是指其上级人民政府；对于各级社会救助管理部门而言，包括其同级人民政府、上级人民政府的社会救助管理部门。监察机关，包括地方各级人民政府、各级社会救助管理部门的同级监察机关、上级监察机关。根据《中华人民共和国公务员法》第五十五条，以及《行政机关公务员处分条例》第十四条、第十五条、第十八条的规定，公务员违纪行为情节轻微，经过批评教育后改正的，可以免予处分；公务员应当给予警告处分，又有减轻处分的情形的，免予处分；公务员散布有损国家声誉的言论，组织或者参加旨在反对国家的集会、游行、示威等活动，组织或者参加非法组织，组织或者参加罢工，违反国家的民族宗教政策、造成不良后果，但是属于不明真相被裹挟参加，经批评教育后确有悔改表现的，可以减轻或者免予处分。

出现本条所列情形之一且不具备依法免予处分条件的，还应当根据《中华人民共和国公务员法》《中华人民共和国行政监察法》《行政机关公务员处分条例》等法律、行政法规的有关规定，对直接负责的主管人员和其他直接责任人员依法给予处分。其中，处分的原则是事实清楚、证据确凿、定性准确、处理恰当、程序合法、手续完备；处分的种类，分为警告、记过、记大过、降级、撤职、开除六种；处分的期限，警告为6个月、记过为12个月、记大过为18个月、降级与撤职均为24个月；处分的程序，是由处分决定机关决定对公务员违纪的情况进行调查，并将调查认定的事实及拟给予处分的依据告知公务员本人，公务员有权进行陈述和申辩，处分决定机关认为对公务员应当给予处分的，应当在规定的期限内，按照管理权限和规定的程序作出处分决定并以书面形式通知公务员本人；处分的解除，是指公务员受开除以外的处分，在受处分期间有悔改表现，并且没有再发生违纪行为的，处分期满后，由处分决定机关解除处分并以书面形式通知本人。

第六十七条　违反本办法规定，截留、挤占、挪用、私分社会救助资金、物资的，由有关部门责令追回；有违法所得的，没收违法所得；对直接负责的主管人员和其他直接责任人员依法给予处分。

【释义】

本条是关于截留、挤占、挪用、私分社会救助资金、物资的法律责任规定。

社会救助工作是与社会弱势群体密切相关的民心工程，直接反映政府的形象，关系到社会和谐大局，容不得半点马虎和闪失。社会救助方式包括给予社会求助资金、物资，提供服务，享受优惠等多种方式，但最常见的方式是社会求助资金、物资给付。为此，《暂行办法》对社会救助资金、物资的管理，提出了一系列明确要求，第五条规定县级以上人民政府要完善社会救助资金、物资保障机制，将政府安排的社会救助资金和社会救助工作经费纳入财政预算。同时强调，社会救助资金实行专项管理，分账核算，专款专用，任何单位或者个人不得挤占挪用。社会救助资金的支付，按照财政国库管理的有关规定执行。

根据上述规定，任何单位和个人均不得截留、挤占、挪用、私分社会救助资金、物资。然而在现实生活中，有的单位和个人为了小团体利益或纯粹为了个人私利，无视党纪国法，将这些规定、要求当成“耳边风”。社会救助资金、物资的拨付，有的是按照行政层级，由中央逐级拨付到街道、乡镇甚至社区、村。在拨付过程中，有的单位逐级拔毛，层层截留，中央可能拿出了可观的一笔资金，但真正发到社会救助对象手中就没有多少钱了。有的社会救助资金本来是特定款项，是“戴帽子”的专项资金，但有的地方、个别部门将其挤占，擅自调剂到其他项目，影响了社会救助资金的作用发挥。更有甚者，将社会救助资金挪作他用，去盖行政办公大楼，或者进行违规投资。尤为严重的是，有的单位和人员胆大包天，竟然私自将社会救助资金、物资在不符合社会救助待遇享受条件的人员中加以分配，或者中饱私囊。

为了预防和减少截留、挤占、挪用、私分社会救助资金、物资现象的发生，《暂行办法》第五十七条要求县级以上人民政府及其社会救助管理部门加强对社会救助工作的监督检查，完善相关监督管理制度；第六十四条明确规定由县级以上人民政府财政部门、审计机关负责对社会救助资金、物资的筹集、分配、管理和使用实施监督。据此，负责对截留、挤占、挪用、私分社会救助资金、物资现象进行监督管理的单位包括民政、教育、卫生计生、住房和城乡建设、人力资源和社会保障等社会救助管理部门以及财政部门、审计机关等。

为了严肃法纪，对截留、挤占、挪用、私分社会救助资金、物资的违法违纪行为，本条规定了三种法律责任：一是责令追回。即将被截留、挤占、挪用、私分的社会救助资金、物资，恢复到原来状态。资金复原比较好办，将钱补足就行；但物资复原比较麻烦，有原产品的最好提供原产品；没有原产品的需提供同类产品或类似产品，但需注意不能以次充好。二是没收违法所得。有的单位或者个人截留、挤占、挪用、私分社会救助资金、物资后，通过投资、加工等方式，可能产生新的收益或获取银行利息等孳息，这些“附加值”都属于违法所得，不归违法单位或者个人所有，而应当没收，上缴国库。三是处分。对直接负责的主管人员和其他直接责任人员，应当区分不同身份，分别给予行政处分或者处分。对公务员给予行政处分，需执行《行政机关公务员处分条例》《财政违法行为处罚处分条例》等行政法规。《行政机关公务员处分条例》第六条规定，行政机关公务员处分的种类包括警告、记过、记大过、降级、撤职、开除。该条例第二十条第三项规定，对救灾、抢险、防汛、防疫、优抚、扶贫、移民、救济、社会保险、征地补偿等专项款物疏于管理，致使款物被贪污、挪用，或者毁损、灭失的，给予记过、记大过处分；情节较重的，给予降级或者撤职处分；情节严重的，给予开除处分。对事业单位工作人员的处分，目前执行的是人力资源和社会保障部、监察部的联合规章《事业单位工作人员处分暂行规定》(人力资源和社会保障部、监察部令第18号)。根据该暂行规定第五条规定，对事业单位工作人员的处分种类，包括警告、记过、降低岗位等级或者撤职、开除。需注意的是，挪用、私分社会救助资金、物资，除可能受到处分外，严重的还可能构成犯罪。对构成犯罪的，需依照《中华人民共和国刑法》第二百七十三条、第三百八十二条、第三百八十三条、第三百八十四条的规定追究刑事责任。

第六十八条　采取虚报、隐瞒、伪造等手段，骗取社会救助资金、物资或者服务的，由有关部门决定停止社会救助，责令退回非法获取的救助资金、物资，可以处非法获取的救助款额或者物资价值1倍以上3倍以下的罚款；构成违反治安管理行为的，依法给予治安管理处罚。

【释义】

本条是关于骗取社会救助资金、物资或者服务应当承担法律责任的规定。

社会救助资金、物资或者服务是开展社会救助工作的基础，对于向困难群众提供及时、必要的救助，具有重要意义。社会救助资金、物资或者服务来自于政府和社会，是将公共财富用于救助困难群众。为了确保宝贵的社会救助资源真正用于需要救助的困难群众，有必要设定严格的预防和惩处制度，防止“骗助”行为。尤其是针对群众和媒体反映的“开着宝马吃低保”“住着洋楼吃低保”等影响恶劣的骗取社会救助款物的行为，要加大查处力度，除责令退回非法获取的救助资金、物资外，还要依法给予行政处罚，对数额较大、情节严重涉嫌犯罪的要移送司法机关处理。

虚报，是指行为人违反相关制度的规定，低于或者高于实际数据报送有关数据或者材料的行为。比如，最低生活保障申请人，采取低报家庭收入、财产，或者多报家庭人口等手段，以使共同生活的家庭成员人均收入低于当地最低生活保障标准，从而骗取低保，就属于典型的虚报行为。

隐瞒，是指行为人违反相关制度的规定，故意掩盖客观存在的事实，企图达到非法目的的行为。比如，特困供养申请人隐瞒其有劳动能力、生活来源等事实，从而骗取特困供养，就属于典型的隐瞒行为。

伪造，是指社会救助申请人或者履行社会救助职责的工作人员，采取非法变更、涂改、假造等手段，出具虚假证明材料，以骗取社会救助资金、物资或者服务的行为。

本条中所称的社会救助资金，主要包括最低生活保障金，受灾人员救助中的住房恢复重建补助资金，医疗救助中的补贴、补助，教育救助中的助学金、生活补助，住房租赁补贴，就业救助中的贷款贴息、社会保险补贴、岗位补贴、培训补贴，临时救助金等。

本条中所称的社会救助物资，主要包括受灾人员救助物资、公共租赁住房等。

本条中所称的社会救助服务，主要包括特困人员供养服务，就业救助中免费提供的就业岗位信息、职业介绍、职业指导等就业服务等。

对于采取虚报、隐瞒、伪造等手段，骗取社会救助资金、物资或者服务的行为，县级以上人民政府民政、住房保障、人力资源和社会保障等有关部门有权决定停止社会救助，责令退回非法获取的救助资金、物资，并可以处非法获取的救助款额或者物资价值 1 倍以上 3 倍以下的罚款。

采取虚报、隐瞒、伪造等手段，骗取社会救助资金、物资或者服务，构成违反治安管理行为的情况主要包括三种：一是《中华人民共和国治安管理处罚法》第四十九条规定，盗窃、诈骗、哄抢、抢夺、敲诈勒索或者故意损毁公私财物的，处五日以上十日以下拘留，可以并处五百元以下罚款；情节较重的，处十日以上十五日以下拘留，可以并处一千元以下罚款。二是《中华人民共和国治安管理处罚法》第五十二条第（一）项规定，伪造、变造或者买卖国家机关、人民团体、企业、事业单位或者其他组织的公文、证件、证明文件、印章的，处十日以上十五日以下拘留，可以并处一千元以下罚款；情节较轻的，处五日以上十日以下拘留，可以并处五百元以下罚款。三是《中华人民共和国治安管理处罚法》第五十二条第（二）项规定，买卖或者使用伪造、变造的国家机关、人民团体、企业、事业单位或者其他组织的公文、证件、证明文件的，处十日以上十五日以下拘留，可以并处一千元以下罚款；情节较轻的，处五日以上十日以下拘留，可以并处五百元以下罚款。

第六十九条　违反本办法规定，构成犯罪的，依法追究刑事责任。

【释义】

本条是关于违反本办法规定的刑事责任规定。

刑事责任是最重的一种法律责任，对刑事责任的追究需要十分慎重。我国刑事立法采用的是统一集中模式，即是否构成犯罪以及给予何种程度的刑事处罚，都必须严格依照《中华人民共和国刑法》的规定，而不分散到各项法律之中。基于这一理念，在法律法规制定时，涉及刑事责任的规定都只采取原则性规定或者转致性、衔接性规定。

我国现行的《中华人民共和国刑法》于1979年7月制定、1997年3月修订，至今已通过八个修正案，包括总则、分则和附则。对某项具体行为追究怎样的刑事责任，是在分则相关条款中加以规定的。就本《暂行办法》而言，有五个方面涉及《中华人民共和国刑法》中七条刑事责任规定。

一是关于诈骗的刑事责任。《暂行办法》第五十八条规定，申请或者已获得社会救助的家庭，应当按规定如实申报家庭收入状况、财产状况。县级以上人民政府民政部门可以通过户籍管理、税务、社会保险、不动产登记、工商登记、住房公积金管理、车船管理等单位和银行、保险、证券等金融机构代为查询、核对。第五十九条规定，有关单位、个人应当如实提供与社会救助相关的证明材料。据此，申请人骗取社会救助的，可能成为诈骗罪的犯罪主体；相关单位和个人出具虚假证明的，可能成为诈骗犯罪行为的共犯。根据刑法第二百六十六条的规定，诈骗公私财物，数额较大的，处三年以下有期徒刑、拘役或者管制，并处或者单处罚金；数额巨大或者有其他严重情节的，处三年以上十年以下有期徒刑，并处罚金；数额特别巨大或者有其他特别严重情节的，处十年以上有期徒刑或者无期徒刑，并处罚金或者没收财产。

二是关于挪用的刑事责任。《暂行办法》第五条第二款规定，社会救助资金实行专项管理，分账核算，专款专用，任何单位或者个人不得挤占挪用。根据刑法第二百七十三条的规定，挪用用于救灾、抢险、防汛、优抚、扶贫、移民、救济款物，情节严重，致使国家和人民群众利益遭受重大损害的，对直接责任人员，处三年以下有期徒刑或者拘役；情节特别严重的，处三年以上七年以下有期徒刑。刑法第三百八十四条还特别规定，国家工作人员利用职务上的便利，挪用公款归个人使用，进行非法活动的，或者挪用公款数额较大、进行营利活动的，或者挪用公款数额较大、超过三个月未还的，是挪用公款罪，处五年以下有期徒刑或者拘役；情节严重的，处五年以上有期徒刑。挪用公款数额巨大不退还的，处十年以上有期徒刑或者无期徒刑。挪用用于救灾、抢险、防汛、优抚、扶贫、移民、救济款物归个人使用的，从重处罚。

三是关于暴力抗法的刑事责任。在低保、受灾人员救助等项工作中，可能出现以暴力、威胁方法阻碍国家机关工作人员依法执行职务或者阻碍基层社会救助经办人员依法履行职责的行为。对于这类行为，刑法第二百七十七条规定，处三年以下有期徒刑、拘役、管制或者罚金。

四是关于贪污的刑事责任。社会救助工作涉及大量财物，需要加强这方面的纪律管理。根据刑法第三百八十二条的规定，国家工作人员利用职务上的便利，侵吞、窃取、骗取或者以其他手段非法占有公共财物的，是贪污罪。受国家机关、国有公司、企业、事业单位、人民团体委托管理、经营国有财产的人员，利用职务上的便利，侵吞、窃取、骗取或者以其他手段非法占有国有财物的，以贪污论。与前两款所列人员勾结，伙同贪污的，以共犯论处。同时，刑法第三百八十三条细化了对犯贪污罪人员的量刑标准：（一）个人贪污数额在十万元以上的，处十年以上有期徒刑或者无期徒刑，可以并处没收财产；情节特别严重的，处死刑，并处没收财产。（二）个人贪污数额在五万元以上不满十万元的，处五年以上有期徒刑，可以并处没收财产；情节特别严重的，处无期徒刑，并处没收财产。（三）个人贪污数额在五千元以上不满五万元的，处一年以上七年以下有期徒刑；情节严重的，处七年以上十年以下有期徒刑。个人贪污数额在五千元以上不满一万元，犯罪后有悔改表现、积极退赃的，可以减轻处罚或者免予刑事处罚，由其所在单位或者上级主管机关给予行政处分。（四）个人贪污数额不满五千元，情节较重的，处二年以下有期徒刑或者拘役；情节较轻的，由其所在单位或者上级主管机关酌情给予行政处分。对多次贪污未经处理的，按照累计贪污数额处罚。

五是关于滥用职权、玩忽职守、徇私舞弊的刑事责任。社会救助关系到社会弱势群体的权益保障。相关国家机关工作人员的工作态度、工作效率、工作水平，直接影响到社会的和谐稳定。为了强化国家机关工作人员的责任，刑法第三百九十七条规定，国家机关工作人员滥用职权或者玩忽职守，致使公共财产、国家和人民利益遭受重大损失的，处三年以下有期徒刑或者拘役；情节特别严重的，处三年以上七年以下有期徒刑。国家机关工作人员徇私舞弊，犯前款罪的，处五年以下有期徒刑或者拘役；情节特别严重的，处五年以上十年以下有期徒刑。

第十三章 附 则

本章规定了《暂行办法》的施行时间，共一条。

第七十条 本办法自 2014 年 5 月 1 日起施行。

【释义】

本条是关于《暂行办法》施行时间的规定。

《行政法规制定程序条例》第二十九条规定，行政法规应当自公布之日起 30 日后施行；但是，涉及国家安全、外汇汇率、货币政策的确定以及公布后不立即施行将有碍行政法规施行的，可以自公布之日起施行。

法律施行和法律公布是两个不同的概念。法律的公布是指由特定机关将通过的法律向全社会予以公告，使全社会成员周知。法律的施行是指法律开始生效、执行。《暂行办法》自 2014 年 5 月 1 日起发生法律效力。自该日起，属于《暂行办法》规定的涉及社会救助的工作和活动都应当执行《暂行办法》的规定；以往制定的法规、规章与《暂行办法》规定不一致的，应以《暂行办法》规定为准。

《暂行办法》自 2014 年 2 月 21 日颁布至 2014 年 5 月

1日起正式施行间隔一段时间，这主要是考虑到《暂行办法》颁布后，各级政府及其有关部门要根据《暂行办法》的规定做好相关的准备工作，比如清理与《暂行办法》不一致的规定、制定实施《暂行办法》的具体规定、对《暂行办法》进行必要的学习宣传等，从而确保《暂行办法》得以顺利贯彻实施。

附　录

社会救助暂行办法

（2014 年 2 月 21 日中华人民共和国国务院令第 649 号公布　自 2014 年 5 月 1 日起施行）

第一章　总　则

第一条　为了加强社会救助，保障公民的基本生活，促进社会公平，维护社会和谐稳定，根据宪法，制定本办法。

第二条　社会救助制度坚持托底线、救急难、可持续，与其他社会保障制度相衔接，社会救助水平与经济社会发展水平相适应。

社会救助工作应当遵循公开、公平、公正、及时的原则。

第三条　国务院民政部门统筹全国社会救助体系建设。国务院民政、卫生计生、教育、住房城乡建设、人力资源社会保障等部门，按照各自职责负责相应的社会救助管理工作。

县级以上地方人民政府民政、卫生计生、教育、住房城乡建设、人力资源社会保障等部门，按照各自职责负责本行政区域内相应的社会救助管理工作。

前两款所列行政部门统称社会救助管理部门。

第四条　乡镇人民政府、街道办事处负责有关社会救助的申请受理、调查审核，具体工作由社会救助经办机构或者经办人员承担。

村民委员会、居民委员会协助做好有关社会救助工作。

第五条 县级以上人民政府应当将社会救助纳入国民经济和社会发展规划，建立健全政府领导、民政部门牵头、有关部门配合、社会力量参与的社会救助工作协调机制，完善社会救助资金、物资保障机制，将政府安排的社会救助资金和社会救助工作经费纳入财政预算。

社会救助资金实行专项管理，分账核算，专款专用，任何单位或者个人不得挤占挪用。社会救助资金的支付，按照财政国库管理的有关规定执行。

第六条 县级以上人民政府应当按照国家统一规划建立社会救助管理信息系统，实现社会救助信息互联互通、资源共享。

第七条 国家鼓励、支持社会力量参与社会救助。

第八条 对在社会救助工作中作出显著成绩的单位、个人，按照国家有关规定给予表彰、奖励。

第二章 最低生活保障

第九条 国家对共同生活的家庭成员人均收入低于当地最低生活保障标准，且符合当地最低生活保障家庭财产状况规定的家庭，给予最低生活保障。

第十条 最低生活保障标准，由省、自治区、直辖市或者设区的市级人民政府按照当地居民生活必需的费用确定、公布，并根据当地经济社会发展水平和物价变动情况适时调整。

最低生活保障家庭收入状况、财产状况的认定办法，由省、自治区、直辖市或者设区的市级人民政府按照国家有关规定制定。

第十一条 申请最低生活保障，按照下列程序办理：

（一）由共同生活的家庭成员向户籍所在地的乡镇人民政府、街道办事处提出书面申请；家庭成员申请有困难的，可以委托村民委员会、居民委员会代为提出申请。

（二）乡镇人民政府、街道办事处应当通过入户调查、邻里访问、信函索证、群众评议、信息核查等方式，对申请人的家庭收入状况、财产状况进行调查核实，提出初审意见，在申请人所在村、社区公示后报县级人民政府民政部门审批。

（三）县级人民政府民政部门经审查，对符合条件的申请予以批准，并在申请人所在村、社区公布；对不符合条件的申请不予批准，并书面向申请人说明理由。

第十二条 对批准获得最低生活保障的家庭，县级人民政府民政部门按照共同生活的家庭成员人均收入低于当地最低生活保障标准的差额，按月发给最低生活保障金。

对获得最低生活保障后生活仍有困难的老年人、未成年人、重度残疾人和重病患者，县级以上地方人民政府应当采取必要措施给予生活保障。

第十三条 最低生活保障家庭的人口状况、收入状况、财产状况发生变化的，应当及时告知乡镇人民政府、街道办事处。

县级人民政府民政部门以及乡镇人民政府、街道办事处应当对获得最低生活保障家庭的人口状况、收入状况、财产状况定期核查。

最低生活保障家庭的人口状况、收入状况、财产状况发生变化的，县级人民政府民政部门应当及时决定增发、减发或者停发最低生活保障金；决定停发最低生活保障金的，应当书面说明理由。

第三章 特困人员供养

第十四条 国家对无劳动能力、无生活来源且无法定赡养、抚养、扶养义务人，或者其法定赡养、抚养、扶养义务人无赡养、抚养、扶养能力的老年人、残疾人以及未满16周岁的未成年人，给予特困人员供养。

第十五条 特困人员供养的内容包括：

（一）提供基本生活条件；

（二）对生活不能自理的给予照料；

（三）提供疾病治疗；

（四）办理丧葬事宜。

特困人员供养标准，由省、自治区、直辖市或者设区的市级人民政府确定、公布。

特困人员供养应当与城乡居民基本养老保险、基本医疗保障、最低生活保障、孤儿基本生活保障等制度相衔接。

第十六条 申请特困人员供养，由本人向户籍所在地的乡镇人民政府、街道办事处提出书面申请；本人申请有困难的，可以委托村民委员会、居民委员会代为提出申请。

特困人员供养的审批程序适用本办法第十一条规定。

第十七条 乡镇人民政府、街道办事处应当及时了解掌握居民的生活情况，发现符合特困供养条件的人员，应当主动为其依法办理供养。

第十八条 特困供养人员不再符合供养条件的，村民委员会、居民委员会或者供养服务机构应当告知乡镇人民政府、街道办事处，由乡镇人民政府、街道办事处审核并报县级人民政府民政部门核准后，终止供养并予以公示。

第十九条 特困供养人员可以在当地的供养服务机构集中供养，也可以在家分散供养。特困供养人员可以自行选择供养形式。

第四章 受灾人员救助

第二十条 国家建立健全自然灾害救助制度，对基本生活受到自然灾害严重影响的人员，提供生活救助。

自然灾害救助实行属地管理，分级负责。

第二十一条 设区的市级以上人民政府和自然灾害多发、易发地区的县级人民政府应当根据自然灾害特点、居民人口数量和分布等情况，设立自然灾害救助物资储备库，保障自然灾害发生后救助物资的紧急供应。

第二十二条 自然灾害发生后，县级以上人民政府或者人民政府的自然灾害救助应急综合协调机构应当根据情况紧急疏散、转移、安置受灾人员，及时为受灾人员提供必要的食品、饮用水、衣被、取暖、临时住所、医疗防疫等应急救助。

第二十三条 灾情稳定后，受灾地区县级以上人民政府应当评估、核定并发布自然灾害损失情况。

第二十四条 受灾地区人民政府应当在确保安全的前提下，对住房损毁严重的受灾人员进行过渡性安置。

第二十五条 自然灾害危险消除后，受灾地区人民政府民政等部门应当及时核实本行政区域内居民住房恢复重建补助对象，并给予资金、物资等救助。

第二十六条 自然灾害发生后，受灾地区人民政府应当为因当年冬寒或者次年春荒遇到生活困难的受灾人员提供基本生活救助。

第五章 医疗救助

第二十七条 国家建立健全医疗救助制度，保障医疗救助对象获得基本医疗卫生服务。

第二十八条 下列人员可以申请相关医疗救助：

（一）最低生活保障家庭成员；

（二）特困供养人员；

（三）县级以上人民政府规定的其他特殊困难人员。

第二十九条 医疗救助采取下列方式：

（一）对救助对象参加城镇居民基本医疗保险或者新型农村合作医疗的个人缴费部分，给予补贴；

（二）对救助对象经基本医疗保险、大病保险和其他补充医疗保险支付后，个人及其家庭难以承担的符合规定的基本医疗自负费用，给予补助。

医疗救助标准，由县级以上人民政府按照经济社会发展水平和医疗救助资金情况确定、公布。

第三十条 申请医疗救助的，应当向乡镇人民政府、街道办事处提出，经审核、公示后，由县级人民政府民政部门审批。最低生活保障家庭成员和特困供养人员的医疗救助，由县级人民政府民政部门直接办理。

第三十一条 县级以上人民政府应当建立健全医疗救助与基本医疗保险、大病保险相衔接的医疗费用结算机制，为医疗救助对象提供便捷服务。

第三十二条 国家建立疾病应急救助制度，对需要急救但身份不明或者无力支付急救费用的急重危伤病患者给予救助。符合规定的急救费用由疾病应急救助基金支付。

疾病应急救助制度应当与其他医疗保障制度相衔接。

第六章 教育救助

第三十三条 国家对在义务教育阶段就学的最低生活保障家庭成员、特困供养人员，给予教育救助。

对在高中教育（含中等职业教育）、普通高等教育阶段就学的最低生活保障家庭成员、特困供养人员，以及不能入学接受义务教育的残疾儿童，根据实际情况给予适当教育救助。

第三十四条 教育救助根据不同教育阶段需求，采取减免相关费用、发放助学金、给予生活补助、安排勤工助学等方式实施，保障教育救助对象基本学习、生活需求。

第三十五条 教育救助标准，由省、自治区、直辖市人民政府根据经济社会发展水平和教育救助对象的基本学习、生活需求确定、公布。

第三十六条 申请教育救助，应当按照国家有关规定向就读学校提出，按规定程序审核、确认后，由学校按照国家有关规定实施。

第七章 住房救助

第三十七条 国家对符合规定标准的住房困难的最低生活保障家庭、分散供养的特困人员，给予住房救助。

第三十八条 住房救助通过配租公共租赁住房、发放住房租赁补贴、农村危房改造等方式实施。

第三十九条 住房困难标准和救助标准，由县级以上地方人民政府根据本行政区域经济社会发展水平、住房价格水平等因素确定、公布。

第四十条 城镇家庭申请住房救助的，应当经由乡镇人民政府、街道办事处或者直接向县级人民政府住房保障部门提出，经县级人民政府民政部门审核家庭收入、财产状况和县级人民政府住房保障部门审核家庭住房状况并公示后，对符合申请条件的申请人，由县级人民政府住房保障部门优先给予保障。

农村家庭申请住房救助的，按照县级以上人民政府有关规定执行。

第四十一条 各级人民政府按照国家规定通过财政投入、用地供应等措施为实施住房救助提供保障。

第八章 就业救助

第四十二条 国家对最低生活保障家庭中有劳动能力并处于失业状态的成员，通过贷款贴息、社会保险补贴、岗位补贴、培训补贴、费用减免、公益性岗位安置等办法，给予就业救助。

第四十三条 最低生活保障家庭有劳动能力的成员均处于失业状态的，县级以上地方人民政府应当采取有针对性的措施，确保该家庭至少有一人就业。

第四十四条 申请就业救助的，应当向住所地街道、社区公共就业服务机构提出，公共就业服务机构核实后予以登记，并免费提供就业岗位信息、职业介绍、职业指导等就业服务。

第四十五条 最低生活保障家庭中有劳动能力但未就业的成员，应当接受人力资源社会保障等有关部门介绍的工作；无正当理由，连续3次拒绝接受介绍的与其健康状况、劳动能力等相适应的工作的，县级人民政府民政部门应当决定减发或者停发其本人的最低生活保障金。

第四十六条 吸纳就业救助对象的用人单位，按照国家有关规定享受社会保险补贴、税收优惠、小额担保贷款等就业扶持政策。

第九章 临时救助

第四十七条 国家对因火灾、交通事故等意外事件，家庭成员突发重大疾病等原因，导致基本生活暂时出现严重困难的家庭，或者因生活必需支出突然增加超出家庭承受能力，导致基本生活暂时出现严重困难的最低生活保障家庭，以及遭遇其他特殊困难的家庭，给予临时救助。

第四十八条 申请临时救助的，应当向乡镇人民政府、街道办事处提出，经审核、公示后，由县级人民政府民政部门审批；救助金额较小的，县级人民政府民政部门可以委托乡镇人民政府、街道办事处审批。情况紧急的，可以按照规定简化审批手续。

第四十九条 临时救助的具体事项、标准，由县级以上地方人民政府确定、公布。

第五十条 国家对生活无着的流浪、乞讨人员提供临时食宿、急病救治、协助返回等救助。

第五十一条 公安机关和其他有关行政机关的工作人员在执行公务时发现流浪、乞讨人员的，应当告知其向救助管理机构求助。对其中的残疾人、未成年人、老年人和行动不便的其他人员，应当引导、护送到救助管理机构；对突发急病人员，应当立即通知急救机构进行救治。

第十章 社会力量参与

第五十二条 国家鼓励单位和个人等社会力量通过捐赠、设立帮扶项目、创办服务机构、提供志愿服务等方式，参与社会救助。

第五十三条 社会力量参与社会救助，按照国家有关规定享受财政补贴、税收优惠、费用减免等政策。

第五十四条 县级以上地方人民政府可以将社会救助中的具体服务事项通过委托、承包、采购等方式，向社会力量购买服务。

第五十五条 县级以上地方人民政府应当发挥社会工作服务机构和社会工作者作用，为社会救助对象提供社会融入、能力提升、心理疏导等专业服务。

第五十六条 社会救助管理部门及相关机构应当建立社会力量参与社会救助的机制和渠道，提供社会救助项目、需求信息，为社会力量参与社会救助创造条件、提供便利。

第十一章　监督管理

第五十七条　县级以上人民政府及其社会救助管理部门应当加强对社会救助工作的监督检查，完善相关监督管理制度。

第五十八条　申请或者已获得社会救助的家庭，应当按照规定如实申报家庭收入状况、财产状况。

县级以上人民政府民政部门根据申请或者已获得社会救助家庭的请求、委托，可以通过户籍管理、税务、社会保险、不动产登记、工商登记、住房公积金管理、车船管理等单位和银行、保险、证券等金融机构，代为查询、核对其家庭收入状况、财产状况；有关单位和金融机构应当予以配合。

县级以上人民政府民政部门应当建立申请和已获得社会救助家庭经济状况信息核对平台，为审核认定社会救助对象提供依据。

第五十九条　县级以上人民政府社会救助管理部门和乡镇人民政府、街道办事处在履行社会救助职责过程中，可以查阅、记录、复制与社会救助事项有关的资料，询问与社会救助事项有关的单位、个人，要求其对相关情况作出说明，提供相关证明材料。有关单位、个人应当如实提供。

第六十条　申请社会救助，应当按照本办法的规定提出；申请人难以确定社会救助管理部门的，可以先向社会救助经办机构或者县级人民政府民政部门求助。社会救助经办机构或者县级人民政府民政部门接到求助后，应当及时办理或者转交其他社会救助管理部门办理。

乡镇人民政府、街道办事处应当建立统一受理社会救助申请的窗口，及时受理、转办申请事项。

第六十一条　履行社会救助职责的工作人员对在社会救助工作中知悉的公民个人信息，除按照规定应当公示的信息外，应当予以保密。

第六十二条 县级以上人民政府及其社会救助管理部门应当通过报刊、广播、电视、互联网等媒体，宣传社会救助法律、法规和政策。

县级人民政府及其社会救助管理部门应当通过公共查阅室、资料索取点、信息公告栏等便于公众知晓的途径，及时公开社会救助资金、物资的管理和使用等情况，接受社会监督。

第六十三条 履行社会救助职责的工作人员行使职权，应当接受社会监督。

任何单位、个人有权对履行社会救助职责的工作人员在社会救助工作中的违法行为进行举报、投诉。受理举报、投诉的机关应当及时核实、处理。

第六十四条 县级以上人民政府财政部门、审计机关依法对社会救助资金、物资的筹集、分配、管理和使用实施监督。

第六十五条 申请或者已获得社会救助的家庭或者人员，对社会救助管理部门作出的具体行政行为不服的，可以依法申请行政复议或者提起行政诉讼。

第十二章 法律责任

第六十六条 违反本办法规定，有下列情形之一的，由上级行政机关或者监察机关责令改正；对直接负责的主管人员和其他直接责任人员依法给予处分：

（一）对符合申请条件的救助申请不予受理的；

（二）对符合救助条件的救助申请不予批准的；

（三）对不符合救助条件的救助申请予以批准的；

（四）泄露在工作中知悉的公民个人信息，造成后果的；

（五）丢失、篡改接受社会救助款物、服务记录等数据的；

（六）不按照规定发放社会救助资金、物资或者提供相关服务的；

（七）在履行社会救助职责过程中有其他滥用职权、玩忽职守、徇私舞弊行为的。

第六十七条 违反本办法规定，截留、挤占、挪用、私分社会救助资金、物资的，由有关部门责令追回；有违法所得的，没收违法所得；对直接负责的主管人员和其他直接责任人员依法给予处分。

第六十八条 采取虚报、隐瞒、伪造等手段，骗取社会救助资金、物资或者服务的，由有关部门决定停止社会救助，责令退回非法获取的救助资金、物资，可以处非法获取的救助款额或者物资价值1倍以上3倍以下的罚款；构成违反治安管理行为的，依法给予治安管理处罚。

第六十九条 违反本办法规定，构成犯罪的，依法追究刑事责任。

第十三章 附 则

第七十条 本办法自2014年5月1日起施行。

城市居民最低生活保障条例

（1999年9月23日国务院第21次常务会议通过 1999年9月28日中华人民共和国国务院令第271号发布 自1999年10月1日起施行）

第一条 为了规范城市居民最低生活保障制度，保障城市居民基本生活，制定本条例。

第二条 持有非农业户口的城市居民，凡共同生活的家庭成员人均收入低于当地城市居民最低生活保障标准的，均有从当地人民政府获得基本生活物质帮助的权利。

前款所称收入，是指共同生活的家庭成员的全部货币收入和实物收入，包括法定赡养人、扶养人或者抚养人应当给付的赡养费、扶养费或者抚养费，不包括优抚对象按照国家规定享受的抚恤金、补助金。

第三条 城市居民最低生活保障制度遵循保障城市居民基本生活的原则，坚持国家保障与社会帮扶相结合、鼓励劳动自救的方针。

第四条 城市居民最低生活保障制度实行地方各级人民政府负责制。县级以上地方各级人民政府民政部门具体负责本行政区域内城市居民最低生活保障的管理工作；财政部门按照规定落实城市居民最低生活保障资金；统计、物价、审计、劳动保障和人事等部门分工负责，在各自的职责范围内负责城市居民最低生活保障的有关工作。

县级人民政府民政部门以及街道办事处和镇人民政府（以下统称管理审批机关）负责城市居民最低生活保障的具体管理审批工作。

居民委员会根据管理审批机关的委托，可以承担城市居民最低生活保障的日常管理、服务工作。

国务院民政部门负责全国城市居民最低生活保障的管理工作。

第五条 城市居民最低生活保障所需资金，由地方人民政府列入财政预算，纳入社会救济专项资金支出项目，专项管理，专款专用。

国家鼓励社会组织和个人为城市居民最低生活保障提供捐赠、资助；所提供的捐赠资助，全部纳入当地城市居民最低生活保障资金。

第六条 城市居民最低生活保障标准，按照当地维持城市居民基本生活所必需的衣、食、住费用，并适当考虑水电燃煤（燃气）费用以及未成年人的义务教育费用确定。

直辖市、设区的市的城市居民最低生活保障标准，由市人民政府民政部门会同财政、统计、物价等部门制定，报本级人民政府批准并公布执行；县（县级市）的城市居民最低生活保障标准，由县（县级市）人民政府民政部门会同财政、统计、物价等部门制定，报本级人民政府批准并报上一级人民政府备案后公布执行。

城市居民最低生活保障标准需要提高时，依照前两款的规定重新核定。

第七条 申请享受城市居民最低生活保障待遇，由户主向户籍所在地的街道办事处或者镇人民政府提出书面申请，并出具有关证明材料，填写《城市居民最低生活保障待遇审批表》。城市居民最低生活保障待遇，由其所在地的街道办事处或者镇人民政府初审，并将有关材料和初审意见报送县级人民政府民政部门审批。

管理审批机关为审批城市居民最低生活保障待遇的需要，可以通过入户调查、邻里访问以及信函索证等方式对申请人的家庭经济状况和实际生活水平进行调查核实。申请人及有关单位、组织或者个人应当接受调查，如实提供有关情况。

第八条 县级人民政府民政部门经审查，对符合享受城市居民最低生活保障待遇条件的家庭，应当区分下列不同情况批准其享受城市居民最低生活保障待遇：

（一）对无生活来源、无劳动能力又无法定赡养人、扶养人或者抚养人的城市居民，批准其按照当地城市居民最低生活保障标准全额享受；

（二）对尚有一定收入的城市居民，批准其按照家庭人均收入低于当地城市居民最低生活保障标准的差额享受。

县级人民政府民政部门经审查，对不符合享受城市居民最低生活保障待遇条件的，应当书面通知申请人，并说明理由。

管理审批机关应当自接到申请人提出申请之日起的30日内办结审批手续。

城市居民最低生活保障待遇由管理审批机关以货币形式按月发放；必要时，也可以给付实物。

第九条 对经批准享受城市居民最低生活保障待遇的城市居民，由管理审批机关采取适当形式以户为单位予以公布，接受群众监督。任何人对不符合法定条件而享受城市居民最低生活保障待遇的，都有权向管理审批机关提出意见；管理审批机关经核查，对情况属实的，应当予以纠正。

第十条 享受城市居民最低生活保障待遇的城市居民家庭人均收入情况发生变化的，应当及时通过居民委员会告知管理审批机关，办理停发、减发或者增发城市居民最低生活保障待遇的手续。

管理审批机关应当对享受城市居民最低生活保障待遇的城市居民的家庭收入情况定期进行核查。

在就业年龄内有劳动能力但尚未就业的城市居民，在享受城市居民最低生活保障待遇期间，应当参加其所在的居民委员会组织的公益性社区服务劳动。

第十一条 地方各级人民政府及其有关部门，应当对享受城市居民最低生活保障待遇的城市居民在就业、从事个体经营等方面给予必要的扶持和照顾。

第十二条 财政部门、审计部门依法监督城市居民最低生活保障资金的使用情况。

第十三条 从事城市居民最低生活保障管理审批工作的人员有下列行为之一的，给予批评教育，依法给予行政处分；构成犯罪的，依法追究刑事责任：

（一）对符合享受城市居民最低生活保障待遇条件的家庭拒不

签署同意享受城市居民最低生活保障待遇意见的，或者对不符合享受城市居民最低生活保障待遇条件的家庭故意签署同意享受城市居民最低生活保障待遇意见的；

（二）玩忽职守、徇私舞弊，或者贪污、挪用、扣压、拖欠城市居民最低生活保障款物的。

第十四条 享受城市居民最低生活保障待遇的城市居民有下列行为之一的，由县级人民政府民政部门给予批评教育或者警告，追回其冒领的城市居民最低生活保障款物；情节恶劣的，处冒领金额1倍以上3倍以下的罚款：

（一）采取虚报、隐瞒、伪造等手段，骗取享受城市居民最低生活保障待遇的；

（二）在享受城市居民最低生活保障待遇期间家庭收入情况好转，不按规定告知管理审批机关，继续享受城市居民最低生活保障待遇的。

第十五条 城市居民对县级人民政府民政部门作出的不批准享受城市居民最低生活保障待遇或者减发、停发城市居民最低生活保障款物的决定或者给予的行政处罚不服的，可以依法申请行政复议；对复议决定仍不服的，可以依法提起行政诉讼。

第十六条 省、自治区、直辖市人民政府可以根据本条例，结合本行政区域城市居民最低生活保障工作的实际情况，规定实施的办法和步骤。

第十七条 本条例自1999年10月1日起施行。

城市生活无着的流浪乞讨人员救助管理办法

（2003年6月18日国务院第12次常务会议通过 2003年6月20日中华人民共和国国务院令第381号公布 自2003年8月1日起施行）

第一条 为了对在城市生活无着的流浪、乞讨人员（以下简称流浪乞讨人员）实行救助，保障其基本生活权益，完善社会救助制度，制定本办法。

第二条 县级以上城市人民政府应当根据需要设立流浪乞讨人员救助站。救助站对流浪乞讨人员的救助是一项临时性社会救助措施。

第三条 县级以上城市人民政府应当采取积极措施及时救助流浪乞讨人员，并应当将救助工作所需经费列入财政预算，予以保障。

国家鼓励、支持社会组织和个人救助流浪乞讨人员。

第四条 县级以上人民政府民政部门负责流浪乞讨人员的救助工作，并对救助站进行指导、监督。

公安、卫生、交通、铁道、城管等部门应当在各自的职责范围内做好相关工作。

第五条 公安机关和其他有关行政机关的工作人员在执行职务时发现流浪乞讨人员的，应当告知其向救助站求助；对其中的残疾人、未成年人、老年人和行动不便的其他人员，还应当引导、护送到救助站。

第六条 向救助站求助的流浪乞讨人员，应当如实提供本人的姓名等基本情况并将随身携带物品在救助站登记，向救助站提出求助需求。

救助站对属于救助对象的求助人员，应当及时提供救助，不得拒绝；对不属于救助对象的求助人员，应当说明不予救助的理由。

第七条 救助站应当根据受助人员的需要提供下列救助：

（一）提供符合食品卫生要求的食物；

（二）提供符合基本条件的住处；

（三）对在站内突发急病的，及时送医院救治；

（四）帮助与其亲属或者所在单位联系；

（五）对没有交通费返回其住所地或者所在单位的，提供乘车凭证。

第八条 救助站为受助人员提供的住处，应当按性别分室住宿，女性受助人员应当由女性工作人员管理。

第九条 救助站应当保障受助人员在站内的人身安全和随身携带物品的安全，维护站内秩序。

第十条 救助站不得向受助人员、其亲属或者所在单位收取费用，不得以任何借口组织受助人员从事生产劳动。

第十一条 救助站应当劝导受助人员返回其住所地或者所在单位，不得限制受助人员离开救助站。救助站对受助的残疾人、未成年人、老年人应当给予照顾；对查明住址的，及时通知其亲属或者所在单位领回；对无家可归的，由其户籍所在地人民政府妥善安置。

第十二条 受助人员住所地的县级人民政府应当采取措施，帮助受助人员解决生产、生活困难，教育遗弃残疾人、未成年人、老年人的近亲属或者其他监护人履行抚养、赡养义务。

第十三条 救助站应当建立、健全站内管理的各项制度，实行规范化管理。

第十四条 县级以上人民政府民政部门应当加强对救助站工

作人员的教育、培训和监督。

救助站工作人员应当自觉遵守国家的法律法规、政策和有关规章制度，不准拘禁或者变相拘禁受助人员；不准打骂、体罚、虐待受助人员或者唆使他人打骂、体罚、虐待受助人员；不准敲诈、勒索、侵吞受助人员的财物；不准克扣受助人员的生活供应品；不准扣压受助人员的证件、申诉控告材料；不准任用受助人员担任管理工作；不准使用受助人员为工作人员干私活；不准调戏妇女。

违反前款规定，构成犯罪的，依法追究刑事责任；尚不构成犯罪的，依法给予纪律处分。

第十五条 救助站不履行救助职责的，求助人员可以向当地民政部门举报；民政部门经查证属实的，应当责令救助站及时提供救助，并对直接责任人员依法给予纪律处分。

第十六条 受助人员应当遵守法律法规。受助人员违反法律法规的，应当依法处理。

受助人员应当遵守救助站的各项规章制度。

第十七条 本办法的实施细则由国务院民政部门制定。

第十八条 本办法自2003年8月1日起施行。1982年5月12日国务院发布的《城市流浪乞讨人员收容遣送办法》同时废止。

农村五保供养工作条例

（2006年1月11日国务院第121次常务会议通过 2006年1月21日中华人民共和国国务院令第456号公布 自2006年3月1日起施行）

第一章 总 则

第一条 为了做好农村五保供养工作，保障农村五保供养对象的正常生活，促进农村社会保障制度的发展，制定本条例。

第二条 本条例所称农村五保供养，是指依照本条例规定，在吃、穿、住、医、葬方面给予村民的生活照顾和物质帮助。

第三条 国务院民政部门主管全国的农村五保供养工作；县级以上地方各级人民政府民政部门主管本行政区域内的农村五保供养工作。

乡、民族乡、镇人民政府管理本行政区域内的农村五保供养工作。

村民委员会协助乡、民族乡、镇人民政府开展农村五保供养工作。

第四条 国家鼓励社会组织和个人为农村五保供养对象和农村五保供养工作提供捐助和服务。

第五条 国家对在农村五保供养工作中做出显著成绩的单位和个人，给予表彰和奖励。

第二章 供养对象

第六条 老年、残疾或者未满 16 周岁的村民，无劳动能力、无生活来源又无法定赡养、抚养、扶养义务人，或者其法定赡养、抚养、扶养义务人无赡养、抚养、扶养能力的，享受农村五保供养待遇。

第七条 享受农村五保供养待遇，应当由村民本人向村民委员会提出申请；因年幼或者智力残疾无法表达意愿的，由村民小组或者其他村民代为提出申请。经村民委员会民主评议，对符合本条例第六条规定条件的，在本村范围内公告；无重大异议的，由村民委员会将评议意见和有关材料报送乡、民族乡、镇人民政府审核。

乡、民族乡、镇人民政府应当自收到评议意见之日起 20 日内提出审核意见，并将审核意见和有关材料报送县级人民政府民政部门审批。县级人民政府民政部门应当自收到审核意见和有关材料之日起20日内作出审批决定。对批准给予农村五保供养待遇的，发给《农村五保供养证书》；对不符合条件不予批准的，应当书面说明理由。

乡、民族乡、镇人民政府应当对申请人的家庭状况和经济条件进行调查核实；必要时，县级人民政府民政部门可以进行复核。申请人、有关组织或者个人应当配合、接受调查，如实提供有关情况。

第八条 农村五保供养对象不再符合本条例第六条规定条件的，村民委员会或者敬老院等农村五保供养服务机构（以下简称农村五保供养服务机构）应当向乡、民族乡、镇人民政府报告，由乡、民族乡、镇人民政府审核并报县级人民政府民政部门核准后，核销其《农村五保供养证书》。

农村五保供养对象死亡，丧葬事宜办理完毕后，村民委员会或者农村五保供养服务机构应当向乡、民族乡、镇人民政府报告，由乡、民族乡、镇人民政府报县级人民政府民政部门核准后，核销其《农村五保供养证书》。

第三章 供养内容

第九条 农村五保供养包括下列供养内容：

（一）供给粮油、副食品和生活用燃料；

（二）供给服装、被褥等生活用品和零用钱；

（三）提供符合基本居住条件的住房；

（四）提供疾病治疗，对生活不能自理的给予照料；

（五）办理丧葬事宜。

农村五保供养对象未满16周岁或者已满16周岁仍在接受义务

教育的，应当保障他们依法接受义务教育所需费用。

农村五保供养对象的疾病治疗，应当与当地农村合作医疗和农村医疗救助制度相衔接。

第十条 农村五保供养标准不得低于当地村民的平均生活水平，并根据当地村民平均生活水平的提高适时调整。

农村五保供养标准，可以由省、自治区、直辖市人民政府制定，在本行政区域内公布执行，也可以由设区的市级或者县级人民政府制定，报所在的省、自治区、直辖市人民政府备案后公布执行。

国务院民政部门、国务院财政部门应当加强对农村五保供养标准制定工作的指导。

第十一条 农村五保供养资金，在地方人民政府财政预算中安排。有农村集体经营等收入的地方，可以从农村集体经营等收入中安排资金，用于补助和改善农村五保供养对象的生活。农村五保供养对象将承包土地交由他人代耕的，其收益归该农村五保供养对象所有。具体办法由省、自治区、直辖市人民政府规定。

中央财政对财政困难地区的农村五保供养，在资金上给予适当补助。

农村五保供养资金，应当专门用于农村五保供养对象的生活，任何组织或者个人不得贪污、挪用、截留或者私分。

第四章 供养形式

第十二条 农村五保供养对象可以在当地的农村五保供养服务机构集中供养，也可以在家分散供养。农村五保供养对象可以自行选择供养形式。

第十三条 集中供养的农村五保供养对象，由农村五保供养服务机构提供供养服务；分散供养的农村五保供养对象，可以由村民委员会提供照料，也可以由农村五保供养服务机构提供有关供养服务。

第十四条 各级人民政府应当把农村五保供养服务机构建设纳入经济社会发展规划。

县级人民政府和乡、民族乡、镇人民政府应当为农村五保供养服务机构提供必要的设备、管理资金，并配备必要的工作人员。

第十五条 农村五保供养服务机构应当建立健全内部民主管理和服务管理制度。

农村五保供养服务机构工作人员应当经过必要的培训。

第十六条 农村五保供养服务机构可以开展以改善农村五保供养对象生活条件为目的的农副业生产。地方各级人民政府及其有关部门应当对农村五保供养服务机构开展农副业生产给予必要的扶持。

第十七条 乡、民族乡、镇人民政府应当与村民委员会或者农村五保供养服务机构签订供养服务协议，保证农村五保供养对象享受符合要求的供养。

村民委员会可以委托村民对分散供养的农村五保供养对象提供照料。

第五章 监督管理

第十八条 县级以上人民政府应当依法加强对农村五保供养工作的监督管理。县级以上地方各级人民政府民政部门和乡、民族乡、镇人民政府应当制定农村五保供养工作的管理制度，并负责督促实施。

第十九条 财政部门应当按时足额拨付农村五保供养资金，确保资金到位，并加强对资金使用情况的监督管理。

审计机关应当依法加强对农村五保供养资金使用情况的审计。

第二十条　农村五保供养待遇的申请条件、程序、民主评议情况以及农村五保供养的标准和资金使用情况等，应当向社会公告，接受社会监督。

第二十一条　农村五保供养服务机构应当遵守治安、消防、卫生、财务会计等方面的法律、法规和国家有关规定，向农村五保供养对象提供符合要求的供养服务，并接受地方人民政府及其有关部门的监督管理。

第六章　法律责任

第二十二条　违反本条例规定，有关行政机关及其工作人员有下列行为之一的，对直接负责的主管人员以及其他直接责任人员依法给予行政处分；构成犯罪的，依法追究刑事责任：

（一）对符合农村五保供养条件的村民不予批准享受农村五保供养待遇的，或者对不符合农村五保供养条件的村民批准其享受农村五保供养待遇的；

（二）贪污、挪用、截留、私分农村五保供养款物的；

（三）有其他滥用职权、玩忽职守、徇私舞弊行为的。

第二十三条　违反本条例规定，村民委员会组成人员贪污、挪用、截留农村五保供养款物的，依法予以罢免；构成犯罪的，依法追究刑事责任。

违反本条例规定，农村五保供养服务机构工作人员私分、挪用、截留农村五保供养款物的，予以辞退；构成犯罪的，依法追究刑事责任。

第二十四条　违反本条例规定，村民委员会或者农村五保供养服务机构对农村五保供养对象提供的供养服务不符合要求的，由乡、民族乡、镇人民政府责令限期改正；逾期不改正的，乡、民族乡、镇人民政府有权终止供养服务协议；造成损失的，依法承担赔偿责任。

第七章　附　　则

第二十五条　《农村五保供养证书》由国务院民政部门规定式样，由省、自治区、直辖市人民政府民政部门监制。

第二十六条　本条例自2006年3月1日起施行。1994年1月23日国务院发布的《农村五保供养工作条例》同时废止。

自然灾害救助条例

（2010年6月30日国务院第117次常务会议通过　2010年7月8日中华人民共和国国务院令第577号公布　自2010年9月1日起施行）

第一章　总　　则

第一条　为了规范自然灾害救助工作，保障受灾人员基本生活，制定本条例。

第二条　自然灾害救助工作遵循以人为本、政府主导、分级管理、社会互助、灾民自救的原则。

第三条　自然灾害救助工作实行各级人民政府行政领导负责制。

国家减灾委员会负责组织、领导全国的自然灾害救助工作，协调开展重大自然灾害救助活动。国务院民政部门负责全国的自然灾害救助工作，承担国家减灾委员会的具体工作。国务院有关部门按照各自职责做好全国的自然灾害救助相关工作。

县级以上地方人民政府或者人民政府的自然灾害救助应急综合协调机构，组织、协调本行政区域的自然灾害救助工作。县级以上地方人民政府民政部门负责本行政区域的自然灾害救助工作。县级以上地方人民政府有关部门按照各自职责做好本行政区域的自然灾害救助相关工作。

第四条 县级以上人民政府应当将自然灾害救助工作纳入国民经济和社会发展规划，建立健全与自然灾害救助需求相适应的资金、物资保障机制，将人民政府安排的自然灾害救助资金和自然灾害救助工作经费纳入财政预算。

第五条 村民委员会、居民委员会以及红十字会、慈善会和公募基金会等社会组织，依法协助人民政府开展自然灾害救助工作。

国家鼓励和引导单位和个人参与自然灾害救助捐赠、志愿服务等活动。

第六条 各级人民政府应当加强防灾减灾宣传教育，提高公民的防灾避险意识和自救互救能力。

村民委员会、居民委员会、企业事业单位应当根据所在地人民政府的要求，结合各自的实际情况，开展防灾减灾应急知识的宣传普及活动。

第七条 对在自然灾害救助中作出突出贡献的单位和个人，按照国家有关规定给予表彰和奖励。

第二章 救助准备

第八条 县级以上地方人民政府及其有关部门应当根据有关法律、法规、规章，上级人民政府及其有关部门的应急预案以及本行政区域的自然灾害风险调查情况，制定相应的自然灾害救助应急预案。

自然灾害救助应急预案应当包括下列内容：

（一）自然灾害救助应急组织指挥体系及其职责；

（二）自然灾害救助应急队伍；

（三）自然灾害救助应急资金、物资、设备；

（四）自然灾害的预警预报和灾情信息的报告、处理；

（五）自然灾害救助应急响应的等级和相应措施；

（六）灾后应急救助和居民住房恢复重建措施。

第九条 县级以上人民政府应当建立健全自然灾害救助应急指挥技术支撑系统，并为自然灾害救助工作提供必要的交通、通信等装备。

第十条 国家建立自然灾害救助物资储备制度，由国务院民政部门分别会同国务院财政部门、发展改革部门制定全国自然灾害救助物资储备规划和储备库规划，并组织实施。

设区的市级以上人民政府和自然灾害多发、易发地区的县级人民政府应当根据自然灾害特点、居民人口数量和分布等情况，按照布局合理、规模适度的原则，设立自然灾害救助物资储备库。

第十一条 县级以上地方人民政府应当根据当地居民人口数量和分布等情况，利用公园、广场、体育场馆等公共设施，统筹规划设立应急避难场所，并设置明显标志。

启动自然灾害预警响应或者应急响应，需要告知居民前往应急避难场所的，县级以上地方人民政府或者人民政府的自然灾害救助应急综合协调机构应当通过广播、电视、手机短信、电子显示屏、互联网等方式，及时公告应急避难场所的具体地址和到达路径。

第十二条 县级以上地方人民政府应当加强自然灾害救助人员的队伍建设和业务培训，村民委员会、居民委员会和企业事业单位应当设立专职或者兼职的自然灾害信息员。

第三章 应急救助

第十三条 县级以上人民政府或者人民政府的自然灾害救助应急综合协调机构应当根据自然灾害预警预报启动预警响应，采取下列一项或者多项措施：

（一）向社会发布规避自然灾害风险的警告，宣传避险常识和技能，提示公众做好自救互救准备；

（二）开放应急避难场所，疏散、转移易受自然灾害危害的人员和财产，情况紧急时，实行有组织的避险转移；

（三）加强对易受自然灾害危害的乡村、社区以及公共场所的安全保障；

（四）责成民政等部门做好基本生活救助的准备。

第十四条 自然灾害发生并达到自然灾害救助应急预案启动条件的，县级以上人民政府或者人民政府的自然灾害救助应急综合协调机构应当及时启动自然灾害救助应急响应，采取下列一项或者多项措施：

（一）立即向社会发布政府应对措施和公众防范措施；

（二）紧急转移安置受灾人员；

（三）紧急调拨、运输自然灾害救助应急资金和物资，及时向受灾人员提供食品、饮用水、衣被、取暖、临时住所、医疗防疫等应急救助，保障受灾人员基本生活；

（四）抚慰受灾人员，处理遇难人员善后事宜；

（五）组织受灾人员开展自救互救；

（六）分析评估灾情趋势和灾区需求，采取相应的自然灾害救助措施；

（七）组织自然灾害救助捐赠活动。

对应急救助物资，各交通运输主管部门应当组织优先运输。

第十五条 在自然灾害救助应急期间，县级以上地方人民政府或者人民政府的自然灾害救助应急综合协调机构可以在本行政区域内紧急征用物资、设备、交通运输工具和场地，自然灾害救助应急工作结束后应当及时归还，并按照国家有关规定给予补偿。

第十六条 自然灾害造成人员伤亡或者较大财产损失的，受灾地区县级人民政府民政部门应当立即向本级人民政府和上一级人民政府民政部门报告。

自然灾害造成特别重大或者重大人员伤亡、财产损失的，受灾地区县级人民政府民政部门应当按照有关法律、行政法规和国务院应急预案规定的程序及时报告，必要时可以直接报告国务院。

第十七条 灾情稳定前，受灾地区人民政府民政部门应当每日逐级上报自然灾害造成的人员伤亡、财产损失和自然灾害救助工作动态等情况，并及时向社会发布。

灾情稳定后，受灾地区县级以上人民政府或者人民政府的自然灾害救助应急综合协调机构应当评估、核定并发布自然灾害损失情况。

第四章 灾后救助

第十八条 受灾地区人民政府应当在确保安全的前提下，采取就地安置与异地安置、政府安置与自行安置相结合的方式，对受灾人员进行过渡性安置。

就地安置应当选择在交通便利、便于恢复生产和生活的地点，并避开可能发生次生自然灾害的区域，尽量不占用或者少占用耕地。

受灾地区人民政府应当鼓励并组织受灾群众自救互救，恢复重建。

第十九条 自然灾害危险消除后，受灾地区人民政府应当统筹研究制订居民住房恢复重建规划和优惠政策，组织重建或者修缮因灾损毁的居民住房，对恢复重建确有困难的家庭予以重点帮扶。

居民住房恢复重建应当因地制宜、经济实用，确保房屋建设质量符合防灾减灾要求。

受灾地区人民政府民政等部门应当向经审核确认的居民住房恢复重建补助对象发放补助资金和物资，住房城乡建设等部门应当为受灾人员重建或者修缮因灾损毁的居民住房提供必要的技术支持。

第二十条 居民住房恢复重建补助对象由受灾人员本人申请或者由村民小组、居民小组提名。经村民委员会、居民委员会民主评议，符合救助条件的，在自然村、社区范围内公示；无异议或者经村民委员会、居民委员会民主评议异议不成立的，由村民委员会、居民委员会将评议意见和有关材料提交乡镇人民政府、街道办事处审核，报县级人民政府民政等部门审批。

第二十一条 自然灾害发生后的当年冬季、次年春季，受灾地区人民政府应当为生活困难的受灾人员提供基本生活救助。

受灾地区县级人民政府民政部门应当在每年10月底前统计、评估本行政区域受灾人员当年冬季、次年春季的基本生活困难和需求，核实救助对象，编制工作台账，制定救助工作方案，经本级人民政府批准后组织实施，并报上一级人民政府民政部门备案。

第五章 救助款物管理

第二十二条 县级以上人民政府财政部门、民政部门负责自然灾害救助资金的分配、管理并监督使用情况。

县级以上人民政府民政部门负责调拨、分配、管理自然灾害救助物资。

第二十三条 人民政府采购用于自然灾害救助准备和灾后恢复重建的货物、工程和服务，依照有关政府采购和招标投标的法律规定组织实施。自然灾害应急救助和灾后恢复重建中涉及紧急抢救、紧急转移安置和临时性救助的紧急采购活动，按照国家有关规定执行。

第二十四条 自然灾害救助款物专款（物）专用，无偿使用。

定向捐赠的款物，应当按照捐赠人的意愿使用。政府部门接受的捐赠人无指定意向的款物，由县级以上人民政府民政部门统筹安排用于自然灾害救助；社会组织接受的捐赠人无指定意向的款物，由社会组织按照有关规定用于自然灾害救助。

第二十五条 自然灾害救助款物应当用于受灾人员的紧急转移安置，基本生活救助，医疗救助，教育、医疗等公共服务设施和住房的恢复重建，自然灾害救助物资的采购、储存和运输，以及因灾遇难人员亲属的抚慰等项支出。

第二十六条 受灾地区人民政府民政、财政等部门和有关社会组织应当通过报刊、广播、电视、互联网，主动向社会公开所接受的自然灾害救助款物和捐赠款物的来源、数量及其使用情况。

受灾地区村民委员会、居民委员会应当公布救助对象及其接受救助款物数额和使用情况。

第二十七条 各级人民政府应当建立健全自然灾害救助款物和捐赠款物的监督检查制度，并及时受理投诉和举报。

第二十八条 县级以上人民政府监察机关、审计机关应当依法对自然灾害救助款物和捐赠款物的管理使用情况进行监督检查，民政、财政等部门和有关社会组织应当予以配合。

第六章 法律责任

第二十九条 行政机关工作人员违反本条例规定，有下列行为之一的，由任免机关或者监察机关依照法律法规给予处分；构成犯罪的，依法追究刑事责任：

（一）迟报、谎报、瞒报自然灾害损失情况，造成后果的；

（二）未及时组织受灾人员转移安置，或者在提供基本生活救助、组织恢复重建过程中工作不力，造成后果的；

（三）截留、挪用、私分自然灾害救助款物或者捐赠款物的；

（四）不及时归还征用的财产，或者不按照规定给予补偿的；

（五）有滥用职权、玩忽职守、徇私舞弊的其他行为的。

第三十条 采取虚报、隐瞒、伪造等手段，骗取自然灾害救助款物或者捐赠款物的，由县级以上人民政府民政部门责令限期退回违法所得的款物；构成犯罪的，依法追究刑事责任。

第三十一条 抢夺或者聚众哄抢自然灾害救助款物或者捐赠款物的，由县级以上人民政府民政部门责令停止违法行为；构成违反治安管理行为的，由公安机关依法给予治安管理处罚；构成犯罪的，依法追究刑事责任。

第三十二条 以暴力、威胁方法阻碍自然灾害救助工作人员依法执行职务，构成违反治安管理行为的，由公安机关依法给予治安管理处罚；构成犯罪的，依法追究刑事责任。

第七章 附 则

第三十三条 发生事故灾难、公共卫生事件、社会安全事件等突发事件，需要由县级以上人民政府民政部门开展生活救助的，参照本条例执行。

第三十四条 法律、行政法规对防灾、抗灾、救灾另有规定的，从其规定。

第三十五条 本条例自2010年9月1日起施行。

国务院办公厅关于加强和改进流浪未成年人救助保护工作的意见

（2011年8月15日 国办发〔2011〕39号）

各省、自治区、直辖市人民政府，国务院各部委、各直属机构：

党中央、国务院高度重视未成年人权益保护工作，近年来国家出台了一系列法律法规和政策，未成年人权益保护工作取得了积极成效。但受人口流动加速、一些家庭监护缺失和社会不良因素影响，未成年人流浪现象仍然存在，甚至出现胁迫、诱骗、利用未成年人乞讨和实施违法犯罪活动等问题，严重侵害了未成年人合法权益，妨害了未成年人健康成长。为进一步完善流浪未成年人救助保护体系，切实加强和改进流浪未成年人救助保护工作，经国务院同意，现提出如下意见：

一、充分认识流浪未成年人救助保护工作的重要意义

做好流浪未成年人救助保护工作，关系到未成年人的健康成长，关系到社会和谐安定，关系到以人为本执政理念的落实。及时有效救助保护流浪未成年人，是各级政府的重要职责，是维护未成年人合法权益的重要内容，是预防未成年人违法犯罪的重要举措，是加强和创新社会管理的重要方面，是社会文明进步的重要体现。各地区、各有关部门要充分认识加强和改进流浪未成年人救助保护工作的重要性和紧迫性，进一步统一思想，提高认识，认真落实《中华人民共和国未成年人保护法》、《中华人民共和国预防未成年人犯罪法》和《中华人民共和国义务教育法》等法律法规，不断完善政策措施，提升救助保护水平，维护好流浪未成年人的合法权益。

二、流浪未成年人救助保护工作的总体要求和基本原则

（一）总体要求。牢固树立以人为本、执政为民的理念，贯彻预防为主、标本兼治的方针，健全机制，完善政策，落实责任，加快推进流浪未成年人救助保护体系建设，确保流浪未成年人得到及时救助保护、教育矫治、回归家庭和妥善安置，最大限度减少未成年人流浪现象，坚决杜绝胁迫、诱骗、利用未成年人乞讨等违法犯罪行为。

（二）基本原则。

坚持未成年人权益保护优先。把未成年人权益保护和健康成长作为首要任务，加强对家庭监护的指导和监督，及时救助流浪未成年人，严厉打击胁迫、诱骗、利用未成年人乞讨等违法犯罪行为，切实保障未成年人的生存权、发展权、参与权、受保护权。

坚持救助保护和教育矫治并重。积极主动救助流浪未成年人，保障其生活、维护其权益；同时加强流浪未成年人思想、道德、文化和法制教育，强化心理疏导和行为矫治，帮助其顺利回归家庭。

坚持源头预防和综合治理。综合运用经济、行政、司法等手段，落实义务教育、社会保障和扶贫开发等政策，强化家庭、学校、社会共同责任，不断净化社会环境，防止未成年人外出流浪。

坚持政府主导和社会参与。落实政府责任，加大政府投入，加强各方协作，充分发挥基层组织作用，调动社会各方面参与流浪未成年人救助保护的积极性，形成救助保护工作的合力。

三、加强和改进流浪未成年人救助保护工作的政策措施

（一）*实行更加积极主动的救助保护。*公安机关发现流浪乞讨的未成年人，应当护送到救助保护机构接受救助。其中由成年人携带流浪乞讨的，应当进行调查、甄别，对有胁迫、诱骗、利用未成年人乞讨等违法犯罪嫌疑的，要依法查处；对由父母或其他监护人携带流浪乞讨的，应当批评、教育并引导护送到救助保护机构接受救助，无力自行返乡的由救助保护机构接送返乡，公安机关予以协助配合。民政部门要积极开展主动救助，引导护送流浪未成年人到救助保护机构接受救助。城管部门发现流浪未成年人，应当告知并协助公安或民政部门将其护送到救助保护机构接受救助。对突发急病的流浪未成年人，公安机关和民政、城管部门应当直接护送到定点医院进行救治。

充分发挥村（居）民委员会等基层组织作用，组织和动员居民提供线索，劝告、引导流浪未成年人向公安机关、救助保护机构求助，或及时向公安机关报警。

（二）*加大打击拐卖未成年人犯罪力度。*公安机关要严厉打击拐卖未成年人犯罪，对来历不明的流浪乞讨和被强迫从事违法犯罪活动的未成年人，要一律采集生物检材，检验后录入全国打拐DNA（脱氧核糖核酸）信息库比对，及时发现、解救失踪被拐未成年人。加强接处警工作，凡接到涉及未成年人失踪被拐报警的，公安机关要立即出警处置，认真核查甄别，打击违法犯罪活动。强化立案工作，实行未成年人失踪快速查找机制，充分调动警务资源，第一时间组织查找。建立跨部门、跨警种、跨地区打击拐卖犯罪工作机制。民政等有关部门要协助公安机关做好被拐未成年人的调查、取证和解救工作。

（三）帮助流浪未成年人及时回归家庭。救助保护机构和公安机关要综合运用救助保护信息系统、公安人口管理信息系统、全国打拐DNA（脱氧核糖核酸）信息库和向社会发布寻亲公告等方式，及时查找流浪未成年人父母或其他监护人。

对查找到父母或其他监护人的流浪未成年人，救助保护机构要及时安排接送返乡，交通运输、铁道等部门要在购票、进出站、乘车等方面积极协助。流出地救助保护机构应当通知返乡流浪未成年人或其监护人常住户口所在地的乡镇人民政府（街道办事处）做好救助保护和帮扶工作。流出地救助保护机构要对流浪未成年人的家庭监护情况进行调查评估：对确无监护能力的，由救助保护机构协助监护人及时委托其他人员代为监护；对拒不履行监护责任、经反复教育不改的，由救助保护机构向人民法院提出申请撤销其监护人资格，依法另行指定监护人。

对暂时查找不到父母或其他监护人的流浪未成年人，在继续查找的同时，要通过救助保护机构照料、社会福利机构代养、家庭寄养等多种方式予以妥善照顾。对经过2年以上仍查找不到父母或其他监护人的，公安机关要按户籍管理有关法规政策规定为其办理户口登记手续，以便于其就学、就业等正常生活。对在打拐过程中被解救且查找不到父母或其他监护人的婴幼儿，民政部门要将其安置到社会福利机构抚育，公安机关要按规定为其办理户口登记手续。

（四）做好流浪未成年人的教育矫治。救助保护机构要依法承担流浪未成年人的临时监护责任，为其提供文化和法制教育、心理辅导、行为矫治、技能培训等救助保护服务，对合法权益受到侵害的，要协助司法部门依法为其提供法律援助或司法救助。救助保护机构要在教育行政部门指导下帮助流浪未成年人接受义务教育或替代教育，对沾染不良习气的，要通过思想、道德和法制教育，矫治不良习惯，纠正行为偏差；对有严重不良行为的，按照有关规定送专门学校进行矫治和接受教育。对流浪残疾未成年人，卫生、残联等部门要指导救助保护机构对其进行心理疏导、康复训练等。

（五）强化流浪未成年人源头预防和治理。预防未成年人流浪是家庭、学校、政府和社会的共同责任，做好源头预防是解决未成年人流浪问题的治本之策。家庭是预防和制止未成年人流浪的第一责任主体，应当依法履行对未成年人的监护责任和抚养义务。有关部门和基层组织要加强对家庭履行监护责任的指导和监督，对困难家庭予以帮扶，提升家庭抚育和教育能力，帮助其解决实际困难。村（居）民委员会要建立随访制度，对父母或其他监护人不依法履行监护责任或者侵害未成年人权益的，要予以劝诫、制止；情节严重的，要报告公安机关予以训诫，责令其改正；构成违反治安管理行为的，由公安机关依法给予行政处罚。

学校是促进未成年人健康成长的重要阵地，要坚持育人为本、德育为先，加强学生思想道德教育和心理健康辅导，根据学生特点和需要，开展职业教育和技能培训，使学生掌握就业技能，实现稳定就业；对品行有缺点、学习有困难的学生，要进行重点教育帮扶；对家庭经济困难的学生，要按照有关规定给予教育资助和特别关怀。教育行政部门要建立适龄儿童辍学、失学信息通报制度，指导学校做好劝学、返学工作，乡镇人民政府（街道办事处)、村（居）民委员会要积极做好协助工作。

地方各级政府和有关部门要进一步落实义务教育、社会保障和扶贫开发等政策，充分调动社会各方面的力量，把流浪未成年人救助保护纳入重点青少年群体教育帮助工作、“春蕾计划”、“安康计划”和家庭教育工作的总体计划；将流浪残疾未成年人纳入残疾未成年人康复、教育总体安排；充分发挥志愿者、社工队伍和社会组织作用，鼓励和支持其参与流浪未成年人救助、教育、矫治等服务。

四、健全工作机制，形成救助保护工作合力

（一）加强组织领导。进一步完善政府主导、民政牵头、部门负责、社会参与的流浪未成年人救助保护工作机制。建立民政部牵头的部际联席会议制度，研究解决突出问题和困难，制定和完善相关政策措施，指导和督促地方做好工作。民政部要发挥牵头部门作用，加强组织协调，定期通报各省（区、市）流浪未成年人救助保护工作情况，建立挂牌督办和警示制度。地方各级政府要高度重视，建立由政府分管领导牵头的流浪未成年人救助保护工作机制；要建立和完善工作责任追究机制，对工作不力、未成年人流浪现象严重的地区，追究该地区相关领导的责任。

（二）完善法律法规。抓紧做好流浪乞讨人员救助管理法律法规规章修订相关工作，完善流浪未成年人救助保护制度，健全流浪未成年人救助保护、教育矫治、回归安置和源头预防等相关规定，规范救助保护工作行为，强化流浪未成年人司法救助和保护，为流浪未成年人救助保护工作提供有力的法律保障。

（三）加强能力建设。各级政府要加强流浪未成年人救助保护能力建设，进一步提高管理和服务水平。要充分发挥现有救助保护机构、各类社会福利机构的作用，不断完善救助保护设施。要加强救助保护机构工作队伍建设，合理配备人员编制，按照国家有关规定落实救助保护机构工作人员的工资倾斜政策，对救助保护机构教师按照国家有关规定开展职称评定和岗位聘用。公安机关要根据需要在救助保护机构内设立警务室或派驻民警，协助救助保护机构做好管理工作。财政部门要做好流浪乞讨人员救助资金保障工作，地方财政要建立稳定的经费保障机制，中央财政给予专项补助。

（四）加强宣传引导。进一步加大未成年人权益保护法律法规宣传力度，开展多种形式的法制宣传活动，在全社会牢固树立未成年人权益保护意识。加强舆论引导，弘扬中华民族恤孤慈幼的传统美德，鼓励社会力量通过开展慈善捐助、实施公益项目、提供志愿服务等多种方式，积极参与流浪未成年人救助保护工作，营造关心关爱流浪未成年人的良好氛围。

关于加强社会工作专业人才队伍建设的意见

（2011 年 11 月 8 日　中组发〔2011〕25 号）

为深入贯彻党的十七大精神，全面落实《中共中央关于构建社会主义和谐社会若干重大问题的决定》和《中共中央、国务院关于加强和创新社会管理的意见》要求，努力造就一支高素质的社会工作专业人才队伍，为构建社会主义和谐社会提供有力的人才支撑，现就加强社会工作专业人才队伍建设提出如下意见。

一、加强社会工作专业人才队伍建设是构建社会主义和谐社会的一项重大而紧迫的战略任务

1. 充分认识加强社会工作专业人才队伍建设的重要性和紧迫性。构建社会主义和谐社会是党中央从中国特色社会主义事业总体布局和全面建设小康社会全局出发提出的重大战略任务。实现这项战略任务，必须在经济发展基础上，加快推进以保障和改善民生为重点的社会建设，加强和创新社会管理，大力发展社会事业，培养造就一支数量充足、结构合理、素质优良的社会工作专业人才队伍。社会工作专业人才是具有一定社会工作专业知识和技能，在社会福利、社会救助、慈善事业、社区建设、婚姻家庭、精神卫生、残障康复、教育辅导、就业援助、职工帮扶、犯罪预防、禁毒戒毒、矫治帮教、人口计生、纠纷调解、应急处置等领域直接提供社会服务的专门人员。充分发挥他们在困难救助、矛盾调处、人文关怀、心理疏导、行为矫治、关系调适等个性化、多样化服务方面的专业优势，对解决社会问题、应对社会风险、促进社会和谐、推动社会发展具有重要基础性作用。

改革开放尤其是党的十六届六中全会以来，我国社会工作专业人才队伍建设取得重要成绩，社会工作专业教育初具规模，人才培养力度逐步加大，制度建设稳步推进，实践探索不断深入；社会工作专业人才在提高社会服务水平、解决群众困难、化解社会矛盾、减少不和谐因素等方面作用日益显现。但总体看，社会工作专业人才队伍发展滞后，还存在体制机制和政策制度不完善，人才数量缺口很大、能力素质不高、结构不合理等问题，与人民群众日益增长的社会服务需求不相适应，与构建社会主义和谐社会的要求相比尚有较大差距。要从深入贯彻落实科学发展观、构建社会主义和谐社会、提高党的执政能力、夯实党的执政基础的全局和战略高度，充分认识加强社会工作专业人才队伍建设的重大意义，进一步解放思想，更新观念，采取有力措施，加快推进社会工作专业人才队伍建设。

二、加强社会工作专业人才队伍建设的指导思想、工作原则和目标任务

2. 加强社会工作专业人才队伍建设的指导思想。高举中国特色社会主义伟大旗帜，以邓小平理论和“三个代表”重要思想为指导，深入贯彻落实科学发展观，立足于我国经济社会发展的客观需要，适应加强和创新社会管理的现实需求，按照实施人才强国战略的总体部署，以人才培养为基础，以人才使用为根本，以人才评价激励为重点，以政策制度建设为保障，努力建设一支高素质的社会工作专业人才队伍，为构建社会主义和谐社会和巩固党的执政基础提供有力的人才支撑。

3. 加强社会工作专业人才队伍建设的工作原则。坚持党的领导，确保社会工作专业人才队伍建设的正确政治方向；坚持政府推动，各级政府切实履行依法规范、政策引导、资金投入等方面的职责；坚持社会参与，鼓励社会组织、企事业单位和社会公众支持社会工作专业人才队伍建设；坚持突出重点，优先培养为有特殊困难的群体、家庭和个人服务的社会工作专业人才，推动各地区、各行业、各领域、各层次社会工作专业人才队伍协调发展；坚持立足基层，加强基层社会服务平台建设，引导社会服务资源向基层倾斜，鼓励社会工作专业人才到基层服务；坚持中国特色，对国（境）外社会工作专业人才队伍建设形成的优秀成果进行有益的借鉴，着力建设符合中国国情、体现时代精神、适应社会需要的社会工作专业人才队伍。

4. 加强社会工作专业人才队伍建设的目标任务。当前和今后一个时期，要大规模开展专业培训，大幅度提升现有从事社会服务人员的专业素质和职业能力，逐步扩大社会工作专业人才队伍规模；深化社会工作专业教育改革，完善社会工作专业培训体系，初步形成适合我国国情的社会工作专业人才培养模式；逐步建立社会工作专业人才培养、选拔、使用、流动、评价、激励等方面的政策法规体系；着力加强中国特色社会工作专业人才理论研究和宣传普及，提升社会工作专业人才的认知度和认可度；加大社会工作专业人才使用力度，形成各地各部门共同推进社会工作专业人才队伍建设的总体态势。到2020年，建立较为完善的社会工作专业人才队伍建设运行机制和工作格局，使社会工作专业人才队伍的数量、结构和素质能力适应构建社会主义和谐社会的需要，满足广大人民群众不断增长的服务需求。

三、大力加强社会工作专业教育培训

5. 统筹规划社会工作专业教育培训。根据社会工作专业人才队伍现状和经济社会发展趋势，研究制定社会工作专业人才教育培训规划，建立教育培训长效机制。合理配置教育培训资源，明确不同地区、不同领域、不同层次社会工作专业人才教育培训重点任务和保障措施，加快建立不同层次教育协调配套、专业培训和知识普及有机结合的社会工作专业人才培养体系。

6. 切实加强社会工作专业人才职业道德建设。以社会主义核心价值体系为基础，按照马克思主义指导思想、中国特色社会主义共同理想、以爱国主义为核心的民族精神、以改革创新为核心的时代精神和社会主义荣辱观的基本要求，研究制定社会工作专业人才职业道德守则和专业行为规范，构建中国特色的社会工作专业人才职业道德体系。积极开展社会工作专业人才队伍职业道德教育，强化社会工作专业人才的社会责任感和职业认同感。加强社会工作专业人才队伍作风建设，促使他们践行以人为本、为民解困、为民服务的工作理念，培养扎根基层、注重实践、务实进取、甘于奉献、诚信友爱的良好作风。

7. 大力开展社会工作专业培训。建立健全社会工作专业培训制度。组织实施社会工作服务人才职业能力建设工程，重点对城乡基层居（村）民自治组织、社区服务组织、公益服务类事业单位、公益慈善类社会组织、基层社会服务部门直接从事社会服务的人员进行大规模、系统化的社会工作专业知识培训，切实提高其职业素质和专业水平。实施高层次社会工作专业人才培养工程，培养一批高层次社会工作专业人才，发挥他们在社会工作专业教育、研究与督导等方面的重要作用。实施社会工作管理人才综合素质提升工程，重点加大社会福利、社会救助、社区服务、残障康复、婚姻家庭、职工帮扶等社会服务机构管理人才培养力度，提高社会工作服务管理的科学化水平。对涉及社会管理和公共服务工作的党政部门、人民团体、相关事业单位、部分执法单位的干部特别是领导干部有计划、有步骤地进行社会工作基础理论、专业知识和方法技能培训，提高其开展社会服务、管理社会事务、协调利益关系、做好群众工作、构建和谐社会的能力。对下派基层锻炼的党政部门、人民团体、相关事业单位、部分执法单位的干部和选聘到村、社区任职的大学毕业生要普及社会工作专业知识。依托有条件的高校、干部学院、科研院所、培训机构、社会服务机构开展培训工作。分领域研究、开发社会工作培训课程和教材。加大社会工作培训师资队伍建设，打造一支专兼职结合、理论与实务水平较高的培训师资队伍。制定社会工作培训质量评估政策和指标体系，加强对培训机构的评估和监督。

8. 大力发展社会工作专业教育。加强社会工作学科专业体系建设，制定科学的专业设置标准，完善社会工作专业教学规范。支持社会工作专业学士、硕士、博士学位授权点基础建设，积极推广社会工作硕士专业学位教育，促进社会工作硕士专业学位教育与社会工作专业人才职业水平考试相衔接。推动社会工作学科重点研究及人才培养基地建设。发展社会工作高等职业教育，改善职业教育结构，逐步形成完善的职业教育体系。改革、完善社会工作专业人才培养模式，提高实践教学在学校教育中的比重，健全实习督导制度，加大实践教学和实习基地建设力度。组织实施社会工作教育与研究人才培养引进工程，适应社会工作专业人才培养和专业发展需要，重点培养和引进一批高素质社会工作教育与研究人才。建立教师参与社会工作实践制度，鼓励一线优秀社会工作专业人才到高校授课。系统总结中国社会工作经验和做法，借鉴国外社会工作专业理论和方法，建构中国特色的社会工作专业理论、课程和教材体系。通过国家社科基金项目、国家软科学研究计划等，支持社会工作专业相关研究。促进社会工作学术团体和平台建设。加强对高校相关专业学生的社会工作通识教育。

四、积极推动社会工作专业岗位开发和专业人才使用

9. 研究制定社会工作专业岗位开发设置政策措施。与我国加强社会建设的进程相适应，深入研究城乡社区、相关单位和社会组织使用社会工作专业人才的政策措施。按照精简效能、按需设置、循序渐进的原则，研究社会工作专业岗位设置范围、数量结构、配备比例、职责任务和任职条件，建立健全社会工作专业岗位开发设置的政策措施和标准体系。

10. 以基层为重点配备社会工作专业人才。城乡基层特别是城市社区要注重配备和使用社会工作专业人才，提高社会服务专业水平，促进社会服务业发展。适应社会主义新农村建设要求，加大为农村特殊群体和困难群众提供服务的社会工作专业人才培养力度，在乡镇和有条件的农村社区探索吸纳和使用社会工作专业人才。创造条件引导和鼓励社会工作专业人才到农村社区开展服务。在少数民族聚居和信教群众较多的社区，可根据需要配备政治立场坚定、熟悉民族和宗教事务的社会工作专业人才。

11. 明确相关事业单位社会工作专业岗位。要根据事业单位社会功能、职责任务、工作性质、人员结构等因素，分类设置社会工作专业岗位。对老年人福利机构、残疾人福利和服务机构、儿童福利机构、收养服务机构、妇女儿童援助机构、困难职工帮扶机构、婚姻家庭服务机构、青少年服务机构、社会救助服务和管理机构、优抚安置服务保障机构等以社会工作服务为主的事业单位，可将社会工作专业岗位明确为主体专业技术岗位。对学校、医院、人口计生服务机构等需要开展社会工作服务的单位，要将社会工作专业岗位纳入专业技术岗位管理范围。

12. 引导相关社会组织吸纳社会工作专业人才。适应政府职能转变、建设服务型政府的要求，按照培育发展和管理监督并重原则，完善培育扶持和依法管理政策，积极发展民办社会工作服务机构。采取财政资助、提供服务场所等方式支持民办社会工作服务机构更好地开展工作。加强对民办社会工作服务机构的管理监督，建立健全专业评估机制，指导民办社会工作服务机构加强自身建设，促进民办社会工作服务机构健康发展。通过政府购买服务等方式，引导和鼓励公益慈善类社会组织和民办非企业单位吸纳社会工作专业人才。

13. 加大相关行政部门和群团组织使用社会工作专业人才力度。承担社会服务职能的相关行政部门和群团组织要根据事业发展需要逐步使用社会工作专业人才，提高社会服务管理能力。注重培养选拔熟悉社会工作、社会政策的优秀人才进入地方及有关部门和单位领导班子。县（市、区）、乡（镇、街道）行政机关、人民团体中直接面向人民群众提供社会服务的相关岗位，鼓励充实社会工作专业人才，现有人员要善于运用社会工作专业知识和方法，提高社会管理和服务水平。

14. 建立社会工作专业人才流动机制。按照社会主义市场经济规律，打破行业、地域、身份、所有制界限，放宽视野，拓宽渠道，完善社会工作专业人才选拔、流动机制。各级党政机关招录社会服务相关职位公务员时，在同等条件下可优先录用具有丰富基层实践经验、善于做群众工作的社会工作专业人才。实施社会工作专业人才服务新农村建设、社会工作专业人才服务边远贫困地区、边疆民族地区和革命老区等计划，鼓励社会工作专业人才到基层建功立业。

15. 建立社会工作专业人才和志愿者队伍联动服务机制。志愿者队伍是社会工作专业人才开展服务的重要补充力量。建立健全面向全社会的志愿服务动员系统，进一步完善志愿服务体系，普及志愿理念，强化志愿意识，弘扬志愿精神，倡导志愿行为，完善激励机制，培育一支参与广、功能强、作用好的宏大志愿者队伍。建立健全社会工作专业人才和志愿者相互协作、共同开展服务的机制，通过社会工作专业人才的引领，规范志愿者招募注册与管理，提升志愿者服务水平，丰富社会工作专业人才资源，拓展社会工作专业服务范围，增强社会工作专业服务效果。

五、切实推进社会工作专业人才评价和激励工作

16. 建立健全社会工作专业人才评价制度。建立以岗位职责要求为基础，以品德、能力和业绩为导向，科学化、社会化的社会工作专业人才评价机制。完善社会工作专业人才职业水平评价制度，将取得职业水平证书的社会工作专业人才纳入专业技术人员管理范围。支持城乡基层居（村）民自治组织、社区服务组织、公益服务类事业单位、公益慈善类社会组织、基层社会服务部门相关人员参加社会工作专业人才职业水平考试，不断提高职业素质和专业水平。鼓励用人单位根据工作需要聘用持有职业水平证书的社会工作专业人才。

17. 做好社会工作专业人才薪酬保障工作。建立健全社会工作专业人才薪酬保障机制，切实提高基层社会工作专业人才薪酬待遇水平。在事业单位工作的社会工作专业人才，工资待遇按照国家有关规定执行；在城乡社区、公益慈善类社会组织、民办非企业单位工作的社会工作专业人才，由所在单位合理确定薪酬水平。重视解决社会工作专业人才的社会保障问题，按照国家有关规定办理社会保险事宜。

18. 建立社会工作专业人才表彰奖励制度。以党委、政府表彰奖励为导向，以用人单位和社会力量为主体，按照国家有关规定开展表彰奖励活动。将符合条件的社会工作专业人才纳入享受国务院政府特殊津贴范围。按照国家政策表彰奖励业绩突出、能力卓著、群众认可的优秀社会工作专业人才，大力宣传社会工作专业人才队伍建设方针政策和优秀社会工作专业人才的先进事迹，形成关心支持、理解尊重社会工作专业人才的良好社会氛围，激发广大社会工作专业人才的工作热情和创造潜能。

六、加强党对社会工作专业人才队伍建设的领导

19. 建立健全领导体制和工作格局。坚持党管人才原则，切实加强党对社会工作专业人才队伍建设的领导，建立组织部门牵头抓总，民政部门具体负责，机构编制、发展改革、教育、公安、司法、财政、人力资源社会保障、卫生、人口计生、信访、扶贫等部门以及工会、共青团、妇联、残联等组织密切配合，社会力量广泛参与的工作格局。组织部门要做好社会工作专业人才队伍建设的宏观指导、综合协调；民政部门要加强社会工作专业人才管理机构和队伍建设，切实履行好推进社会工作专业人才队伍建设的有关职能；有关部门要在各自职责范围内积极推进社会工作专业人才队伍建设；工会、共青团、妇联及残联等组织要充分发挥自身优势，大力加强本系统、本领域社会工作专业人才队伍建设，提高其联系群众、服务群众、教育群众、维护群众合法权益等工作的水平和效果。将社会工作专业人才队伍建设纳入国民经济和社会发展总体规划，制定社会工作专业人才队伍建设中长期发展规划，形成推进社会工作专业人才队伍建设长效机制。将社会工作专业人才队伍建设作为人才队伍建设的重要内容，纳入地方和有关部门领导班子考核。加强社会工作行业性组织建设。

20. 加快推进社会工作专业人才政策法规和制度建设。逐步建立健全法律法规、部门规章和政策性文件相配套的社会工作专业人才政策法规体系。研究制定社会工作专业人才管理条例，建立健全社会工作专业人才信息披露、专业督导、服务评估、行业自律、继续教育、违纪处置、职业道德规范等配套制度。根据社会工作专业人才不同服务领域、服务对象的特点和规律，逐步制定行业服务和管理标准，建立科学合理、协调配套的标准体系，加快实施社会工作服务标准化建设示范工程。将社会工作专业人才队伍建设内容纳入社会建设相关法律法规、部门规章和政策性文件制定和修订范围。

21. 加大社会工作专业人才队伍建设投入。各级政府要将应由政府负担的社会工作专业人才队伍建设经费纳入财政预算，加大财政投入。符合条件的社会工作服务机构按国家税收法律法规的统一规定享受相关税收优惠政策。研究制定政府购买社会工作服务政策，引入竞争机制，规范购买程序，完善购买方式，建立综合绩效评价体系。逐步加大民政部门使用的彩票公益金支持社会工作专业人才队伍建设力度。大力拓宽社会融资渠道，鼓励和支持有条件的企业和个人设立非公募基金会，引导社会资金投向社会工作服务领域。

22. 充分发挥基层党组织的领导作用。社会工作专业人才广泛分布在基层。要切实加强对基层社会工作专业人才队伍建设的领导，充分发挥基层党组织的政治优势和组织优势，为推进社会工作专业人才队伍建设提供坚强保障。认真研究新形势下思想政治工作和群众工作的特点和规律，运用社会工作专业知识和科学方法，提高基层党组织和党员干部解决社会问题、推动社会建设的能力。切实加强党对社会工作服务机构的领导，在各类社会工作服务机构建立健全基层党组织。进一步强化社会工作专业人才思想政治工作，把广大社会工作专业人才团结凝聚在党组织周围，协助党和政府做好化解社会矛盾、协调社会关系、落实惠民政策等工作。注重把政治素质好、业务水平高的社会工作专业人才吸纳进党员干部队伍，选拔进基层领导班子，支持有突出贡献的社会工作专业人才进入人大、政协参政议政。热忱关心爱护社会工作专业人才，为他们开展工作和成长发展营造环境、创造条件。

民政部、财政部关于政府购买社会工作服务的指导意见

（2012 年 11 月 14 日　民发〔2012〕196 号）

各省、自治区、直辖市民政厅（局）、财政厅（局），各计划单列市民政局、财政局，新疆生产建设兵团民政局、财务局：

为建立健全政府购买社会工作服务制度，加快推进社会工作专业人才队伍建设，加强以保障和改善民生为重点的社会建设，根据《国家中长期人才发展规划纲要（2010—2020 年）》（中发〔2010〕6 号）、《国家基本公共服务体系“十二五”规划》（国发〔2012〕29 号）、《关于加强社会工作专业人才队伍建设的意见》（中组发〔2011〕25 号）和《中华人民共和国政府采购法》要求，现就政府购买社会工作服务提出如下意见：

一、充分认识政府购买社会工作服务的重要性与紧迫性

社会工作服务是社会工作专业人才运用专业方法为有需要的人群提供的包括困难救助、矛盾调处、人文关怀、心理疏导、行为矫治、关系调适、资源协调、社会功能修复和促进个人与环境适应等在内的专业服务，是现代社会服务体系的重要组成部分。政府购买社会工作服务，是政府利用财政资金，采取市场化、契约化方式，面向具有专业资质的社会组织和企事业单位购买社会工作服务的一项重要制度安排。建立健全政府购买社会工作服务制度，深入推进政府购买社会工作服务，是加强社会工作专业人才队伍建设、促进民办社会工作服务机构发展的内在要求；是创新公共财政投入方式、拓宽公共财政支持范围、提高公共财政投入效益的重要举措；是改进现代社会管理服务方式、丰富现代社

会管理服务主体、完善现代社会管理服务体系的客观需要；对于加快政府职能转变、建设服务型政府、有效满足人民群众不断增长的个性化、多样化社会服务需求，具有十分重要的意义。

近年来，不少地方围绕政府购买社会工作服务政策制度、体制机制、方式方法等进行了一系列实践探索，在拓宽服务领域、深化服务内涵、提高服务质量、满足社会需求等方面取得了重要成果。但从整体上看，我国政府购买社会工作服务还存在着政策制度不健全、体制机制不完善、规模范围较小等问题，与中央加快构建现代社会服务体系、增强民生保障能力、加强和创新社会管理的目标要求和人民群众不断增长的社会服务需求相比尚有较大差距。各级民政和财政部门要切实增强责任感和紧迫感，充分总结借鉴国内外政府购买社会工作服务实践经验，以改革创新精神，采取更加有力措施，加快推进政府购买社会工作服务。

二、政府购买社会工作服务的指导思想、工作原则和主要目标

（一）指导思想。以中国特色社会主义理论体系为指导，大力推进公共财政改革，以满足人民群众服务需求、保障和改善基本民生为根本出发点，以建立健全政策制度、完善体制机制为着力点，以培养使用社会工作专业人才队伍、扶持发展民办社会工作服务机构为基础，深入推进政府购买社会工作服务，为进一步完善现代社会服务体系、深化公共财政体制改革、促进社会事业健康发展提供有力保障。

（二）工作原则。坚持立足需求、量力而为，从人民群众最基本、最紧迫的需求出发设计、实施社会工作服务项目，用人民群众社会服务需求是否得到有效满足作为检验政府购买社会工作服务的重要标准；通过以点带面、点上突破、面上推广方式，以城市流动人口、农村留守人员、困难群体、特殊人群和受灾群众为重点，有计划、有步骤地开展政府购买社会工作服务，逐步拓展政府购买的领域和范围。坚持政府主导、突出公益，加强对政府购买社会工作服务的组织领导、政策支持、财政投入和监督管理，充分尊重市场主体地位，发挥市场机制在配置社会服务资源中的基础性作用，通过公开透明、竞争择优方式选择服务提供机构；引导服务提供机构按照公益导向原则组织实施社会工作服务项目。坚持鼓励创新、强化实效，立足各地经济社会发展实际，充分借鉴国内外有益经验，创新政府购买社会工作服务的体制机制，改进政府购买社会工作服务的方式方法，建立健全具有中国特色的政府购买社会工作服务制度；切实加强绩效管理，降低服务成本，提高服务效率，增强政府购买社会工作服务的针对性和有效性。

（三）主要目标。建立健全政府购买社会工作服务政策制度，建立完善的社会工作服务标准体系，形成协调有力的政府购买社会工作服务管理体制以及规范高效的工作机制；加大财政投入力度，逐步拓宽政府购买社会工作服务范围、扩大政府购买社会工作服务规模、提升政府购买社会工作服务质量；加快培养一支高素质的社会工作专业人才队伍，发展一批数量充足、治理科学、服务专业、作用明显的社会工作服务机构，提高其承接政府购买社会工作服务的能力，使社会工作服务的范围、数量、规模和质量适应经济社会发展要求，有效满足人民群众个性化、多样化、专业化服务需求。

三、政府购买社会工作服务的主体、对象、范围、程序与监督管理

（一）购买主体。各级政府是购买社会工作服务的主体。各级民政部门具体负责本级政府购买社会工作服务的统筹规划、组织实施和绩效评估；各级财政部门具体负责本级政府购买社会工作服务规划计划审核、经费安排与监督管理；各有关部门和群团组织负责本系统、本行业社会工作服务需求评估，向同级民政部门申报社会工作服务计划并具体实施。

（二）购买对象。政府购买社会工作服务的对象主要为具有独立法人资格，拥有一支能够熟练掌握和灵活运用社会工作知识、方法和技能的专业团队，具备完善的内部治理结构、健全的规章制度、良好的社会公信力以及较强的公益项目运营管理和社会工作专业服务能力的社会团体、民办非企业单位和基金会。具备相应能力和条件的企事业单位可承接政府购买社会工作服务。

（三）购买范围。按照“受益广泛、群众急需、服务专业”原则，重点围绕城市流动人口、农村留守人员、困难群体、特殊人群和受灾群众的个性化、多样化社会服务需求，组织开展政府购买社会工作服务。实施城市流动人口社会融入计划，为流动人口提供生活扶助、就业援助、生计发展、权益维护等服务，帮助其尽快融入城市生活，实现城市户籍居民与外来经商务工人员的和谐共处。实施农村留守人员社会保护计划，帮助农村留守儿童、妇女和老人缓解生活困难，构建完善的社会保护与支持网络。实施老年人、残疾人社会照顾计划，为老年人和残疾人提供生活照料、精神慰藉、社会参与、代际沟通等服务，构建系统化、人性化、专业化的养老助残服务机制。实施特殊群体社会关爱计划，帮助药物滥用人员、有不良行为青少年、艾滋病患者、精神病患者、流浪乞讨人员、社区矫正人员、服刑人员、刑释解教人员等特殊人群纠正行为偏差、缓解生活困难、疏导心理情绪、改善家庭和社区关系、恢复和发展社会功能。实施受灾群众生活重建计划，围绕各类受灾群众的经济、社会、心理需要，开展生活救助、心理疏导、社区重建、资源链接、生计项目开发等社会工作专业服务，帮助受灾群众重树生活信心、修复社会关系、恢复生产生活。

（四）购买程序。一是编制预算。民政部门根据本地经济社会发展水平和财力状况，协调有关部门和群团组织切实做好人民群众尤其是困难群体、特殊人群社会服务需求的摸底调查与分析评估，核算服务成本，提出政府购买社会工作服务的数量、规模、质量与效果目标要求，科学编制年度社会工作服务项目预算并报同级财政部门审批。二是组织购买。购买社会工作服务，原则上应通过公开招标方式进行。对只能从有限范围服务机构购买，或因技术复杂、性质特殊而不能确定具体服务要求、不能事先计算出价格总额的社会工作服务项目，经同级财政部门批准，可以采用邀请招标、竞争性谈判方式购买。对只能从唯一服务提供机构购买的，向社会公示并经同级财政部门批准后，可以采取单一来源采购方式组织采购。政府购买社会工作服务的组织实施，必须符合《中华人民共和国政府采购法》以及相关法律法规和部门规章要求。三是签订合同。民政部门要按照合同管理要求，与服务提供机构订立购买服务合同，明确购买服务的范围、数量、质量要求以及服务期限、资金支付方式、违约责任等内容。四是指导实施。财政和民政部门要及时下拨购买经费，指导、督促服务承接机构严格履行合同义务，按时完成服务项目任务，保证服务数量、质量和效果。

（五）监督管理。建立健全政府购买社会工作服务监督管理制度，形成完善的社会工作服务项目购买文件档案，制定具体、详实、严格的专业服务、资金管理及效果评价等方面指导标准。切实加强过程监管，按照政府购买社会工作服务合同要求，对专业服务过程、任务完成和资金使用情况等进行督促检查。建立由购买方、服务对象及第三方组成的综合性评审机制，及时组织对已完成社会工作服务项目的结项验收。积极推进第三方评估，发挥专业评估机构、行业管理组织、专家等方面作用，对服务机构承担的项目管理、服务成效、经费使用等内容进行综合考评。坚持过程评估与结果评估、短期效果评估与长远效果评估、社会效益评估与经济效益评估相结合，确保评估工作的全面性、客观性和科学性。将考评结果与后续政府购买服务挂钩，对考评合格者，继续支持开展购买服务合作；对考评不合格者，提出整改意见，并取消一定时期内承接政府购买社会工作服务资格；情节严重者，依法依约追究有关责任。建立社会工作服务提供机构征信管理制度。

四、加强对政府购买社会工作服务的组织领导

（一）建立健全领导体制和工作机制。各有关部门要将政府购买社会工作服务提上重要议事日程，纳入基本公共服务发展规划。适应社会工作分布广泛、高度分散的特点，建立健全以民政和财政部门为主导、各有关部门密切配合、社会力量广泛参与的工作机制。各省级民政和财政部门要根据本指导意见，抓紧制定具体实施办法。加强社会工作行业组织建设，发挥其在推动政府购买社会工作服务中的积极作用。

（二）建立健全政府购买社会工作服务制度。适时制定政府购买社会工作服务管理办法。将政府购买社会工作服务要求纳入社会工作专业人才队伍建设、民办社会工作服务机构发展以及政府采购、公共财政投入等方面法规政策和部门规章制修订范围。围绕社会工作服务流程、专业方法、质量控制、监督管理、需求评估、成本核算、招投标管理、绩效考核、能力建设等环节，加快相关标准研制步伐，逐步建立科学合理、协调配套的社会工作管理服务标准体系，为政府购买社会工作服务提供有力技术保障。

（三）培育发展社会工作服务载体。在充分发挥现有相关社会组织和企事业单位作用基础上，通过完善管理体制、适当放宽准入条件和简化登记程序等措施，鼓励社会工作专业人才创办民办社会工作服务机构。采取财政资助、落实税收优惠政策、提供办公场所等方式支持处于起步阶段、具有发展潜力的民办社会工作服务机构发展。引导民办社会工作服务机构完善内部治理结构，健全规章制度，加强管理服务队伍建设，提升资源整合、项目管理和社会工作服务水平，增强承接政府购买社会工作服务的能力。

建立健全民办社会工作服务机构信息公开制度，着力提高其社会公信力。培育发展一批社会工作专业能力建设与评估咨询机构，为更好开展政府购买社会工作服务提供专业支持。

（四）加大政府购买社会工作服务经费投入。各级财政要将政府购买社会工作服务经费列入财政预算，逐步加大财政投入力度，扩大政府购买社会工作服务范围和规模，带动建立多元化社会工作服务投入机制。探索建立社会工作服务项目库，实现项目库管理与预算编制的有机衔接。从民政部门留用的彩票公益金中安排资金，用于购买社会工作服务。鼓励社会资金支持购买社会工作服务。严格资金管理，确保资金使用安全规范、科学有效。中央财政安排专项资金，支持社会组织参与社会工作服务，引导社会工作专业人才为困难群体、特殊人群以及中西部地区和老少边穷地区提供专业服务。

（五）加强政府购买社会工作服务宣传交流。积极发挥各类新闻媒体作用，加强对政府购买社会工作服务的宣传。定期组织开展优秀社会工作服务项目和民办社会工作服务机构评选，调动社会力量参与社会工作服务的积极性，增强社会各界对政府购买社会工作服务的认同与支持。建立健全政府购买社会工作服务信息管理平台，依托信息网络技术，开展需求调查、计划发布、项目管理、政策宣传、信息公开等工作，提升政府购买社会工作服务管理水平。定期举办社会工作宣传周、项目推介会、展示会、公益创投等活动，为民办社会工作服务机构交流经验、推广项目、争取资源创造条件。

民政部　全国工商联关于鼓励支持民营企业积极投身公益慈善事业的意见

（2014年1月9日　民发〔2014〕5号）

各省、自治区、直辖市民政厅（局）、工商联，新疆生产建设兵团民政局、工商联：

为贯彻落实党的十八大和十八届三中全会关于“支持发展慈善事业”、“创新社会治理”的要求，促进广大民营企业通过参与公益慈善事业，弘扬中华民族传统美德，积极履行社会责任，在解决社会问题、缩小收入差距、促进社会公平和谐中不断作出新贡献，现就鼓励支持民营企业积极投身公益慈善事业提出如下意见：

一、重要意义

改革开放特别是进入新世纪以来，非公有制经济不断发展壮大，已成为社会主义市场经济的重要组成部分和我国经济社会发展的重要基础。广大民营企业家和民营企业作为建设中国特色社会主义事业的重要力量，深入践行社会主义核心价值体系，切实履行社会责任，广泛开展救助灾害、救孤济困、扶老助残等慈善活动，积极投身教育、科学、文化、卫生、体育、环境保护等公益事业，已成为我国公益慈善事业的主体力量，为我国公益慈善事业发展作出了突出贡献。同时，也应看到，民营企业参与公益慈善事业的潜力有待进一步挖掘，优势有待进一步发挥。当前，我国已进入全面建成小康社会的决定性阶段，保障和改善民生的任务十分繁重。鼓励支持民营企业参与公益慈善事业，是引导民营企业坚定中国特色社会主义的理想信念、积极履行社会责任的有效方式，是促进非公有制经济健康发展和非公有制经济人士健康成长的重要途径，是推动中国特色公益慈善事业发展的必然要求。各级民政部门和工商联组织要统一思想、提高认识，采取切实可行的措施，进一步提高民营企业参与公益慈善事业的积极性、科学性和有效性，支持民营企业为中国特色公益慈善事业的科学发展作出新的更大贡献。

二、基本原则

（一）自觉自愿。民营企业参与公益慈善事业，应坚持自觉自愿、尽力而为、量力而行的原则。任何组织和个人不得强迫或变相强迫民营企业开展和参与各项公益慈善活动或进行捐赠。

（二）合法合规。民营企业参与公益慈善事业，要遵守国家相关法律法规和政策，遵守社会公德，维护公共利益。民营企业只能将其有权处分的合法财产用于公益慈善事业。民营企业依法设立的慈善组织受赠的财产及其增值部分是社会公共财产，受国家法律保护，任何单位和个人不得私分、侵占和挪用。

（三）诚信公正。民营企业参与公益慈善事业，要诚实守信，已经向社会公众或受赠对象承诺的捐赠，必须诚实履行；与慈善组织开展的合作，必须依据协议认真履行。民营企业参与公益慈善事业，要公平公正，不得要求受赠人、受益人在融资活动、市场准入、资源占有等方面为其创造便利条件或提供利益回报。

三、参与途径

（一）开展社会捐赠。

——鼓励支持民营企业通过捐赠资金、产权、物资和服务等方式参与公益慈善事业。

——鼓励支持民营企业通过捐赠有价证券、专利、技术等探索参与公益慈善事业的新方式。

——鼓励支持民营企业在政府引导下，积极向需求突出的社会领域进行捐赠。

（二）设立慈善组织。

——鼓励支持具备条件的民营企业依法设立基金会，或在慈善组织中设立专项基金，探索企业留本冠名慈善基金、公益信托等新载体。

——鼓励支持民营企业举办扶贫济困、教育、医疗、养老、助残等方面的民办非企业单位，大力发展公益慈善事业，不断增加社会公共产品供给，提高公共服务水平。

（三）与慈善组织合作。

——鼓励支持民营企业选择公信力高、专业性强、富有活力的慈善组织开展合作，参与有影响力、创新性和实效性的慈善项目。

——鼓励支持民营企业持续稳定关注某一公益慈善领域，以形成长期广泛的社会影响和正面积极的社会评价。

（四）组织员工开展志愿服务。

——鼓励支持民营企业有意识地引导、组织员工，立足于所在地区和所从事的行业，在扶贫济困、帮老助幼、支教助学、卫生保健、科技推广、环境保护、应急救援、心理安抚、大型社会活动的服务等方面，有计划、有针对性、可持续地开展志愿服务活动。

（五）在投资兴业中吸纳困难群体。

——鼓励支持民营企业在投资兴业中吸纳残疾人和贫困家庭劳动力就业，实现公益目标和经济目标、社会效益和经济效益的有机统一。

（六）传播慈善文化。

——鼓励支持民营企业发扬扶危济困、乐善好施的传统美德，将以“平等、互助、博爱、共享”为核心内容的现代慈善理念和以“义利兼顾、以义为先”的光彩理念融入企业文化，在企业内部形成人人关心慈善、人人支持慈善的良好氛围，并通过提升合作伙伴和社会公众的慈善理念，传播慈善文化。

——鼓励支持民营企业采取冠名、资助等协作方式，与社会组织、科研机构等合作开展各类慈善文化活动。

（七）创新其他参与公益慈善事业的方式。

——鼓励支持民营企业继续保持发扬光彩事业精神，创新光彩事业发展新模式，并结合自身实际，发挥特色和优势，积极探索开展公益慈善活动、推动公益慈善事业发展的新途径和新机制。

四、支持措施

（一）支持民营企业依法设立公益慈善组织。根据全面深化改革的战略部署，围绕建设法治政府、服务型政府，创新行政管理方式，激发社会组织活力的新要求，各级民政部门要依照相关法律法规和政策规定，积极履行部门职责，转变工作作风，提高办事效率，丰富完善窗口和在线服务内容，为民营企业依法设立公益慈善组织提供有效的咨询和指导。

（二）协助落实优惠政策。各级民政部门和工商联组织要积极协助有关部门依法落实民营企业设立的公益慈善组织应享受的优惠政策和扶持措施。指导民营企业对发生的公益性捐赠支出进行所得税税前扣除。协同财政、税务部门，做好有关基金会等公益性社会团体的公益性捐赠税前扣除资格的审核工作。

（三）做好民营企业与慈善组织和慈善需求对接。各级民政部门和工商联组织要掌握本行政区内的优秀慈善组织和优秀慈善项目状况，及时采集、发布求助信息，主动向民营企业做好推荐工作，为民营企业与慈善需求对接提供便利。各级民政部门和工商联组织要加强合作，通过联系协调、信息共享等方式，搭建展示交流会、项目推介会等平台，促进民营企业与慈善组织对接，开展长期、多样、有效合作。

（四）宣传民营企业公益慈善行为。各级民政部门和工商联组织要积极协调报刊、广播、电视、互联网等媒体，大力宣传民营企业的慈行善举，努力营造有利于民营企业投身公益慈善事业良好的社会氛围和舆论环境。

（五）完善其他扶持和激励措施。各级民政部门和工商联组织要积极推动有关部门从土地供应、设施配套、企业服务等方面，对为公益慈善事业作出突出贡献的民营企业提供便利和优惠条件。在各级民政部门评选慈善奖项时，应注重表彰民营企业公益慈善典型。在政府采购中，对为公益慈善事业作出突出贡献的民营企业，同等条件下优先考虑。

五、服务与监管

各级民政部门和工商联组织要把民营企业参与公益慈善事业的各项支持措施落到实处。要做好民营企业参与公益慈善事业基础数据的统计工作，及时总结和宣传民营企业参与公益慈善事业中的好经验和涌现出的新典型。要根据民营企业参与公益慈善事业的实际需求，提供针对性的政策解读、业务培训等服务。要充分尊重民营企业参与公益慈善事业的知情权和监督权，督促受赠单位严格按照捐赠单位、捐赠人的意愿落实善款和物品的使用，并及时通报受赠资金使用和项目进展情况。要通过调研、座谈等方式，及时听取民营企业关于发展公益慈善事业的意见建议，主动研究解决民营企业在相关工作中遇到的困难和问题。要积极指导民营企业将开展公益慈善活动的情况作为企业社会责任报告的重要内容主动向社会公布，引导有条件的民营企业编制专门的企业年度公益慈善报告。要建立信息反馈机制，督促问题整改，自觉接受社会公众、新闻媒体对民营企业开展的各类公益慈善活动的监督。

民政部关于建立儿童福利领域慈善行为导向机制的意见

（2014 年 2 月 7 日　民发〔2014〕19 号）

各省、自治区、直辖市民政厅（局），各计划单列市民政局，新疆生产建设兵团民政局：

为推动慈善事业更好地服务于困境儿童，充分发挥慈善资源在建设适度普惠型儿童福利制度方面的作用，按照《中国儿童发展纲要（2011－2020 年）》（国发〔2011〕24 号）和《中国慈善事业发展指导纲要（2011－2015 年）》（民发〔2011〕134 号）的精神，现就民政部门建立儿童福利领域慈善行为导向机制提出以下意见：

一、充分认识建立儿童福利领域慈善行为导向机制的重要意义

儿童是民族的希望、祖国的未来。儿童的健康成长和全面发展，既需要国家提供有力的福利保障，也需要社会开展积极的慈善服务。近年来，我国相继建立了孤儿国家保障制度、艾滋病病毒感染儿童基本生活保障制度、流浪儿童救助保护制度，不断加快由补缺型儿童福利制度向适度普惠型儿童福利制度的转变。但由于基本国情的限制，目前儿童福利制度的覆盖范围、保障标准、服务内容离人民群众的要求还存在一定差距，需要社会力量的积极参与和大力支持。中华民族素有尊老爱幼、关爱儿童的优良传统。长期以来，以慈善组织、爱心企业和志愿者为代表的社会力量在儿童福利领域开展了大量卓有成效的慈善活动，对政府的儿童福利工作形成了有益补充。但由于缺乏明确的引导机制，这些活动具有较强的自发性色彩。为进一步提升儿童福利领域慈善活动的成效，促进社会慈善资源与财政资源、行政资源的有机衔接和优势互补，发挥社会力量在建设适度普惠型儿童福利制度方面的作用，各级民政部门要抓紧建立儿童福利领域慈善行为导向机制，更好地保障和服务广大儿童。

二、建立儿童福利领域慈善行为导向机制的总体思路

（一）指导思想。以党的十八大和十八届三中全会精神为指导，立足基本国情，着力激发社会活力，引导各类社会力量在儿童福利领域科学、规范、有序开展活动，与政府的儿童福利工作相互补充、相互提升，形成各得其所、各尽所能的良好格局，为我国儿童的成长成才提供更加优良的社会环境。

（二）基本原则。

1. 自觉自愿、注重引导。各类社会力量在儿童福利领域开展慈善活动，应以自觉自愿为前提，各级民政部门要在社会力量自愿参与、自主选择的基础上，加强相关引导和扶持。

2. 明确主体、公平开放。凡是有爱心有条件的个人、慈善组织、企事业单位和其他机构，都可依法依规开展关爱儿童的慈善活动，反对以各种不正当理由搪塞和阻止社会力量提供正常的慈善帮扶。

3. 统筹安排、科学调配。各级民政部门要充分考虑不同社会力量特别是不同慈善组织的特点和专长，结合儿童群体的多样需求，统筹考虑捐助资金、物资和提供志愿服务等多种慈善形式，科学调配，形成社会力量参与儿童福利制度建设的最大合力。

（三）战略目标。

1. 逐步实现对象互补。民政部门严格执行已有的制度和政策，落实对制度覆盖群体的保障，不断拓展保障范围。社会力量积极探索对未纳入制度保障的困境儿童的救助和服务，为福利制度建设提供经验参考和政策试点。

2. 逐步实现项目互补。民政部门通过福利制度建立普惠型项目，解决各类困境儿童群体最具共性和普遍性的问题。社会力量以满足多元化需求为目标，根据儿童的特点、处境等遴选保障对象，提供个性化、差异化、有针对性的救助和服务。

3. 逐步实现方式互补。面对同一目标群体时，福利制度侧重于经济保障，社会力量在进行经济援助的同时更加侧重于提供服务。专业化的慈善组织有效参与福利制度的实施系统和监管系统运行，帮助提高福利制度资源配置效率，实现福利制度的社会效用最大化。

三、建立儿童福利领域慈善行为导向机制的主要任务

（一）引导社会力量确定服务对象。在国家实施孤儿保障制度、艾滋病病毒感染儿童基本生活保障制度、流浪儿童救助保护制度的基础上，各级民政部门要引导社会力量特别是慈善组织，积极探索对事实无人抚养儿童、残疾儿童、患大病重病儿童、患罕见病儿童、流浪儿童、流动儿童、留守儿童、贫困家庭儿童的救助和服务。要全面掌握各类困境儿童群体的基本状况，帮助各类慈善力量锁定帮扶的目标群体及具体帮扶对象，避免不必要的交叉救助和重复救助。

（二）指导社会力量界定工作内容。对于事实无人抚养儿童、残疾儿童、患大病重病儿童、患罕见病儿童、流浪儿童、流动儿童、留守儿童、贫困家庭儿童等群体，各级民政部门要指导各类社会力量兼顾经济援助和服务支持，既帮助儿童解决基本生活方面的需求，也满足儿童在教育、医疗、安全、心理健康、社会融入等方面的需要。对于孤儿、艾滋病病毒感染儿童等群体，民政部门要加强与专业性强的慈善组织合作，使其协助监督基本生活费发放、医疗和教育方面优惠待遇落实等政策的实施。有条件的地方，可借助社会力量共同探索儿童保护制度。

（三）鼓励社会力量从事医疗救助。现阶段各级民政部门要重点引导社会力量围绕儿童大病医疗救助开展活动。鼓励个人、企事业单位加大对儿童大病医疗救助的捐助力度。对于开展护理型、服务型项目的慈善组织，要协助其与医疗机构、儿童家庭或福利机构建立良好的沟通与合作。对于设立资助型项目的慈善组织，要指导其做好基本医疗保险、政府医疗救助与慈善救助间的衔接，通过规范化的项目运作，形成“医疗救治——基本医疗保险报销——政府医疗救助——慈善组织救助”的良性流程。鼓励按照《民政部关于加强医疗救助与慈善事业衔接的指导意见》（民发〔2013〕132号）的要求积极开展医疗救助和慈善事业衔接的试点。

（四）协助社会力量争取资源支持。各级民政部门要秉承儿童优先原则，在引导社会捐赠、配置慈善资源时，向关爱儿童的慈善组织和慈善项目作出倾斜。要加大向社会力量购买服务的力度，将一定比例购买社会组织服务的资金投向困境儿童的救助和服务、儿童大病医疗救助项目。鼓励各级民政部门用好本级彩票公益金，设立示范性项目，发挥引领作用。要贯彻落实《民政部　全国工商联关于鼓励支持民营企业积极投身公益慈善事业的意见》（民发〔2014〕5号）的要求，将优秀的慈善组织、慈善项目及时推荐给各级工商联组织和民营企业。

（五）将有关工作经验及时提升为政策法规。各级民政部门要打造“慈善探索、福利接棒”的工作机制，对于社会力量在服务儿童过程中形成的成功模式和有效经验，要及时将之上升为政策或制度，为儿童提供更具持久性、稳定性的支持。有条件的地方，民政部门可与社会力量共同开展有益于儿童的福利政策和制度试点，支持社会力量在儿童福利领域发挥先行先试作用。

（六）做好信息公开和宣传表彰工作。各级民政部门要在尊重儿童及其监护人意愿和隐私权的前提下，推动慈善组织及时披露有关工作和活动的信息。要定期评估相关慈善项目，着力宣传管理规范、服务优良、团队专业、绩效突出的慈善组织。对于工作中表现突出的单位和个人，要给予适当激励和表彰。对在儿童福利领域做出突出贡献的慈善组织和爱心人士，列为“中华慈善奖”评选表彰的候选对象。

四、建立儿童福利领域慈善行为导向机制的工作要求

（一）定位明确。政府是保障儿童福利需求的责任主体，各类社会力量开展的活动是对政府工作的必要和有益补充。不得将民政部门必须履行的职能和任务转嫁给慈善组织，不得用社会捐助或慈善组织对儿童的经济援助，来冲抵孤儿基本生活费等财政支出。

（二）有效对接。各级民政部门要从供需两方面着手推动相关信息的无缝对接。在需求方面，要充分利用全国儿童福利信息管理系统，通过与学校、医院等部门的联动，建立各类困境儿童的档案。在供给方面，要借助中国慈善信息平台、《慈典——慈善救助信息实用手册》等渠道，掌握本地儿童福利领域慈善组织和慈善项目的情况。要通过多种方式实现慈善信息的共享。

（三）精细化指导。民政部将组织有关学术机构和慈善组织，根据不同困境儿童群体的特点，编写社会力量参与儿童福利的工作指导手册。鼓励各地民政部门结合当地实际，编写更为具体的工作指南。鼓励慈善组织间相互进行技能培训和经验分享。对于各类社会力量在服务儿童过程中遇到的困难、反映的问题，各级民政部门要认真对待、及时解决。

（四）加强监管。各级民政部门要在支持社会力量关爱儿童、服务儿童的同时，加强对相关慈善活动、慈善行为的监督和管理。要把好社会力量进入儿童福利领域的入口关，确保其发挥积极作用，严格防范借儿童慈善活动非法牟利或从事违法活动。

民政部　教育部　财政部　人力资源社会保障部　住房城乡建设部　国家卫生计生委关于贯彻落实《社会救助暂行办法》的通知

（2014年6月20日　民发〔2014〕135号）

各省、自治区、直辖市民政厅（局）、教育厅（教委）、财政厅（局）、人力资源社会保障厅（局）、住房城乡建设厅（局）、卫生计生委（卫生厅局），新疆生产建设兵团民政局、教育局、财务局、人力资源社会保障局、建设局、卫生局：

《社会救助暂行办法》（以下简称《办法》）已于2014年2月21日以国务院649号令颁布，自5月1日起施行。为做好《办法》的贯彻落实工作，现就有关事项通知如下：

一、充分认识《办法》颁布实施的重大意义

社会救助是国家和社会对依靠自身能力难以维持基本生活的公民提供的物质帮助和服务，是保民生、托底线、救急难、促公平的基础性制度安排，关系到困难群众切身利益的维护和保障，关系到党和政府执政理念的实现和执政根基的稳固，关系到我国社会主义制度优越性的体现。《办法》的颁布施行，从法律上确立了社会救助的地位作用、基本原则、主体责任、制度安排、基本程序等，既为保障公民基本生活、维护公民基本生存权益提供了法制保障，也为政府各部门依法救助和社会力量有序参与社会救助提供了法规依据，明确了行为规范，是社会救助事业发展新的里程碑，标志着新形势下社会救助事业迈上了法制化、体系化、规范化统筹发展的新阶段。

各地各有关部门要结合贯彻落实党的十八大和十八届二中、三中全会精神，全面理解、准确把握《办法》的精神实质和主要内容，充分认识新形势下《办法》颁布实施的重大意义，切实增强贯彻落实的自觉性、积极性和主动性。要将贯彻落实《办法》作为当前保障困难群众基本生活、维护困难群众生存权益和人格尊严的重要举措抓紧抓好，努力让困难群众不为饥寒所迫、不为灾害所急、不为大病所困、不为住房所难、不为失业所忧，真正感受到党和政府的关怀和温暖。

二、依法完善落实各项配套政策措施

《办法》以社会救助体系为统领，对各项社会救助制度进行了全面系统规定，确立了以最低生活保障、特困人员供养、受灾人员救助以及医疗救助（含疾病应急救助）、教育救助、住房救助、就业救助和临时救助为主体，以社会力量参与为补充的社会救助制度体系框架。各地各有关部门要根据《办法》要求，结合实际，突出重点，抓紧完善相关配套政策，确保《办法》的有关规定落到实处。

（一）完善最低生活保障和特困人员供养制度。要研究制定最低生活保障家庭收入状况、财产状况的认定办法，健全最低生活保障对象认定标准体系。完善最低生活保障标准制定办法，健全社会救助和保障标准与物价上涨挂钩的联动机制，保障好困难群众基本生活。要制定健全完善特困人员供养制度的具体措施，城乡统筹实施；加强最低生活保障和特困人员供养工作管理，建立责任追究制度，畅通投诉举报渠道，适时开展绩效评估，从制度机制上杜绝关系保、人情保和骗保等违规现象。

（二）完善受灾人员救助制度。要按照属地管理，分级负责的原则，完善自然灾害救助应急预案，做好上下级预案响应标准的衔接，强化预案的科学性和可操作性。编制实施自然灾害救助物资储备规划，明确物资储备布局和规模，建立适应本地救灾需要的物资储备机制。严格按照有关规定，及时准确统计报送自然灾害损失情况，建立健全灾情核查评估机制和统一发布机制。编制和落实各级自然灾害救助资金预算，研究制定出台灾害救助标准，切实有效做好灾害紧急救助、过渡性生活救助、冬春救助和倒损农房恢复重建等工作，保障受灾人员得到及时、公平、合理的救助。

（三）完善医疗救助制度。以最低生活保障对象、特困供养人员为重点，进一步健全完善医疗救助制度。逐步将低收入家庭重病患者及县级以上人民政府规定的其他特殊困难群众纳入救助范围，逐步提高救助水平，使之真正起到托底保障、救急解难的作用。建立健全疾病应急救助制度，落实《疾病应急救助基金管理暂行办法》，为急危重伤病需要急救但身份不明或无力支付相关费用的患者提供应急医疗救治。加快建立医疗救助与基本医疗保险、大病保险相衔接的医疗费用结算机制。加快疾病应急救助制度与其他医疗保障制度的衔接。

（四）完善教育救助制度。进一步健全从学前教育到研究生教育、覆盖各教育阶段的家庭经济困难学生资助政策体系，从制度上保证“不让一个学生因家庭经济困难而失学”。完善实施教育救助的具体措施和救助体系，优先将在各级各类学校就读的最低生活保障家庭成员、特困供养人员纳入现有的学生资助体系，并动态调整资助标准和覆盖范围，努力做到应助尽助。

（五）完善住房救助制度。要根据当地经济社会发展水平、房地产市场状况以及财力可能，制定并及时调整住房困难标准和救助标准，形成科学规范、可持续的住房救助长效机制。完善实施住房救助的具体措施，规范救助程序，确保符合条件的最低生活保障家庭、分散供养的特困人员全部纳入住房保障体系，优先安排解决。

（六）完善就业救助制度。要健全完善实施就业救助的具体政策措施，依托基层公共就业服务机构，摸清就业救助对象底数和就业需求，提供政策咨询、岗位信息、职业指导、职业介绍等精细化、个性化的就业服务，通过鼓励企业吸纳、鼓励自谋职业和自主创业、公益性岗位安置等途径，对就业救助对象实行优先扶持和重点帮助，确保最低生活保障家庭中有劳动能力的成员至少有一人实现就业。

（七）建立临时救助制度。要全面建立临时救助制度，突出其“救急难”的制度特点，对遭遇突发事件、意外伤害、重大疾病或其他特殊原因导致生活陷入困境，其他社会救助制度暂时无法覆盖或救助之后基本生活仍有严重困难的家庭及时给予救助。要根据当地实际，制定具体的临时救助对象认定办法，明确救助类型、范围和标准。要加强救助管理机构建设，及时救助生活无着的流浪、乞讨人员。加强临时救助与其他社会救助制度之间的衔接，形成制度合力，消除救助盲区。

（八）加强社会力量参与。各地要细化政策措施，研究制定向社会力量购买社会救助中的具体服务事项的办法。要全面了解、掌握本地区社会组织、企事业单位等设立慈善项目的情况，搭建政府部门救助资源、社会组织救助项目与困难群众救助需求对接的信息平台，充分发挥慈善救助方法灵活、形式多样、一案一策的特点，鼓励、引导、支持社会组织、企事业单位和爱心人士等针对急难个案开展慈善救助。要广泛动员社会力量参与社会救助，充分发挥社会组织、社会工作者和志愿者队伍等社会力量参与社会救助的专业优势和服务特长，针对不同救助对象开展生活帮扶、心理疏导、精神慰藉、资源链接、能力提升、社会融入等多样化、个性化服务。要加快推进政府购买服务，健全完善促进社会力量参与社会救助的各项财政支持政策，落实好财政补贴、税收优惠、费用减免等政策，引导有影响力的慈善组织和企业设立社会救助公益基金，多渠道、多形式参与社会救助。

三、建立健全社会救助工作机制

（一）建立健全社会救助工作协调机制。各地要进一步建立健全政府领导、民政部门牵头、有关部门配合、社会力量参与的社会救助工作协调机制，加强协调配合和制度衔接，不断提高社会救助的整体效益。民政部门要发挥好牵头协调的作用，教育、财政、人力资源社会保障、住房城乡建设、卫生计生等部门要积极配合、密切协作，共同促进政府各部门之间、政府与社会力量之间救助资源的统筹使用、信息共享，以及救助资源与救助需求之间的合理配置，切实落实好各项社会救助制度。

（二）加快建立社会救助申请家庭经济状况核对机制。各地民政部门要加强与相关部门的沟通协调，会同有关部门、机构研究制定社会救助申请家庭经济状况信息核对办法，加快建立跨部门、多层次、能共享的信息核对平台，不断提高最低生活保障对象、医疗救助对象、住房救助对象、教育救助对象等社会救助对象认定的准确性。2014 年底前全国 70% 的地区要建立社会救助家庭经济状况核对机制，"十二五" 末实现全覆盖。

（三）建立健全"一门受理、协同办理" 机制。各地社会救助管理部门要加强配合，密切协作，依托乡镇人民政府（街道办事处）政务大厅、办事大厅等，设立统一的社会救助申请受理窗口（疾病应急救助除外）。要根据部门职责，制定并不断优化受理、分办、转办、反馈等工作流程，明确办理时限和要求，跟踪办理结果，并将办理情况及时告知求助对象，真正做到让困难群众"求助有门"、受助及时。

（四）建立健全社会救助信息共享机制。各地社会救助管理部门要在积极推进信息化建设、提高社会救助管理服务水平的基础上，加快建立民政、教育、人力资源社会保障、住房城乡建设、卫生计生等部门救助信息共享机制。民政部门要及时为其他社会救助管理部门提供最低生活保障对象、特困供养人员及其他困难群众基本信息，为教育、住房、就业、疾病应急等救助工作的开展提供支持；教育、人力资源社会保障、住房城乡建设、卫生计生等部门要及时将教育救助对象、就业救助对象、住房救助对象和疾病应急救助对象获取相关救助的基本信息反馈民政部门，为民政部门对各项救助之后仍有困难的家庭给予临时救助提供依据。

（五）建立健全社会救助资金保障机制。各地要按照《办法》的相关规定，将社会救助资金纳入财政预算，建立与当地经济社会发展水平相适应的资金保障机制，进一步加大社会救助资金投入，确保最低生活保障、特困人员供养、受灾人员救助、医疗救助、教育救助、住房救助、就业救助、临时救助等各项社会救助制度有效落实。要严格资金管理，坚持专款专用，规范预算编制、预算下达、资金支付等环节，确保救助资金及时足额发放到困难群众手中。

（六）全面建立社会救助监督检查长效机制。各地各相关部门要依照《办法》的有关规定，加快研究制定本地区、本部门加强社会救助监督管理、责任追究、绩效评价的具体办法。加大社会救助信息披露力度，严格执行社会救助对象公示制度，在申请人居住的村民委员会或社区居民委员会，对社会救助家庭获得救助前进行审核公示和审批公示，获得救助后进行长期公示，广泛接受社会和群众监督。

四、加强贯彻落实《办法》的组织领导

（一）加强组织领导。各地要将贯彻实施《办法》列入重要议事日程，明确责任，精心组织，认真研究解决工作中存在的困难和问题；统筹安排，全面部署，切实把贯彻实施《办法》工作与贯彻落实党的十八届二中、三中全会精神，与党的群众路线教育实践活动紧密结合起来，抓出实效。要以贯彻落实《办法》为契机，将社会救助工作纳入国民经济和社会发展总体规划，纳入政府工作目标考核体系。

（二）强化能力建设。各地要加强社会救助经办机构建设，科学整合基层社会救助管理资源，确保事有人管、责有人负。加强经费保障，按照《办法》“将政府安排的社会救助工作经费纳入财政预算”的有关规定，落实好社会救助工作经费。积极探索创新社会救助经办服务方式，加大政府购买服务力度，通过设置公益岗位、聘用专业社工、吸纳志愿者、灵活用工等途径，充实基层工作力量，协助做好困难排查、信息报送、宣传引导、公示监督等工作。

（三）加强监督检查。各地要加强《办法》落实情况的督促检查和考核奖惩，定期、不定期开展督促检查，针对存在问题，提出整改措施，狠抓政策落实。对落实政策不力，在实施救助审核审批过程中滥用职权、徇私舞弊、失职渎职的责任人员，要依纪依法追究责任。民政部将会同有关部门加强《办法》贯彻落实情况监测和信息通报，及时了解掌握各地《办法》执行情况，按季度进行通报；并会同有关部门组成联合检查组，对各地贯彻落实情况适时进行专项督查。

（四）加强政策宣传。各地要结合实际，组织好《办法》的学习宣传工作，做到领导干部熟悉《办法》、工作人员精通《办法》、广大群众了解《办法》。要多渠道、多形式做好《办法》宣传工作，各级民政部门要结合社会救助宣传周等活动建立社会救助宣传长效机制；教育、人力资源社会保障、住房城乡建设、卫生计生等部门要在各自职责范围内做好相关救助政策的宣传工作。要加强与媒体的合作，充分发挥报刊、广播、电视以及互联网、微博等新媒体传播速度快、覆盖面广的优势，广泛、深入地宣传《办法》，确保困难群众知晓政策规定，营造全社会关心支持社会救助工作的良好氛围。

各地贯彻落实《办法》有关情况请及时上报。

国务院关于全面建立临时救助制度的通知

（2014 年 10 月 3 日　国发〔2014〕47 号）

各省、自治区、直辖市人民政府，国务院各部委、各直属机构：

为贯彻落实党的十八大和十八届二中、三中全会精神，进一步发挥社会救助托底线、救急难作用，解决城乡困难群众突发性、紧迫性、临时性生活困难，根据《社会救助暂行办法》有关规定，国务院决定全面建立临时救助制度。现就有关问题通知如下：

一、充分认识全面建立临时救助制度的重要意义

党和政府高度重视社会救助工作。多年来，以最低生活保障、特困人员供养、受灾人员救助等基本生活救助和医疗、教育、住房、就业等专项救助制度为支撑的社会救助体系基本建立，绝大多数困难群众得到了及时、有效的救助。同时，社会救助体系仍存在“短板”，解决一些遭遇突发性、紧迫性、临时性生活困难的群众救助问题仍缺乏相应的制度安排，迫切需要全面建立临时救助制度，发挥救急难功能，使城乡困难群众基本生活都能得到有效保障，兜住底线。

建立临时救助制度是填补社会救助体系空白，提升社会救助综合效益，确保社会救助安全网网底不破的必然要求，对于全面深化改革、促进社会公平正义、全面建成小康社会具有重要意义。各地区、各部门要充分认识建立临时救助制度的重要性和紧迫性，增强使命感和责任感，将其作为加强和改善民生的一项重要任务，全面落实，扎实推进。

二、明确建立临时救助制度的目标任务和总体要求

临时救助制度要以解决城乡群众突发性、紧迫性、临时性基本生活困难问题为目标，通过完善政策措施，健全工作机制，强化责任落实，鼓励社会参与，增强救助时效，补“短板”、扫“盲区”，编实织密困难群众基本生活安全网，切实保障困难群众基本生活权益。

临时救助制度实行地方各级人民政府负责制。县级以上地方人民政府民政部门要统筹做好本行政区域内的临时救助工作，卫生计生、教育、住房城乡建设、人力资源社会保障、财政等部门要主动配合，密切协作。

国务院民政部门统筹全国临时救助制度建设。国务院民政、卫生计生、教育、住房城乡建设、人力资源社会保障、财政等部门，按照各自职责做好相关工作。

临时救助工作要坚持应救尽救，确保有困难的群众都能求助有门，并按规定得到及时救助；坚持适度救助，着眼于解决基本生活困难、摆脱临时困境，既要尽力而为，又要量力而行；坚持公开公正，做到政策公开、过程透明、结果公正；坚持制度衔接，加强各项救助、保障制度的衔接配合，形成整体合力；坚持资源统筹，政府救助、社会帮扶、家庭自救有机结合。

三、临时救助制度的主要内容

临时救助是国家对遭遇突发事件、意外伤害、重大疾病或其他特殊原因导致基本生活陷入困境，其他社会救助制度暂时无法覆盖或救助之后基本生活暂时仍有严重困难的家庭或个人给予的应急性、过渡性的救助。

（一）对象范围。

家庭对象。因火灾、交通事故等意外事件，家庭成员突发重大疾病等原因，导致基本生活暂时出现严重困难的家庭；因生活必需支出突然增加超出家庭承受能力，导致基本生活暂时出现严

重困难的最低生活保障家庭；遭遇其他特殊困难的家庭。

个人对象。因遭遇火灾、交通事故、突发重大疾病或其他特殊困难，暂时无法得到家庭支持，导致基本生活陷入困境的个人。其中，符合生活无着的流浪、乞讨人员救助条件的，由县级人民政府按有关规定提供临时食宿、急病救治、协助返回等救助。

因自然灾害、事故灾难、公共卫生、社会安全等突发公共事件，需要开展紧急转移安置和基本生活救助，以及属于疾病应急救助范围的，按照有关规定执行。

县级以上地方人民政府应当根据当地实际，制定具体的临时救助对象认定办法，规定意外事件、突发重大疾病、生活必需支出突然增加以及其他特殊困难的类型和范围。

（二）申请受理。

依申请受理。凡认为符合救助条件的城乡居民家庭或个人均可以向所在地乡镇人民政府（街道办事处）提出临时救助申请；受申请人委托，村（居）民委员会或其他单位、个人可以代为提出临时救助申请。对于具有本地户籍、持有当地居住证的，由当地乡镇人民政府（街道办事处）受理；对于上述情形以外的，当地乡镇人民政府（街道办事处）应当协助其向县级人民政府设立的救助管理机构（即救助管理站、未成年人救助保护中心等）申请救助；当地县级人民政府没有设立救助管理机构的，乡镇人民政府（街道办事处）应当协助其向县级人民政府民政部门申请救助。申请临时救助，应按规定提交相关证明材料，无正当理由，乡镇人民政府（街道办事处）不得拒绝受理；因情况紧急无法在申请时提供相关证明材料的，乡镇人民政府（街道办事处）可先行受理。

主动发现受理。乡镇人民政府（街道办事处）、村（居）民委员会要及时核实辖区居民遭遇突发事件、意外事故、罹患重病等特殊情况，帮助有困难的家庭或个人提出救助申请。公安、城管等部门在执法中发现身处困境的未成年人、精神病人等无民事行为能力人或限制民事行为能力人，以及失去主动求助能力的危重病人等，应主动采取必要措施，帮助其脱离困境。乡镇人民政府（街道办事处）或县级人民政府民政部门、救助管理机构在发现或接到有关部门、社会组织、公民个人报告救助线索后，应主动核查情况，对于其中符合临时救助条件的，应协助其申请救助并受理。

（三）审核审批。

一般程序。乡镇人民政府（街道办事处）应当在村（居）民委员会协助下，对临时救助申请人的家庭经济状况、人口状况、遭遇困难类型等逐一调查，视情组织民主评议，提出审核意见，并在申请人所居住的村（居）民委员会张榜公示后，报县级人民政府民政部门审批。对申请临时救助的非本地户籍居民，户籍所在地县级人民政府民政部门应配合做好有关审核工作。县级人民政府民政部门根据乡镇人民政府（街道办事处）提交的审核意见作出审批决定。救助金额较小的，县级人民政府民政部门可以委托乡镇人民政府（街道办事处）审批，但应报县级人民政府民政部门备案。对符合条件的，应及时予以批准；不符合条件不予批准，并书面向申请人说明理由。申请人以同一事由重复申请临时救助，无正当理由的，不予救助。对于不持有当地居住证的非本地户籍人员，县级人民政府民政部门、救助管理机构可以按生活无着人员救助管理有关规定审核审批，提供救助。

紧急程序。对于情况紧急、需立即采取措施以防止造成无法挽回的损失或无法改变的严重后果的，乡镇人民政府（街道办事处）、县级人民政府民政部门应先行救助。紧急情况解除之后，应按规定补齐审核审批手续。

（四）救助方式。

对符合条件的救助对象，可采取以下救助方式：

发放临时救助金。各地要全面推行临时救助金社会化发放，按照财政国库管理制度将临时救助金直接支付到救助对象个人账户，确保救助金足额、及时发放到位。必要时，可直接发放现金。

发放实物。根据临时救助标准和救助对象基本生活需要，可采取发放衣物、食品、饮用水，提供临时住所等方式予以救助。对于采取实物发放形式的，除紧急情况外，要严格按照政府采购制度的有关规定执行。

提供转介服务。对给予临时救助金、实物救助后，仍不能解决临时救助对象困难的，可分情况提供转介服务。对符合最低生活保障或医疗、教育、住房、就业等专项救助条件的，要协助其申请；对需要公益慈善组织、社会工作服务机构等通过慈善项目、发动社会募捐、提供专业服务、志愿服务等形式给予帮扶的，要及时转介。

（五）救助标准。

临时救助标准要与当地经济社会发展水平相适应。县级以上地方人民政府要根据救助对象困难类型、困难程度，统筹考虑其他社会救助制度保障水平，合理确定临时救助标准，并适时调整。临时救助标准应向社会公布。省级人民政府要加强对本行政区域内临时救助标准制定的统筹，推动形成相对统一的区域临时救助标准。

四、建立健全临时救助工作机制

（一）建立“一门受理、协同办理”机制。

各地要建立“一门受理、协同办理”机制，依托乡镇人民政府（街道办事处）政务大厅、办事大厅等，设立统一的社会救助申请受理窗口，方便群众求助。要根据部门职责建立受理、分办、转办、结果反馈流程，明确办理时限和要求，跟踪办理结果，将有关情况及时告知求助对象。要建立社会救助热线，畅通求助、报告渠道。

（二）加快建立社会救助信息共享机制。

各级政府要建立社会救助管理部门之间的信息共享机制，充分利用已有资源，加快建设社会救助管理信息系统，实现民政与卫生计生、教育、住房城乡建设、人力资源社会保障等部门的信息共享。要依法完善跨部门、多层次、信息共享的救助申请家庭经济状况核对机制，提高审核甄别能力。要建立救助对象需求与公益慈善组织、社会工作服务机构的救助资源对接机制，实现政府救助与社会帮扶的有机结合，做到因情施救、各有侧重、相互补充。

（三）建立健全社会力量参与机制。

要充分发挥群众团体、社会组织尤其是公益慈善组织、社会工作服务机构和企事业单位、志愿者队伍等社会力量资源丰富、方法灵活、形式多样的特点，通过委托、承包、采购等方式向社会力量购买服务，鼓励、支持其参与临时救助。要动员、引导具有影响力的公益慈善组织、大中型企业等设立专项公益基金，在民政部门的统筹协调下有序开展临时救助。

公益慈善组织、社会工作服务机构、企事业单位、志愿者队伍等社会力量可以利用自身优势，在对象发现、专业服务、发动社会募捐等方面发挥积极作用。社会力量参与社会救助的，按照国家有关规定享受财政补贴、税收优惠、费用减免等政策。

（四）不断完善临时救助资金筹集机制。

地方各级人民政府要将临时救助资金列入财政预算；省级人民政府要优化财政支出结构，切实加大临时救助资金投入；城乡居民最低生活保障资金有结余的地方，可安排部分资金用于最低生活保障对象的临时救助支出。中央财政对地方实施临时救助制度给予适当补助，重点向救助任务重、财政困难、工作成效突出的地区倾斜。

五、强化临时救助制度实施的保障措施

（一）加强组织领导。地方各级人民政府要按照属地原则，将建立完善临时救助制度列入重要议事日程，抓紧完善配套政策措施，确保2014年底前全面实施临时救助制度。要进一步建立健全政府领导、民政部门牵头、有关部门配合、社会力量参与的社会救助工作协调机制，及时研究解决工作中遇到的问题。要将临时救助等社会救助工作列入地方领导班子和领导干部政绩考核评价指标体系，并合理确定权重；考核结果纳入政府领导班子和相关领导干部综合考核评价的重要内容，作为干部选拔任用、管理监督的重要依据。民政部门要切实履行主管部门职责，发挥好统筹协调作用；财政部门要加强资金保障，提高资金使用效益；其他有关部门要各司其职，积极配合，形成齐抓共管、整体推进的工作格局。

（二）加强能力建设。省级人民政府要切实加强临时救助能力建设，统筹考虑常住人口、最低生活保障对象和特困供养人员数量等因素，制定落实基层社会救助职责的具体办法和措施。地方各级人民政府要结合本地实际全面落实临时救助制度要求，科学整合县（市、区）、乡镇人民政府（街道办事处）管理机构及人力资源，充实加强基层临时救助工作力量，确保事有人管、责有人负。要积极研究制定政府购买服务的具体办法，充分利用市场机制，加强基层临时救助能力建设。要充分发挥社区居民委员会和村民委员会的作用，协助做好困难排查、信息报送、宣传引导、公示监督等工作。要加强人员培训，不断提高临时救助管理服务水平。要加强经费保障，将临时救助所需工作经费纳入社会救助工作经费统筹考虑，列入地方各级财政预算。

（三）加强监督管理。县级以上地方人民政府要切实担负起临时救助政策制定、资金投入、工作保障和监督管理责任，乡镇人民政府（街道办事处）要切实履行临时救助受理、审核等职责，民政部门要会同卫生计生、教育、住房城乡建设、人力资源社会保障等部门，按照“一门受理、协同办理”的工作要求，明确各业务环节的经办主体责任，强化责任落实，确保困难群众求助有门、受助及时。民政、财政部门要会同有关部门将临时救助制度落实情况作为督查督办的重点内容，定期组织开展专项检查。财政、审计、监察部门要加强对临时救助资金管理使用情况的监督检查，防止挤占、挪用、套取等违纪违法现象发生。对于出具虚假证明材料骗取救助的单位和个人，要在社会信用体系中予以记录。临时救助实施情况要定期向社会公开，充分发挥社会监督作用，对于公众和媒体发现揭露的问题，应及时查处并公布处理结果。要完善临时救助责任追究制度，明确细化责任追究对象、方式和程序，加大行政问责力度，对因责任不落实、相互推诿、处置不及时等造成严重后果的单位和个人，要依纪依法追究责任。

（四）加强政策宣传。各地要组织好临时救助政策宣传，充分利用报刊、广播、电视等媒体和互联网，以及公共查阅室、资料索取点、信息宣传栏、宣传册、明白纸等群众喜闻乐见的途径和形式，不断加大政策宣传普及力度，使临时救助政策家喻户晓、人人皆知。要加强舆论引导，从政府作用、个人权利、家庭责任、社会参与等方面，多角度宣传临时救助的功能定位和制度特点，引导社会公众理解、支持临时救助工作，营造良好社会舆论氛围，弘扬中华民族团结友爱、互助共济的传统美德。

国家选择有特点、有代表性的区域进行“救急难”工作综合试点，在体制机制、服务方式、信息共享、财政税费等方面进行探索创新，先行先试，为不断完善临时救助制度，全面开展“救急难”工作提供经验。省级人民政府要根据本通知要求，结合实际，抓紧制定配套落实政策，国务院相关部门要根据本部门职责，抓紧制定具体政策措施。民政部、财政部要加强对本通知执行情况的监督检查，及时向国务院报告。国务院将适时组织专项督查。

浙江省社会救助条例

（2014年7月31日经浙江省第十二届人民代表大会常务委员会第十一次会议通过　2014年7月31日浙江省人民代表大会常务委员会公告第18号　自2014年11月1日起施行）

第一章　总　　则

第一条　为了加强社会救助，保障公民的基本生活，促进社会公平，维护社会和谐稳定，根据国务院《社会救助暂行办法》和有关法律、行政法规，结合本省实际，制定本条例。

第二条　本省行政区域内的最低生活保障、特困人员供养、自然灾害救助、医疗救助、教育救助、住房救助、就业救助和临时救助等社会救助活动，适用本条例。

法律援助、司法救助依照国家和省的有关规定执行。

第三条　社会救助制度坚持托底线、救急难、可持续，与其他社会保障制度相衔接，社会救助水平与经济社会发展水平相适应。

社会救助工作遵循公开、公平、公正、及时和分层分类救助的原则。

第四条　县级以上人民政府统一领导、组织本行政区域的社会救助工作。

县级以上人民政府应当将社会救助纳入国民经济和社会发展规划，建立健全政府领导、民政部门牵头、有关部门配合、社会力量参与的社会救助工作协调机制，统筹各项社会救助政策和标准，推进社会救助制度城乡一体化。

县级以上人民政府民政部门负责组织拟定社会救助政策和标准、建立社会救助家庭经济状况信息核对平台和社会救助统一受理机制等社会救助综合协调工作，以及相应的社会救助管理工作。

县级以上人民政府卫生计生、教育、住房城乡建设、人力资源社会保障等部门，按照各自职责负责相应的社会救助管理工作。

前两款所列行政部门统称社会救助管理部门。

第五条 县级以上人民政府应当按照国家统一规划建立社会救助管理信息系统，健全社会救助管理部门信息交换制度，实现社会救助信息互联互通、资源共享。

县级以上人民政府民政部门应当加强与其他社会救助管理部门的协作配合，整合、联通社会救助信息，为建立健全社会救助体系提供信息保障。

第六条 乡镇人民政府、街道办事处应当明确社会救助经办机构，落实经办人员，在便民服务场所设置社会救助统一受理窗口，具体承办有关社会救助的申请受理、调查审核等事项。

村民委员会、居民委员会协助做好有关社会救助工作。

第七条 工会、共青团、妇女联合会、残疾人联合会、红十字会等组织根据职责或者章程参与社会救助，开展社会帮扶活动。

鼓励公民、法人和其他组织参与社会救助。

第八条 社会救助资金和社会救助工作经费纳入各级人民政府财政预算。省级财政根据各设区的市、县（市）财政状况、社会救助资金支出情况和工作绩效等给予补助。

社会救助资金实行专项管理，分账核算，专款专用，任何单位或者个人不得挤占挪用。

第二章 最低生活保障

第九条 对共同生活的家庭成员人均月收入低于当地最低生活保障标准，且符合当地最低生活保障家庭财产状况规定的家庭，给予最低生活保障。

第十条 最低生活保障标准按照当地居民生活必需的费用确定，并根据当地经济社会发展水平和物价变动情况适时调整。

居民生活必需的费用参照当地城乡居民人均消费支出的一定比例确定，也可以参照当地城乡居民人均可支配收入或者最低工资标准的一定比例确定。参照最低工资标准确定的，城镇最低生活保障标准在当地月最低工资标准的百分之四十至百分之五十之间确定。农村最低生活保障标准不低于当地城镇最低生活保障标准的百分之七十，并逐步缩小城乡差距。有条件的地方可以实行城乡统一的最低生活保障标准。

最低生活保障标准的具体确定办法，由省人民政府民政部门会同有关部门制定，报省人民政府批准后实施。

第十一条 申请最低生活保障，由共同生活的家庭成员向户籍所在地的乡镇人民政府、街道办事处提出；家庭成员申请有困难的，村民委员会、居民委员会应当协助其提出申请。

乡镇人民政府、街道办事处应当自接到最低生活保障申请之日起十五个工作日内，通过入户调查、邻里访问、群众评议、信息核查等方式，对申请人的家庭收入状况、财产状况进行调查核实，提出初审意见，并在申请人所在村、社区公示七日后报县级人民政府民政部门审批。

县级人民政府民政部门应当自收到初审意见之日起五个工作日内予以审批。对符合条件的申请予以批准，并在申请人所在村、社区公布；对不符合条件的申请不予批准，并书面说明理由。

第十二条 对获得最低生活保障的家庭，县级人民政府民政部门按照共同生活的家庭成员人均月收入低于当地最低生活保障标准的差额按月发给最低生活保障金。

第十三条 未纳入最低生活保障范围，家庭成员人均月收入在最低生活保障标准一点五倍以下，且家庭财产状况符合县级以上人民政府规定的家庭（以下称为最低生活保障边缘家庭），可以按照本条例的规定申请有关专项社会救助。

县级以上人民政府根据本地实际和分类救助的需要，可以调整最低生活保障边缘家庭的认定范围，但最低生活保障边缘家庭的人均月收入认定标准最高不得超过当地执行的月最低工资标准。

最低生活保障边缘家庭的申请、审批程序适用本条例第十一条规定。

第三章　特困人员供养

第十四条　对无劳动能力、无生活来源且无法定赡养、抚养、扶养义务人，或者其法定赡养、抚养、扶养义务人无赡养、抚养、扶养能力的老年人、残疾人以及未满十六周岁的未成年人，按照国家和省的有关规定给予特困人员供养。特困人员供养标准，由县级以上人民政府确定、公布。

特困人员供养应当与老年人保障、残疾人保障、困境儿童分类保障等制度相衔接。

第十五条　申请特困人员供养，由本人向户籍所在地的乡镇人民政府、街道办事处提出；本人申请有困难的，村民委员会、居民委员会应当协助其提出申请。

特困人员供养的审批程序适用本条例第十一条规定。

第十六条　特困供养人员可以在供养服务机构集中供养，也可以居家分散供养。特困供养人员可以自行选择供养形式。

县级以上人民政府民政部门可以指定符合条件的供养服务机构，为智力残疾或者患有精神障碍的特困供养人员提供供养服务。

第四章　自然灾害救助

第十七条　对基本生活受到自然灾害严重影响的人员，提供生活救助。

自然灾害救助实行属地管理，分级负责。

第十八条 自然灾害发生后，县级以上人民政府或者人民政府的自然灾害救助应急综合协调机构应当根据自然灾害救助应急预案和自然灾害发生情况紧急疏散、转移、安置受灾人员，及时为受灾人员提供必要的食品、饮用水、衣被、临时住所、医疗防疫等应急救助。

第十九条 受灾地区人民政府可以采取就地安置与异地安置、政府安置与自行安置相结合的方式，对住房损毁严重的受灾人员进行过渡性安置，并发放过渡期生活补助或者生活必需品，保障受灾人员基本生活。

第二十条 自然灾害危险消除后，受灾地区县级以上人民政府应当统筹研究制订居民住房恢复重建规划和优惠政策，组织重建或者修缮因灾损毁的居民住房。民政等部门应当及时核实本行政区域内居民住房恢复重建补助对象，并给予资金、物资等救助。住房城乡建设等部门应当为重建或者修缮因灾损毁的居民住房提供必要的技术支持。

第五章 医疗救助

第二十一条 下列人员可以申请医疗救助：

（一）最低生活保障家庭成员；

（二）特困供养人员；

（三）最低生活保障边缘家庭成员；

（四）因患大病规定范围内的医疗费用自负部分超出家庭承受能力，导致家庭实际生活水平低于当地最低生活保障边缘家庭标准的人员；

（五）县级以上人民政府规定的其他特殊困难人员。

第二十二条 医疗救助采取下列方式：

（一）对第二十一条第一项至第三项规定的救助对象参加基本

医疗保险、大病保险的个人缴费部分，给予补贴；

（二）对医疗救助对象经基本医疗保险、大病保险和其他补充医疗保险支付后，个人及其家庭难以承担的规定范围内的医疗费用，给予补助。

医疗救助标准，由县级以上人民政府按照当地经济社会发展水平和医疗救助资金情况确定、公布。

第二十三条 申请医疗救助，由本人或者共同生活的家庭成员向户籍所在地的乡镇人民政府、街道办事处提出，经乡镇人民政府、街道办事处审核提出初审意见，并在申请人所在村、社区公示七日后，报县级人民政府民政部门审批。

最低生活保障家庭成员、特困供养人员和最低生活保障边缘家庭成员可以凭相关证件直接获得医疗救助。

第二十四条 县级以上人民政府民政、卫生计生、人力资源社会保障等部门应当建立健全医疗救助与基本医疗保险、大病保险相衔接的医疗费用结算机制，为医疗救助对象提供即时扣除补助部分的便捷服务。

第二十五条 县级以上人民政府应当按照国家有关规定建立疾病应急救助制度，设立疾病应急救助基金，对需要急救但身份不明或者无力支付急救费用的急重危伤病患者给予疾病应急救助。

第六章 教育救助

第二十六条 对接受学前教育、义务教育、高中教育（含中等职业教育）、普通高等教育的最低生活保障家庭成员、特困供养人员、最低生活保障边缘家庭成员，以及不能入学接受义务教育的残疾儿童，给予教育救助。

第二十七条 对教育救助对象，根据不同教育阶段，分别给予下列救助：

（一）对学前教育阶段的救助对象减免保育教育费；

（二）对义务教育阶段的救助对象免除住宿费，根据实际情况给予营养餐等生活补助；

（三）对高中教育阶段（含中等职业教育）的救助对象免除学费、发放国家助学金；

（四）对普通高等教育阶段的救助对象根据实际情况分别给予发放国家助学金、临时困难补助、减免学费、安排勤工助学等救助或者提供国家助学贷款。

对不能入学接受义务教育的残疾儿童，提供送教上门、远程教育或者其他适合残疾儿童特点的服务。

县级以上人民政府可以根据经济社会发展情况和本地实际，增加教育救助的具体措施。

第二十八条　申请教育救助，应当向就读学校提出。学前教育、义务教育、高中教育阶段的教育救助，由学校报经教育行政部门审核、确认；普通高等教育阶段的教育救助，由学校按国家和省有关规定审核、确认。

第七章　住房救助

第二十九条　对符合规定标准的住房困难的最低生活保障家庭、分散供养的特困人员和最低生活保障边缘家庭，给予住房救助。

住房救助的申请、审批程序，按照国家和省有关规定执行。

第三十条　城镇住房救助通过配租公共租赁住房、发放住房租赁补贴等方式实施。以发放住房租赁补贴予以住房救助的，按照与公共租赁住房实物配租利益相当的原则进行折算。

农村住房救助通过发放新建（购）住房补贴、农村危房改造补贴、提供建房技术服务等方式实施。县级以上人民政府可以结合扶贫异地搬迁、农村危房改造、移民和生态建设等工程项目，实施农村住房救助。

鼓励村集体经济组织出资新建住房、收购改建空置住房，提供给农村住房救助对象居住。

第三十一条 住房救助对象的住房因公共利益需要被征收时，应当按照有关规定优先给予住房保障。

第三十二条 对住房救助对象中的残疾人，应当根据其身体状况给予房源、楼层等方面的优先选择权。有条件的地方应当实施家庭无障碍改造。

第八章 就业救助

第三十三条 对最低生活保障家庭、最低生活保障边缘家庭中法定劳动年龄内有劳动能力并处于失业状态的成员，通过贷款贴息、社会保险补贴、岗位补贴、培训补贴、费用减免、公益性岗位安置、职业技能鉴定补贴等办法，给予就业救助。

第三十四条 最低生活保障家庭、最低生活保障边缘家庭中法定劳动年龄内有劳动能力的成员均处于失业状态的，县级以上人民政府应当采取有针对性的措施，确保该家庭至少有一人就业。

第三十五条 申请就业救助，应当向户籍所在地乡镇（街道）、社区（村）公共就业服务机构提出，公共就业服务机构核实后予以登记，并免费提供就业岗位信息、职业介绍、职业指导等就业服务。

第三十六条 最低生活保障家庭中法定劳动年龄内有劳动能力但未就业的成员，应当接受人力资源社会保障等有关部门介绍的工作。无正当理由，在六个月内连续三次拒绝接受介绍的与其健康状况、劳动能力等相适应的工作的，人力资源社会保障等有关部门应当告知同级民政部门，民政部门应当决定减发或者停发其本人的最低生活保障金。

第三十七条 吸纳就业救助对象的用人单位，按照国家有关规定享受社会保险补贴、税收优惠、信贷支持等就业扶持政策。

第九章　临时救助

第三十八条　对因特殊原因导致基本生活暂时出现严重困难但不属于本条例规定的其他社会救助范围，或者已接受其他社会救助但基本生活仍然困难的家庭，给予临时救助。

有下列情形之一的家庭，可以申请临时救助：

（一）因火灾、交通事故等意外事故，或者家庭成员突发大病等原因，导致基本生活暂时出现严重困难的家庭；

（二）因生活必需支出突然增加超出家庭承受能力，导致基本生活暂时出现严重困难的最低生活保障家庭和最低生活保障边缘家庭；

（三）县级以上人民政府规定的其他遭遇特殊困难的家庭。

第三十九条　对临时救助对象，根据其困难程度和不同情形，分别给予以下救助：

（一）给予每人当地最低生活保障标准六倍以下的一次性基本生活救助；特别困难的，可以适当增加，但最高不超过当地最低生活保障标准的十二倍；

（二）因火灾等情形，救助对象住房损毁，无处居住的，根据需要给予临时安置，并参照自然灾害救助标准给予住房修建补助；

（三）县级以上人民政府规定的其他临时救助措施。

临时救助的具体事项和标准，由县级以上人民政府确定、公布。

第四十条　申请临时救助，应当向乡镇人民政府、街道办事处提出，经乡镇人民政府、街道办事处审核提出初审意见，并在申请人所在村、社区公示七日后，报县级人民政府民政部门审批；救助金额较小的，县级人民政府民政部门可以委托乡镇人民政府、街道办事处审批。情况紧急的，可以按照规定简化审批程序。

第四十一条　对一定时期内，因患大病等特殊原因导致生活必需支出超出家庭承受能力，家庭实际生活水平低于当地最低生活保障标准的本地户籍家庭，给予一定期限的基本生活救助。具体救助条件和标准，由县级以上人民政府确定、公布。

第四十二条　对生活无着的流浪、乞讨人员，由救助管理机构按照国家和省的有关规定提供临时食宿、急病救治、协助返回等救助。

第十章　社会力量参与

第四十三条　鼓励依法设立的公益慈善类社会组织按照其章程参与社会救助。

鼓励单位和个人通过设立、主办、承办、协办、冠名帮扶项目，或者捐赠、创办服务机构、提供志愿服务等方式，参与社会救助。

鼓励报刊、广播、电视、互联网等媒体开展公益性宣传，参与社会救助。

社会力量参与社会救助，按照国家和省有关规定享受财政补贴、税收优惠、费用减免等政策。

第四十四条　县级以上人民政府可以将社会救助中的具体服务事项通过委托、承包、采购、聘用人员等方式，向社会力量购买服务。

县级以上人民政府应当制定并公布社会救助政府购买服务目录，建立社会救助项目社会化运作的评估、考核、退出机制。

第四十五条　县级以上人民政府应当建立激励机制，鼓励、支持社会工作服务机构、社会工作者和志愿服务组织等发挥专业优势和特长，为社会救助对象提供生活帮扶、精神慰藉、社会融入、能力提升、心理疏导等服务。

第四十六条　社会救助管理部门应当建立社会力量参与社会救助的机制和渠道，主动提供社会救助项目、发布需求信息，为社会力量参与社会救助创造条件、提供便利。有关单位和个人应当及时将参与社会救助的情况反馈社会救助管理部门。

第十一章　监督管理

第四十七条　县级以上人民政府及其社会救助管理部门应当加强对社会救助工作的监督检查，规范审核审批流程，建立健全责任追究等相关监督管理制度。

县级以上人民政府财政、审计、监察等部门依法对社会救助资金和物资的筹集、分配、管理和使用实施监督。

第四十八条　申请社会救助的家庭，应当按照规定如实申报家庭收入和财产状况。已获得社会救助的家庭，人口、收入、财产状况发生变化的，应当及时告知乡镇人民政府、街道办事处。

家庭收入和财产状况的具体认定办法，由省人民政府民政部门会同有关部门制定，报省人民政府批准后实施。

第四十九条　县级以上人民政府民政部门根据申请社会救助的家庭或者已获得社会救助家庭的委托，可以通过户籍管理、税务、社会保险、不动产登记、工商登记、住房公积金管理、车船管理等单位和银行、保险、证券等金融机构，代为查询、核对其家庭收入状况、财产状况；有关单位和金融机构应当予以配合。

县级以上人民政府民政部门应当建立社会救助家庭经济状况信息核对平台，其他有关部门应当及时提供相关信息数据，为社会救助对象的审核认定和定期核查提供依据。

第五十条　社会救助管理部门应当建立健全社会救助对象动态管理和退出机制。

已获得社会救助家庭的人口、收入、财产状况发生变化的，应当及时增加或者减少相应救助金额或者项目；不再符合救助条件的，应当停止救助。

最低生活保障家庭成员在接受救助期间因就业而增加的收入

不计入家庭收入，不计入的期限不少于六个月，最长不超过十二个月，不计入的额度每月最高不超过最低生活保障标准的三倍。

第五十一条 有下列情形之一的，应当停止救助：

（一）家庭收入和财产状况经核查超出规定标准的；

（二）不按照规定如实申报家庭收入和财产状况的；

（三）拒绝接受社会救助管理部门对其家庭收入和财产状况进行核查的；

（四）采取虚报、隐瞒、伪造等手段骗取救助的；

（五）法律、法规规定的其他情形。

社会救助管理部门决定停止救助的，应当书面说明理由。

第五十二条 社会救助管理部门以及社会救助经办机构应当加强与工会、共青团、妇女联合会、残疾人联合会、红十字会、慈善总会以及其他有关组织和单位的沟通、联系，互通信息，协调开展社会救助、慈善事业、社会帮扶等工作。

第五十三条 申请社会救助，申请人难以确定社会救助管理部门的，可以先向便民服务场所的统一受理窗口、社会救助经办机构或者县级人民政府民政部门求助。统一受理窗口、社会救助经办机构或者县级人民政府民政部门接到求助后，应当及时办理或者转交其他社会救助管理部门办理。

第五十四条 乡镇人民政府、街道办事处应当建立主动发现、及时救助机制，了解掌握本行政区域居民的生活困难情况，组织人员定期对社会救助对象进行入户调查和关怀访问，宣传救助政策，开展救助活动。

居民委员会、村民委员会发现符合救助条件的家庭和人员，应当协助其申请救助。

第五十五条 社会救助管理部门及其工作人员、社会救助经办机构以及经办人员对在社会救助工作中知悉的公民个人信息，应当予以保密，但是按照规定应当公示的信息除外。

信息公示涉及未成年人的，应当注意对未成年人的保护。

第五十六条 以货币形式给予社会救助的，除特殊情形需要现金发放外，应当通过银行业金融机构发放。定期发放的，从批准的次月起计发，每月发放一次。

第五十七条 县级以上人民政府及其社会救助管理部门应当通过报刊、广播、电视、互联网、公共视听载体等媒体，宣传社会救助相关法律、法规和政策。

县级人民政府及其社会救助管理部门应当通过政府门户网站、信息公告栏、公共查阅室、资料索取点等便于公众知晓的途径，及时公开社会救助资金、物资的管理和使用等情况，接受社会监督。

第五十八条 社会救助管理部门及其工作人员、社会救助经办机构以及经办人员履行职责，应当接受社会监督。

社会救助管理部门应当建立举报投诉制度，公开举报投诉电话、电子邮箱、网络平台等联系方式，受理有关社会救助工作的举报和投诉。

任何单位、个人有权对社会救助工作中的违法行为进行举报、投诉。受理举报、投诉的机关应当自收到举报、投诉之日起十五日内予以核实、处理。

第十二章 法律责任

第五十九条 违反本条例规定的行为，法律、行政法规已有法律责任规定的，从其规定。

第六十条 违反本条例规定，社会救助管理部门及其工作人员、社会救助经办机构以及经办人员有下列情形之一的，由上级行政机关或者监察机关责令改正；对直接负责的主管人员和其他直接责任人员依法给予处分：

（一）未按照本条例规定的程序对救助申请进行公示、核查、审批的；

（二）经核查社会救助对象不再符合救助条件，未予停止救助的；

（三）未按照本条例规定核实处理有关举报、投诉的；

（四）有其他滥用职权、玩忽职守、徇私舞弊行为的。

第六十一条 采取虚报、隐瞒、伪造等手段，骗取社会救助资金、物资或者服务的，除依法追究相应法律责任外，还应当将有关信息记入个人征信系统。

第十三章 附 则

第六十二条 县级以上人民政府可以根据本地实际，对持有浙江省居住证的人员提供相关社会救助。

第六十三条 本条例自2014年11月1日起施行。

湖北省社会救助实施办法

（2014年8月25日省人民政府常务会议审议通过 2014年9月10日湖北省人民政府令第374号公布 自2014年11月1日起施行）

第一章 总 则

第一条 为了加强社会救助，关爱生活困难群众，保障公民的基本生活，促进社会公平，维护社会和谐稳定，根据《社会救助暂行办法》等法律法规，结合本省实际，制定本办法。

第二条 社会救助制度坚持托底线、救急难、可持续，与其他社会保障制度相衔接，社会救助水平与经济社会发展水平相适应。

社会救助工作遵循公开、公平、公正、及时的原则。

第三条 县级以上人民政府应当将社会救助纳入国民经济和社会发展规划，建立健全政府领导、民政部门牵头、有关部门配合、社会力量参与的社会救助工作协调机制和社会救助工作联席会议制度，完善社会救助资金、物资保障机制。

县级以上人民政府应当根据经济社会发展状况和人民生活水平，统筹制定、落实社会救助政策及保障标准，建立社会救助资金自然增长机制，将社会救助资金和社会救助工作经费纳入本级财政预算，推进社会救助制度城乡一体化。

第四条 县级以上人民政府民政部门统筹做好本行政区域内社会救助管理工作。

教育、人力资源社会保障、住房城乡建设、卫生计生等社会救助管理部门，按照各自职责负责相应的社会救助管理工作。

发展改革、财政、机构编制、公安、工商、税务等部门按照各自职责，共同做好社会救助工作。

第五条 县级以上人民政府应当按照国家统一规划建立社会救助管理信息系统，实现社会救助信息互联互通、资源共享。

第六条 乡镇人民政府、街道办事处统一负责基层社会救助事务。负责民政事务的机构作为社会救助经办机构，具体承办有关社会救助的申请受理、调查审核等事项。

村民委员会、居民委员会协助做好有关社会救助工作。

第七条 新闻媒体应当加强对社会救助工作法规政策宣传，引导公众关注、支持、参与社会救助工作，鼓励救助对象自立自强，弘扬社会主义核心价值观，促进社会救助诚信体系建设。

第八条 鼓励社会组织和个人参与社会救助，探索保险服务业参与社会救助体系建设，为社会救助对象提供捐助和服务。

对在社会救助工作中作出显著成绩的单位和个人，按国家和省有关规定给予表彰、奖励。

第二章　最低生活保障

第九条　最低生活保障标准，由市、州、直管市、神农架林区（以下简称市级）人民政府按照国家规定的测算方法，根据当地上年度城乡居民人均消费支出的一定比例确定、公布，并根据当地经济社会发展水平和物价变动情况适时调整。

最低生活保障家庭收入状况、财产状况的具体认定办法，由市级人民政府按照国家、省有关规定制定。

第十条　申请最低生活保障，按照下列程序办理：（一）由共同生活的家庭成员向户籍所在地的乡镇人民政府、街道办事处提出书面申请，按规定提交相关材料；家庭成员申请有困难的，可以委托村民委员会、居民委员会代为提出申请。申请人与最低生活保障经办人员或村民委员会、居民委员会成员、相关工作人员有近亲属关系的，应当如实申明；（二）乡镇人民政府、街道办事处，应当自受理申请之日起15日内，通过入户调查、邻里访问、信函索证、群众评议、信息核查等方式，对申请人的家庭收入状况、财产状况进行调查核实，提出初审意见，在申请人所在村、社区公示7日后，报县级人民政府民政部门审批；（三）县级人民政府民政部门应当自收到乡镇人民政府、街道办事处初审意见和相关材料之日起15日内提出审批意见。对符合条件的申请予以批准，并在申请人所在村、社区公布；对不符合条件的申请不予批准，并书面向申请人说明理由。

第十一条　对批准获得最低生活保障的家庭，县级人民政府民政部门按照共同生活的家庭成员人均收入低于当地最低生活保障标准的差额，按月发给最低生活保障金。

对获得最低生活保障后生活仍有困难的老年人、未成年人、重度残疾人和重病患者，县级以上人民政府应当采取多种措施提高其救助水平。县级人民政府民政部门应当按不低于本地最低生活保障标准的20%比例，增发补助资金。

第十二条 未纳入最低生活保障范围，家庭收入在最低生活保障标准1. 5倍以下，且家庭财产符合县级以上人民政府规定的低收入家庭（以下简称低收入家庭），可以按照本办法的规定申请有关社会救助。

县级以上人民政府根据本地实际和分类救助的需要，可以扩大低收入家庭的认定范围，但低收入家庭的人均月收入认定标准不得超过当地执行的月最低工资标准。县级以上人民政府应当每年向社会公布本地区低收入家庭认定标准。

第三章 特困人员供养

第十三条 县级以上人民政府对无劳动能力、无生活来源且无法定赡养、抚养、扶养义务人，或者其法定赡养、抚养、扶养义务人无赡养、抚养、扶养能力的老年人、残疾人、未满16周岁的未成年人以及虽已满16周岁但仍在全日制学校就读的人员，给予特困人员供养。

特困人员供养内容按照国家和省有关规定执行。特困人员供养标准，由市级人民政府按国家规定的测算方法确定、公布，供养标准不得低于当地居民平均生活水平，并根据平均生活水平的提高适时调整。

特困人员供养应当与城乡居民基本养老保险、基本医疗保障、最低生活保障、孤儿基本生活保障等制度相衔接。

特困人员供养的申请、审批程序适用本办法第十条规定。

第十四条 特困供养人员可以自行选择在当地供养服务机构集中供养或在家分散供养。

县级以上人民政府民政部门可以指定符合条件的供养服务机构，为智力残疾或者患有精神障碍的特困供养人员提供供养服务。

特困供养人员住房为危房或者因灾倒塌的，可根据本人意愿，安排入住供养服务机构集中供养，其住房救助补助资金，划拨供养服务机构作为入住建房或者维修改造经费。

第十五条 县级以上人民政府应当根据本行政区域特困供养人员数量、分布和集中供养需求等，建设能够满足集中供养需要的供养服务机构。供养服务机构应当依法办理事业单位法人登记。

县级人民政府和乡镇人民政府、街道办事处应当按照有关规定，为供养服务机构提供必要的设备、管理资金和工作经费，配备与之相适应的管理服务人员，供养服务机构的医疗室应当配备具有专业技术的医护人员。

第十六条 村民委员会、居民委员会应当及时了解掌握居民的生活情况，发现符合特困供养条件的人员，应当主动为其申请特困人员供养。

特困供养人员死亡或者不再符合供养条件的，村民委员会、居民委员会或者供养服务机构应当在30日内告知乡镇人民政府、街道办事处，由乡镇人民政府、街道办事处审核并报县级人民政府民政部门核准后，终止供养并予以公示。

特困供养人员死亡的，按照有关规定办理丧葬事宜。

第四章 受灾人员救助

第十七条 建立自然灾害救助制度，对基本生活受到自然灾害严重影响人员，提供生活救助。自然灾害救助实行属地管理，分级负责。

自然灾害救助内容包括：灾害应急救助、过渡性生活救助、因灾毁损居民住房恢复重建、水旱灾临时生活困难救助、冬春临时生活困难救助和遇难人员亲属抚慰金等。

第十八条 灾害应急救助阶段结束后，冬春临时生活困难救助开始前，受灾地区人民政府应当结合本地实际情况，对因灾无生活来源、无自救能力，以及房屋倒塌或者严重损坏无房可住的受灾人员，给予过渡性生活救助。过渡性生活救助对象由受灾地区县级以上人民政府民政部门调查核实后确定。

自然灾害发生后，受灾地区人民政府应当为当年冬寒或者次年春荒遇到生活困难的受灾人员提供基本生活救助。

第十九条 灾情稳定后，受灾地区县级以上人民政府应当评估、核定并发布自然灾害损失情况。

受灾地区人民政府民政等部门应当向经审核确认的居民住房恢复重建补助对象发放补助资金和物资，住房城乡建设等部门应当为受灾人员重建或者修缮因灾损毁的居民住房提供必要的技术支持。

第二十条 县级以上人民政府应当按照统筹规划、布局合理、规模适度的原则，设立自然灾害救助物资储备库。自然灾害易发、多发且交通不便的乡镇人民政府、街道办事处，可以根据当地实际情况设立自然灾害救助物资储备点。

县级以上人民政府民政部门应当按照自然灾害救助预案的要求，合理确定救灾物资品种、标准、规模，并建立健全救灾物资采购、储备和供应机制，确保发生自然灾害时能够紧急调拨救灾物资。

第五章　医疗救助

第二十一条 建立健全医疗救助制度，保障医疗救助对象获得基本医疗卫生服务。下列人员可以申请相关医疗救助：（一）最低生活保障家庭成员；（二）特困供养人员；（三）县级以上人民政府规定的其他特殊困难人员。

第二十二条 医疗救助采取下列方式：（一）对救助对象参加城镇居民基本医疗保险或者新型农村合作医疗的个人缴费部分给予补贴，其中特困供养人员给予全额补贴；（二）对救助对象住院治疗经基本医疗保险、大病保险和其他补充医疗保险支付后，个人及其家庭难以承担的符合规定的基本医疗自负费用，给予补助，其中特困人员给予全额补助；（三）对救助对象中需要长期药物维持的慢性病、重特大疾病患者给予门诊救助，其中集中供养的特困人员给予定额门诊救助，由供养机构统筹使用。

第二十三条 医疗救助标准，由县级以上人民政府按照经济社会发展水平和医疗救助资金情况确定、公布，并根据当地社会经济发展水平适时调整。

第二十四条 申请医疗救助的，应当向乡镇人民政府、街道办事处提出，经审核、公示后，由县级人民政府民政部门审批。最低生活保障家庭成员和特困供养人员的医疗救助，由县级人民政府民政部门直接办理。

第二十五条 县级以上人民政府民政、人力资源社会保障、卫生计生等部门负责健全医疗救助与基本医疗保险、大病保险相衔接的医疗费用结算制度，实行联网即时结算，为医疗救助对象提供便捷服务。

第二十六条 设立省和市级疾病应急救助基金。疾病应急救助基金通过财政投入和社会各界捐助等多渠道筹集。疾病应急救助基金的设立和管理，按国家和省有关规定执行。

对发生在本省行政区域内的、需要急救但身份不明或者无力支付急救费用的急重危伤病患者给予救助。符合规定的急救费用由疾病应急救助基金支付。

疾病应急救助制度应当与其他医疗保障制度相衔接。

第六章　教育救助

第二十七条 对在义务教育阶段就学的最低生活保障家庭成员、特困供养人员，优先给予教育救助。

建立从学前教育到研究生教育的教育救助制度，根据不同教育阶段学生（幼儿）需求，给予教育救助。

第二十八条 教育救助采取下列方式：

（一）对最低生活保障家庭子女、特困救助家庭子女、孤儿、革命烈士子女、残疾幼儿以及其他经济困难家庭子女接受普惠性学前教育给予资助；

（二）对义务教育阶段家庭经济困难的寄宿学生发放生活补助，对集中连片特殊困难地区学生提供营养补助；

（三）对在普通高中就学的家庭经济困难学生发放国家助学金。对在中等职业学校和技工学校就学的农村学生、城市涉农专业学生和家庭经济困难学生免收学费；对中职学校和技工学校中涉农专业学生和家庭经济困难学生发放国家助学金；

（四）对在高等教育阶段就学的家庭经济困难的专科生、本科生、研究生，提供国家助学金、奖学金、生源地贷款、学费代偿，发放生活补助。

第二十九条 各类教育的具体救助比例、标准，由省教育、民政、财政等部门根据本省经济社会发展水平和教育救助对象的基本学习、生活需求确定，并报省人民政府批准后公布。

第三十条 鼓励企事业单位、社会团体和个人，通过直接捐款、设立奖学金、成立教育助学基金会等形式，开展教育救助。

第三十一条 申请教育救助，应当向就读学校或县级人民政府教育行政部门提出，有关部门按照国家和省有关规定审核、确认后实施。

第七章 住房救助

第三十二条 市、县级人民政府对下列符合规定标准的住房困难家庭和其他急需保障的特殊困难家庭给予住房救助：（一）城镇最低生活保障家庭中的无房户和住房困难户；（二）分散供养的特困人员中的住房困难户；（三）因自然灾害造成房屋倒塌，或严重损坏经鉴定后不能居住，或急需搬迁，且无自救能力的受灾群众；（四）县级以上人民政府规定的其他困难群众。

第三十三条 住房救助实行货币补贴和实物配租等相结合，

具体可通过配租公共租赁住房、发放住房租赁补贴、农村危房改造、垦区危旧房改造等方式实施。

第三十四条 住房困难标准和救助标准，由县级以上人民政府根据本行政区域经济社会发展水平、住房价格水平、人均住房建筑面积等因素确定并向社会公布。

住房保障部门应当全面公开城镇保障性安居工程建设项目信息、保障性住房分配和退出信息，加大公租房配租政策及实施情况等信息公开力度。

第三十五条 城镇住房困难家庭申请住房救助的，应当经由乡镇人民政府、街道办事处或者直接向县级人民政府住房保障部门提出，经县级人民政府民政部门按本办法第十条规定审核其家庭收入、财产状况，县级人民政府住房保障部门审核其家庭住房状况并公示后，对符合条件的申请人给予保障。

对符合救助条件的急需救助对象，可不经轮候直接给予救助；支付租金确有困难的对象，可申请租金减免。

农村家庭申请住房救助的，按照县级以上人民政府有关规定执行。

第八章 就业救助

第三十六条 各级人民政府对最低生活保障家庭中有劳动能力并处于失业状态的成员，通过免费职业介绍、职业培训补贴、职业技能鉴定补贴、社会保险补贴、公益性岗位补贴、创业补贴、贷款贴息、税费减免、公益性岗位安置等措施，给予就业救助。

第三十七条 最低生活保障家庭有劳动能力的成员均处于失业状态的，县级以上人民政府应当采取职业介绍、公益性岗位安置等措施优先给予就业救助，确保该家庭至少有一人就业。对实现就业的最低生活保障对象，在核算其家庭收入时，可以扣减必要的就业成本。

第三十八条 加强就业救助制度与失业保险制度、最低生活保障制度和最低工资制度之间的衔接，鼓励和引导就业救助对象主动就业创业。

第三十九条 实行就业救助对象动态管理和帮扶责任制度。申请就业救助的，应当持申请人身份证件、最低生活保障证明向所在地街道、社区公共就业服务机构提出。经公共就业服务机构核实后予以登记，建立专门台账，并免费提供及时、有效的就业岗位信息、职业介绍、职业指导等就业服务。

第四十条 最低生活保障家庭中有劳动能力但未就业的成员，应当接受人力资源社会保障等有关部门介绍的工作，以及就业培训、职业技能鉴定等服务。无正当理由，连续3次拒绝接受介绍的与其健康状况、劳动能力等相适应的工作的，县级人民政府民政部门应当决定减发或者停发其本人的最低生活保障金。

第四十一条 鼓励各类用人单位吸纳就业救助对象。用人单位招用就业救助对象，签订劳动合同并缴纳社会保险费的，可以按规定享受社会保险补贴。招用就业救助对象达到规定条件的劳动密集型中小企业，可以申请小额担保贷款和享受贴息政策。用人单位吸纳符合条件的就业救助对象的，可以按照国家有关规定享受税收优惠等就业扶持政策。

第四十二条 鼓励有劳动能力和培训意愿的就业救助对象参加职业技能培训、创业培训。就业救助对象参加技能培训、创业培训的，按照省有关规定享受政府职业技能培训补贴和培训期间生活补贴。对就业救助对象通过初次职业技能鉴定并取得职业资格证书的，按照有关规定给予一次性职业技能鉴定补贴。

第四十三条 各级人民政府投资开发和购买的公益性岗位，应当优先安置最低生活保障家庭中有劳动能力但未就业的成员。公益性岗位安置符合条件的就业救助对象的，可以按规定在一定期限内享受社会保险补贴和岗位补贴。

第九章　临时救助

第四十四条　有下列情形之一的，可以申请临时救助：（一）对因火灾、交通事故等意外事件，或者家庭成员突发重大疾病等原因，导致基本生活暂时出现严重困难的家庭；（二）因生活必需支出突然增加超出家庭承受能力，导致基本生活暂时出现严重困难的最低生活保障家庭；（三）县级以上人民政府规定的遭遇其他特殊困难的家庭。

第四十五条　对临时救助对象，根据其困难程度和不同情形，可以分别给予以下救助：（一）给予每人当地月最低生活保障标准6倍以下的一次性基本生活救助；特别困难的，可以适当增加，但最高不得超过当地月最低生活保障标准的12倍；（二）因火灾等情形，救助对象住房损毁，无处居住的，根据需要给予临时安置，并参照自然灾害救助标准给予住房修建补助；（三）县级以上人民政府规定的其他临时救助措施。

临时救助的具体事项和标准，由县级以上人民政府确定、公布。

第四十六条　申请临时救助，适用本办法第十条规定。救助金额低于当地最低生活保障标准2.5倍的，县级人民政府民政部门可以委托乡镇人民政府、街道办事处审批；情况紧急的，可以简化审批程序。

第四十七条　县级以上人民政府应当对生活无着的流浪、乞讨人员提供临时食宿、急病救治、协助返回等救助。

公安机关和其他有关行政机关的工作人员在执行公务时发现流浪、乞讨人员的，应当告知其向救助管理机构求助。对其中的残疾人、未成年人、老年人和行动不便的其他人员，应当引导、护送到救助管理机构；对突发急病人员，应当立即通知急救机构进行救治。

第十章　政府保障与社会参与

第四十八条　县级人民政府财政部门应当依据上年度公布的

社会救助项目、标准和救助对象规模，足额预算安排所需社会救助资金。

省级财政对保障任务重、财政困难以及工作绩效突出的地区加大社会救助资金转移支付力度，对基层工作经费不足的区域，给予适当补助。

第四十九条 乡镇人民政府、街道办事处的社会救助经办机构，在政务大厅或办事大厅设立申请受理窗口，公开社会救助政策和受理申请工作流程，及时受理社会救助申请，做好政策咨询、分办转办等工作，为困难群众求助提供“一门受理、协同办理”的便捷服务。

县级以上人民政府社会救助管理部门，应当加强对社会救助经办机构的业务指导、教育培训、监督检查，并统一工作内容，统一业务标准，统一工作流程。

第五十条 县级人民政府应当加强社会救助经办机构能力建设，根据乡镇规模、人口数量，采取“以钱养事”等方式，配足工作人员，所需经费纳入政府财政预算。

第五十一条 县级以上人民政府民政部门应当加强与其他社会救助管理部门的协作配合，整合、联通社会救助信息，建立完善跨部门、多层次信息共享的救助申请家庭经济状况核对机制和平台，为健全社会救助体系提供信息保障。

省人民政府民政部门负责建设省级信息核对平台，制定救助对象认定标准体系和查询核对办法，制定核对流程，并负责跨市级行政区域的信息查询工作。

第五十二条 鼓励公益慈善类社会组织按照其章程参与社会救助。

鼓励单位和个人等社会力量通过主办、承办、协办、冠名、合作、捐赠、设立帮扶项目、创办服务机构、提供志愿服务等多种方式，参与社会救助。

社会力量参与社会救助，按照国家和省有关规定享受财政补贴、税收优惠、费用减免等政策。

第五十三条 县级以上人民政府应当建立激励机制，鼓励、支持社会工作服务机构和社会工作者为社会救助对象提供社会融入、能力提升、心理疏导等专业服务。

第五十四条 县级以上人民政府可以将社会救助工作中的具体服务事项通过委托、承包、采购、聘用等方式，向社会力量购买服务。县级以上人民政府应当制定并公布社会救助政府购买服务清单，建立社会救助项目社会化运作评估、考核、退出机制。

社会救助管理部门应当建立社会力量参与社会救助的机制和渠道，主动提供社会救助项目、发布需求信息，为社会力量参与社会救助创造条件、提供便利。有关单位和个人应当及时将参与社会救助的情况反馈社会救助管理部门。

第十一章 监督管理

第五十五条 社会救助工作实行各级人民政府负责制和责任追究制，纳入政府目标考核，并作为领导干部综合考核评价重要内容。

县级以上人民政府社会救助管理部门，应当及时公开相关领域的规划、政策、措施和实施情况，以及优惠政策的实施范围、申请条件、申领程序、资金使用情况。

第五十六条 社会救助资金实行专项管理，分账核算，专款专用，任何单位或者个人不得挤占、挪用。社会救助资金的支付，按照财政国库管理的有关规定执行。发放给个人的社会救助资金（除情况紧急的临时救助外），由银行实行社会化发放。

第五十七条 申请社会救助，申请人难以确定社会救助管理部门的，可以先向便民服务场所的受理窗口、社会救助经办机构或者县级人民政府民政部门求助。社会救助经办机构或者县级人民政府民政部门接到求助后，应当及时办理或者转交其他社会救助管理部门办理。

乡镇人民政府、街道办事处应当及时受理社会救助申请，无正当理由不得拒绝受理。

第五十八条 申请或者已获得社会救助的家庭，应当按照规定如实申报家庭收入状况、财产状况。

根据救助申请家庭的请求、委托，民政部门代为查询、核对其家庭收入状况和财产状况的，公安、人力资源社会保障、住房城乡建设、工商、税务等部门以及银行、保险等金融机构，应当依法予以配合，及时提供其户籍管理、机动车登记、就业、工商登记、纳税、不动产登记、保险、存款、证券、公积金等方面的信息。

第五十九条 县级以上人民政府社会救助管理部门和乡镇人民政府、街道办事处在履行社会救助职责过程中，可以查阅、记录、复制与社会救助事项有关的资料，询问与社会救助事项有关的单位、个人，要求其对相关情况作出说明，提供相关证明材料。有关单位、个人应当如实提供。

履行社会救助职责的工作人员对在社会救助工作中知悉的公民个人信息，除按照规定应当公示的信息外，应当予以保密。严禁公开与享受社会救助待遇无关的信息。

第六十条 社会救助管理部门应当按国家和省有关规定建立健全社会救助对象动态管理和退出机制。

对已获得社会救助家庭的人口、收入、财产状况发生变化的，应当及时增加或者减少相应的救助金额或者项目；对不再符合救助条件的，应当停止救助。

第六十一条 有下列情形之一的，应当停止救助：

（一）不按照规定如实申报家庭收入和财产状况的；

（二）家庭收入和财产状况经核查超出规定标准的；

（三）拒绝接受社会救助管理部门对其家庭收入和财产状况进

行核查的；

（四）采取虚报、隐瞒、伪造等手段骗取救助的；

（五）法律、法规规定的其他情形。

社会救助管理部门决定停止救助的，应当书面说明理由。

第六十二条 逐步完善面向公众的最低生活保障对象信息查询机制，公开社会救助监督咨询电话，畅通投诉举报渠道，健全投诉举报核查制度。

第六十三条 申请或者已获得社会救助的家庭或者人员，对乡镇人民政府、街道办事处不予受理等行为，以及对社会救助管理部门作出的不予批准、停止救助等具体行政行为不服的，可以依法申请行政复议或者提起行政诉讼。

第十二章 法律责任

第六十四条 违反本办法规定，法律法规对法律责任已有规定的，从其规定。

第六十五条 违反本办法规定，社会救助管理部门及其工作人员不依法履行救助管理职责，玩忽职守、滥用职权、徇私舞弊的，由上级行政机关或者监察机关责令改正；对直接负责的主管人员和其他直接责任人员依法给予处分。

第六十六条 采取虚报、隐瞒、伪造等手段，骗取社会救助资金、物资或者服务的，除依法承担相应法律责任外，两年内不接受其社会救助申请并将有关信息计入个人征信系统。

对无理取闹、采用威胁和暴力手段强行索要最低生活保障待遇，构成违反治安管理行为的，依法给予治安管理处罚。

第十三章 附 则

第六十七条 本办法自2014年11月1日起施行。

山东省社会救助办法

（2014年9月12日省政府第36次常务会议通过　2014年9月26日山东省人民政府令第279号公布　自2014年11月1日起施行）

第一章　总　　则

第一条　为了进一步加强社会救助体系建设，保障经济困难家庭的基本生活，促进社会公平与和谐稳定，根据国务院《社会救助暂行办法》和国家有关规定，结合本省实际，制定本办法。

第二条　本省行政区域内的最低生活保障、特困人员供养、受灾人员救助、医疗救助、教育救助、住房救助、就业救助、临时救助以及社会力量参与的其他救助，适用本办法。

第三条　社会救助制度坚持保民生、托底线、救急难、可持续的方针，遵循社会救助水平与当地经济社会发展水平相适应，社会救助与社会保险、社会福利等制度相衔接，公开、公平、公正、及时的原则。

第四条　县级以上人民政府民政部门统筹本行政区域的社会救助体系建设。县级以上人民政府民政、卫生计生、教育、住房城乡建设、人力资源社会保障、价格管理等部门，按照各自职责负责相应的社会救助管理工作。

前款所列行政部门，统称社会救助管理部门。

第五条　社会救助实行各级人民政府负责制。

县级以上人民政府应当将社会救助事业纳入国民经济和社会发展规划，建立健全政府领导、民政部门牵头、有关部门配合、社会力量参与的社会救助工作协调机制，构建综合性社会救助平台，整合优化社会救助资源。

第六条 各级人民政府应当完善社会救助资金、物资保障机制，将政府安排的社会救助资金和工作经费纳入财政预算。

社会救助资金实行分账核算，专款专用，及时足额拨付，任何单位或者个人不得挤占挪用。

第七条 县级以上人民政府应当加强各项社会救助制度的统筹衔接，合理确定社会救助标准，促进最低生活保障家庭、特困供养人员、低收入家庭等经济困难家庭公平享受社会救助资源。

第八条 县级以上人民政府及其社会救助管理部门应当逐步建立统一的社会救助管理信息系统，实现部门之间社会救助信息资源共享。

第九条 县（市、区）人民政府民政部门、乡镇人民政府、街道办事处应当设立统一受理、协同办理的社会救助申请窗口，畅通申请和受理社会救助渠道。

第十条 经济困难家庭申请社会救助时，难以确定社会救助管理部门的，可以先向乡镇人民政府、街道办事处或者县（市、区）人民政府民政部门求助。接到求助的社会救助经办人员应当及时受理，需要转交其他部门和单位的，相关部门和单位应当及时接办。

县（市、区）人民政府社会救助管理部门应当明确各自的职责和办理流程、时限等。

第十一条 县（市、区）人民政府社会救助管理部门、乡镇人民政府、街道办事处应当加强社会救助能力建设，明确社会救助经办机构，配备工作人员，为社会救助制度有效实施提供保障。

第十二条 乡镇人民政府、街道办事处应当建立健全网格化管理制度，主动发现并帮助符合条件的困难家庭提出救助申请。

对按照规定给予各项救助后生活仍有困难的特殊家庭，应当采取多样化的救助措施。

第十三条 申请社会救助的，应当向户籍所在地的乡镇人民政府、街道办事处提出，经调查核实后提出审核意见，报县（市、区）人民政府社会救助管理部门核准并公示。有特殊规定的，按照本办法有关规定办理。

社会救助应当逐步实行属地化管理，允许符合条件的外来常住人口在居住地申请社会救助。

未经家庭经济状况调查，不得将任何群体、家庭和个人认定为社会救助对象。

第十四条 县级以上人民政府应当建立健全社会救助综合考核机制，科学评价社会救助工作绩效。

对在社会救助工作中做出显著成绩的单位、个人，按照有关规定进行表彰、奖励。

第二章 最低生活保障

第十五条 县级以上人民政府应当健全最低生活保障制度，对符合条件的经济困难家庭给予最低生活保障。

第十六条 最低生活保障标准由省或者设区的市人民政府按照当地居民生活必需的费用确定并公布，并根据当地经济社会发展水平和物价变动情况适时调整。

省和设区的市人民政府应当推进城乡最低生活保障制度统筹发展，逐步缩小城乡和区域之间最低生活保障标准差距；有条件的设区的市，应当统一城乡和区域最低生活保障标准。

第十七条 户籍所在地为城镇且实际居住满 3 年、无承包土地、不参加农村集体经济收益分配的家庭，可以申请城市最低生活保障。

在居住地稳定就业的外来转移人口家庭，有固定住所且家庭成员均在居住地连续缴纳社会保险满 3 年的，可以在居住地申请最低生活保障。

第十八条 申请最低生活保障，以家庭为单位提出，提交户口簿、身份证、收入证明等材料，书面声明家庭人口、收入和财产状况以及所提供信息资料的真实、完整、有效，请求、委托社会救助经办机构核查家庭收入和财产状况等。

无劳动能力、无固定收入、依靠近亲属生活且符合低收入家庭认定条件的成年未婚重度残疾人，脱离家庭在宗教场所居住满3年的生活困难宗教教职人员，可以以个人名义单独提出申请。

第十九条 最低生活保障金按照最低生活保障标准与家庭成员人均收入的差额计算。

县（市、区）人民政府民政部门可以根据当地最低生活保障对象困难程度不同给予分类施保，适当增加最低生活保障金数额。

第二十条 最低生活保障金实行县（市、区）统筹，通过金融机构按月直接发放到户。

对行动不便或者无行为能力的最低生活保障对象，乡镇人民政府、街道办事处应当帮助其采取协议委托、上门服务等方式发放。

第二十一条 县（市、区）人民政府民政部门、乡镇人民政府、街道办事处应当对最低生活保障家庭实行动态管理、定期复核。

家庭人口、收入和财产状况发生变化的，县（市、区）人民政府民政部门应当及时增发、减发或者停发最低生活保障金；决定减发、停发的，应当说明理由。

第二十二条 县（市、区）人民政府民政部门应当对最低生活保障对象的姓名、保障金额等情况，在其申请地的村、社区长期公示。

第三章 特困人员供养

第二十三条 各级人民政府应当建立特困人员供养制度，对符合条件的老年人、残疾人、未成年人以及其他特殊困难人员，由特困人员供养机构给予供养。

第二十四条 特困人员供养标准，由省或者设区的市人民政府制定，并不得低于城乡居民平均生活水平，具体包括以下内容：

（一）提供吃、穿、住、用等基本生活条件；

（二）对生活不能自理的给予照料；

（三）提供疾病治疗；

（四）办理丧葬事宜。

特困人员供养与最低生活保障、孤儿基本生活保障不得重复。

第二十五条 特困人员供养机构应当具备必需的食宿、护理等条件，优先接收失能老年人和重度残疾人。政府举办的残疾人康复治疗中心应当为符合条件的特困供养人员免费提供康复治疗。

鼓励有条件的县（市、区）举办区域性中心敬老院。

第二十六条 设区的市、县（市、区）、乡镇人民政府、街道办事处应当完善管理制度，加大资金投入，改善供养条件，保障特困人员供养机构正常运转。

特困人员供养机构在满足特困人员供养需求的前提下，可以利用闲置资源面向社会提供服务。

对患有精神病、传染病的特困供养人员，由村（居）民委员会协助乡镇人民政府、街道办事处送往当地专业医疗机构予以治疗，病情稳定后，由户籍所在地的县（市、区）人民政府民政部门或者乡镇人民政府、街道办事处妥善安置供养。

第二十七条 特困供养人员的私有财产和土地承包经营等权利受法律保护，任何单位和个人不得要求其以放弃以上权利作为享受特困人员供养的条件。

第二十八条 各级人民政府可以采取公办民营、购买服务、协议委托等方式，利用具备资质和条件的社会机构为特困供养人员提供服务，并定期检查和考核评估其供养效果。

第二十九条 特困供养人员死亡或者不再符合供养条件的，由乡镇人民政府、街道办事处审核并报县（市、区）人民政府民政部门核准后，终止供养并予以公示。

第四章 受灾人员救助

第三十条 县级以上人民政府应当建立健全自然灾害救助制度，对基本生活受到自然灾害严重影响的人员提供生活救助。

省减灾委员会为省人民政府的自然灾害救助应急综合协调机构，负责组织、领导全省自然灾害救助工作，协调开展重大自然灾害救助活动，配合国家减灾委员会协调开展特别重大和重大自然灾害救助活动。

设区的市、县（市、区）人民政府或者其自然灾害救助应急综合协调机构，负责组织、协调本行政区域的自然灾害救助工作。

第三十一条 省、设区的市人民政府和自然灾害多发、易发地区的县（市、区）人民政府，应当设立自然灾害救助物资储备库，保障自然灾害发生后救助物资的紧急供应。

自然灾害多发、易发地区的乡镇人民政府、街道办事处，应当设立自然灾害救助物资储备点。

第三十二条 自然灾害发生后，设区的市、县（市、区）人民政府应当根据情况紧急疏散、转移、安置受灾人员，及时为受灾人员提供食品、饮用水、衣被、取暖、临时住所、医疗防疫等应急救助，对受灾人员开展心理抚慰，做好遇难人员善后事宜。

第三十三条 灾情稳定后，受灾地区设区的市、县（市、区）人民政府应当评估、核定并发布自然灾害损失状况。

第三十四条 受灾地区人民政府应当在确保安全的前提下，采取就地安置与异地安置、政府安置与自行安置相结合的方式，对住房损毁严重的受灾人员进行过渡性安置。

对因灾房屋倒塌或者严重损坏无房可住、无生活来源、无自救能力的受灾人员，受灾地区人民政府应当给予一定时期的过渡性生活救助，保障其基本生活。

第三十五条　自然灾害危险消除后，受灾地区人民政府应当统筹研究制订居民住房恢复重建规划和优惠政策，组织重建或者修缮因灾损毁的居民住房，对恢复重建确有困难的家庭予以重点帮扶。

受灾地区人民政府民政等部门应当及时核实本行政区域居民住房恢复重建补助对象，并给予资金、物资等救助。住房城乡建设等部门应当为受灾人员重建、修缮因灾损毁的住房提供技术支持。

第三十六条　自然灾害发生后的当年冬寒、次年春荒，受灾地区人民政府应当为生活困难的受灾人员提供口粮、衣被、住所、医疗、取暖等基本生活救助。

受灾地区县（市、区）人民政府民政部门在每年10月底前统计、评估本行政区域受灾人员当年冬寒、次年春荒的基本生活困难和需求，核实救助对象，编制工作台账，制定救助方案，经本级人民政府批准后组织实施，并报上一级人民政府民政部门备案。

第五章　医疗救助

第三十七条　县级以上人民政府应当建立健全医疗救助制度，多渠道筹集医疗救助资金，保障最低生活保障对象、特困供养人员和县级以上人民政府规定的其他医疗救助对象获得基本医疗卫生服务。

第三十八条　医疗救助采取下列方式：

（一）对医疗救助对象参加居民基本医疗保险的个人缴费部分，由当地人民政府或者医疗救助资金等给予补贴；

（二）医疗救助对象患病住院的，其医疗费用经各种医疗保险报销、医疗机构减免和社会捐助后，家庭难以承担的符合政策规定的医疗费用，给予一定比例的救助，因特殊情况未能参加基本医疗保险、个人住院费用难以承担的，也应当予以救助；

（三）医疗救助对象患有重大疾病、慢性病需要长期门诊治疗的，给予一定金额的救助；

（四）医疗救助对象在定点医疗机构就诊的，定点医疗机构应当按照有关规定对门诊挂号费、治疗费、医疗设备检查费、住院床位费等给予优惠减免。

最低生活保障对象和特困供养人员住院治疗的，医疗救助的比例不低于政策规定范围内个人自负费用的70%；特困供养人员的剩余医疗费用，按照供养政策规定处理。

第三十九条 各类慈善组织、专业社会工作机构等，可以为医疗救助对象提供相应的医疗费用补助、心理辅导、亲情陪护等服务。

第四十条 医疗救助标准，由设区的市人民政府根据当地经济社会发展水平、医疗救助资金规模、人均医疗费用支出等状况确定并公布。

第四十一条 县级以上人民政府应当建立健全医疗救助与基本医疗保险、大病保险相衔接的医疗费用即时结算机制，为医疗救助对象提供便捷服务。

县（市、区）人民政府民政部门应当在当地基本医疗保险定点医院范围内确定医疗救助定点医院，签订协议并加强监督。

第四十二条 县级以上人民政府应当制定重特大疾病医疗救助政策，根据医疗救助对象的困难程度，将各种未纳入医疗保险政策报销范围的特殊疾病医疗费用列入救助范围。

第四十三条 县级以上人民政府应当建立疾病应急救助制度，对需要急救但身份不明或者无力支付急救费用的急、重、危、伤、病患者给予救助，符合规定的急救费用由疾病应急救助基金支付。

第六章 教育救助

第四十四条 县级以上人民政府应当建立健全各教育阶段教

育救助制度，对在义务教育阶段就学的家庭经济困难学生，给予教育救助，对在学前教育、高中教育（含中等职业教育）、普通高等教育阶段就学的家庭经济困难学生，以及不能入学接受义务教育的残疾儿童，适当给予教育救助。

第四十五条 教育救助采取下列方式：

（一）在学前教育阶段，对经县级以上人民政府教育行政部门同意设立的普惠性幼儿园在园家庭经济困难儿童，发放政府助学金；

（二）在义务教育阶段，对农村学生和城市最低生活保障家庭学生免费提供教科书，对农村家庭经济困难寄宿生补助生活费；

（三）在高中教育（含中等职业教育）阶段，对符合条件的家庭经济困难学生，减免相关费用，发放国家助学金；

（四）在普通高等教育阶段，对家庭经济困难学生减免相关费用，发放励志奖学金、国家助学金，或者提供国家助学贷款、安排勤工助学等。

第四十六条 教育救助标准，由省人民政府根据经济社会发展水平和教育救助对象的基本学习、生活需求确定后公布。

有条件的设区的市、县（市、区）人民政府，可以提高教育救助标准。

第四十七条 申请教育救助的，持县（市、区）人民政府民政部门出具的相关证明向就读学校提出，由学校按照国家和省有关规定办理。

第七章 住房救助

第四十八条 县级以上人民政府应当建立健全住房救助制度，对符合规定标准的住房困难的经济困难家庭给予住房救助。

第四十九条 住房救助通过配租公共租赁住房、发放住房租赁补贴、农村危房改造等方式实施。

第五十条 住房困难标准和救助标准，由设区的市、县（市、区）人民政府根据本行政区域经济社会发展水平、住房价格水平等因素确定并公布。

第五十一条 城镇家庭申请住房救助的，经由乡镇人民政府、街道办事处或者直接向县（市、区）人民政府住房保障部门提出。先由县（市、区）人民政府住房保障部门审核家庭住房状况，再由县（市、区）人民政府民政部门审核其家庭收入和其他财产状况。按照规定进行公示后，符合条件的，由县（市、区）人民政府住房保障部门优先给予保障。

农村家庭申请住房救助的，按照县级以上人民政府有关规定执行。

第五十二条 县级以上人民政府按照国家规定，通过财政投入、用地供应、税费减免等措施为实施住房救助提供保障。

第八章 就业救助

第五十三条 县级以上人民政府应当建立健全就业救助制度，对最低生活保障家庭中法定劳动年龄内有劳动能力并处于失业状态的成员，通过提供免费公共就业服务、促进企业单位吸纳就业、鼓励灵活就业和自谋职业、公益性岗位安置等办法，给予就业救助。

第五十四条 最低生活保障家庭中法定劳动年龄内有劳动能力的成员均处于失业状态的，县级以上人民政府应当采取措施，确保该家庭至少有一人就业。

第五十五条 申请就业救助的，应当向居住地乡镇人民政府、街道办事处或者社区的公共就业服务机构提出，经登记、核实后，免费发放《就业失业登记证》，按照规定享受职业介绍、技能培训、社会保险补贴、岗位补贴、一次性创业补贴、小额担保贷款及贴息等就业援助服务和扶持政策。

第五十六条 最低生活保障家庭中法定劳动年龄内有劳动能力但未就业的成员，无正当理由连续3次拒绝接受与其健康状况、劳动能力等相适应的工作的，县（市、区）人民政府民政部门应当决定减发或者停发其本人的最低生活保障金。

第五十七条 吸纳就业救助对象的用人单位，按照国家和省有关规定享受社会保险补贴、税收优惠、小额担保贷款等就业扶持政策。

第五十八条 政府开发的公益性岗位，应当优先安置符合条件的就业救助对象，按规定给予社会保险补贴和岗位补贴。

第九章 临时救助

第五十九条 各级人民政府应当建立健全临时救助制度，完善临时救助资金财政筹资机制，对下列情况的家庭和人员给予临时救助：

（一）因火灾、交通事故等意外事件，或者因重病、溺水、人身伤害、见义勇为等原因，导致基本生活暂时出现严重困难的家庭；

（二）因患病、普通高等教育入学、物价上涨等原因造成生活必需支出突然增加超出家庭承受能力，导致基本生活暂时出现严重困难的最低生活保障家庭；

（三）生活无着的流浪乞讨人员等。

第六十条 临时救助标准，由设区的市、县（市、区）人民政府根据申请人家庭的困难原因、程度、时限等因素，统筹考虑本年度已经获得的其他社会救助和各种补偿、赔偿等情形合理确定并公布。

对因特殊情况导致生活陷入困境的家庭，可以适当提高临时救助标准。

第六十一条 对享受临时救助期满后仍然难以维持基本生活

的，可以申请最低生活保障等社会救助；对需要通过社会募捐、慈善项目、提供专业服务和志愿服务等形式给予帮扶的，乡镇人民政府、街道办事处应当及时转交。

第六十二条 设区的市人民政府建立健全社会救助和保障标准与物价上涨挂钩联动机制，及时向最低生活保障对象、特困供养人员、优抚对象以及领取失业保险金人员等发放临时价格补贴。

第六十三条 设区的市、县（市、区）、乡镇人民政府和街道办事处，应当遵循自愿受助、无偿救助原则，为生活无着的流浪乞讨人员提供临时食宿、急病救治、协助返回等救助。

第六十四条 流浪乞讨救助管理机构具体负责辖区内生活无着的流浪乞讨人员的临时救助工作。

救助管理机构根据流浪乞讨人员的实际困难状况确定救助期限，一般不超过10天；对无法查明其亲属和户籍所在地的，应当予以暂时安置；对流浪未成年人，应当承担临时监护责任，加强心理疏导和行为矫治，帮助其回归家庭。

第六十五条 设区的市、县（市、区）人民政府应当建立未成年人救助保护制度。乡镇人民政府、街道办事处、村（居）民委员会和有关社会团体（组织）应当定期开展困境未成年人家庭随访，加强家庭监护干预，预防未成年人流浪乞讨。

第六十六条 公安机关和有关部门的工作人员在执行公务时发现流浪乞讨人员的，应当告知其向救助管理机构求助或者引导、护送到救助管理机构并办理相关交接手续；对突发急病人员，立即通知指定的急救机构进行救治；对无法查明近亲属和户籍的疑似精神障碍患者，及时送往当地医疗机构诊断和治疗；对反复纠缠、强行讨要等扰乱公共秩序的，依法予以处置。

第十章　社会力量参与

第六十七条 鼓励社会力量通过捐赠、减免收费、设立帮扶项目、创办服务机构、开展志愿服务等方式参与社会救助。

社会力量参与社会救助的，应当加强与社会救助管理部门的衔接，合理确定救助对象和救助标准。

各类慈善组织应当主动公开救助申请的条件、程序和捐赠资金使用情况，接受社会监督。

第六十八条 社会力量参与社会救助的，按照国家和省有关规定享受财政补贴、税收优惠、费用减免等政策。

各级人民政府可以将社会救助中的具体服务事项通过委托、承包、采购等方式，向社会力量购买服务。各级人民政府财政部门应当为购买社会救助服务提供支持。

第六十九条 县（市、区）人民政府、乡镇人民政府、街道办事处应当在社区服务站（中心）设置社会工作岗位，培养社区社会工作者，培育社会工作服务机构，制定相关政策和保障措施，发挥社会工作服务机构和社会工作者的作用，为社会救助对象提供社会融入、能力提升、心理疏导等服务。

第七十条 县级以上人民政府民政部门实行社会救助志愿者注册登记制度，培育从事社会救助服务的志愿者队伍，鼓励相关专业人才从事社会救助志愿服务。

第七十一条 各级社会救助管理部门以及相关机构应当建立社会力量参与社会救助的机制，提供社会救助项目、需求信息，为社会力量参与社会救助创造条件，提供便利。

第十一章 社会救助家庭经济状况核对

第七十二条 县级以上人民政府应当建立健全跨部门的社会救助家庭经济状况核对机制和信息平台，落实工作人员和专项经费，对申请或者已获得社会救助家庭经济状况的真实性和完整性进行核对。

第七十三条 申请或者已获得社会救助的家庭，应当主动配合开展入户调查和家庭经济状况核对，如实申报家庭人口、收入和财产等状况并及时报告变化情况。

第七十四条 设区的市、县（市、区）人民政府民政部门根据社会救助申请人及其家庭成员的请求、委托，可以通过婚姻登记、民间组织登记、户籍管理、财政、税务、社会保险、不动产登记、工商登记、住房公积金管理、车船管理、农业农机等单位和银行、保险、证券等金融机构，代为查询、核对其家庭人口、收入和财产等状况。有关单位和金融机构应当予以配合，及时提供相关信息。

第七十五条 县级以上人民政府民政部门可以通过社会救助家庭经济状况核对机制，对辖区内已获得社会救助家庭的经济状况进行定期复核或者抽查核对。有关单位和金融机构应当予以配合。

第七十六条 申请救助的家庭应当如实申报家庭经济状况。家庭成员申报的家庭经济状况与核对结果不符并且明显超过有关社会救助标准的，社会救助管理部门可以将相关情况记入核对系统，或者交由人民银行记入征信系统。

第十二章 监督管理

第七十七条 各级人民政府以及社会救助管理部门应当加强对社会救助工作的监督检查，完善相关监督管理制度。

第七十八条 县级以上人民政府社会救助管理部门、乡镇人民政府、街道办事处在履行社会救助职责过程中，可以查阅、记录、复制与社会救助事项有关的资料，询问与社会救助事项有关的单位、个人，要求其对相关状况作出说明，提供相关证明材料。有关单位和个人应当如实、及时提供。

第七十九条 县级以上人民政府及其社会救助管理部门，应当通过各种媒体宣传社会救助法律、法规和政策。

县（市、区）人民政府及其社会救助管理部门，应当通过公共查阅室、资料索取点、信息公告栏等途径，及时公开社会救助政策、救助资金和物资的管理使用等情况，接受社会监督。

第八十条 各级人民政府应当建立健全社会救助信息披露制度，乡镇人民政府、街道办事处、村（居）民委员会应当设立社会救助长期公示栏，及时公开社会救助对象有关信息。

社会救助管理部门工作人员获悉的公民个人信息，除按照规定需要公开的以外，应当予以保密。

第八十一条 履行社会救助职责的工作人员行使职权，应当接受社会监督。

县级以上人民政府社会救助管理部门应当建立社会救助投诉举报受理制度，公开社会救助投诉举报电话，对骗取社会救助等行为投诉举报；受理机关应当在接到投诉举报之日起15日内依法予以调查、处理。

第八十二条 县级以上人民政府财政部门、审计机关依法对社会救助资金、物资的筹集、分配、管理和使用等情况进行监督。

第八十三条 设区的市人民政府民政部门应当统一设立“12349”民政公益服务热线，建立困难家庭申请救助、咨询政策和有关人员报告急难情况绿色通道。

第十三章 法律责任

第八十四条 违反本办法，有下列情形之一的，由上级行政机关或者监察机关责令改正；对直接负责的主管人员和其他直接责任人员依法给予处分：

（一）不受理符合条件的救助申请的；

（二）不批准符合条件的救助申请的；

（三）批准不符合条件的救助申请的；

（四）泄露工作中获悉的公民个人信息造成不良后果的；

（五）丢失、篡改接受社会救助款物、服务记录等数据的；

（六）违规发放社会救助款物或者提供相关服务的；

（七）不按照规定公开有关社会救助信息的；

（八）在履行职责过程中滥用职权、玩忽职守、徇私舞弊的等。

第八十五条 违反本办法，套取、截留、挤占、挪用、私分社会救助资金、物资的，由有关部门责令追回；有违法所得的，没收违法所得；对直接负责的主管人员和其他直接责任人员依法给予处分。

第八十六条 单位为申请社会救助的人员出具虚假证明的，由有关部门对直接负责的主管人员和其他直接责任人员依法给予处分。

第八十七条 采取虚报、隐瞒、伪造等手段骗取社会救助资金、物资或者服务的，由有关部门决定停止社会救助，责令退回违法获取的救助资金、物资，并将有关信息计入个人征信系统。情节恶劣的，可以依照国务院《社会救助暂行办法》处违法获取的救助款额或者物资价值1倍以上3倍以下的罚款。

不符合条件强行索要社会救助，威胁、侮辱、打骂社会救助工作人员，扰乱社会救助管理部门工作秩序，构成违反治安管理行为的，由公安机关依法给予治安管理处罚。

第八十八条 申请或者已获得社会救助的家庭和人员，对社会救助管理部门作出的具体行政行为不服的，可以依法申请行政复议或者提起行政诉讼。

第八十九条 违反本办法，构成犯罪的，依法追究刑事责任。

第十四章 附 则

第九十条 本办法中下列用语的含义：

（一）最低生活保障家庭，是指共同生活的家庭成员人均收入低于当地最低生活保障标准，且符合当地最低生活保障家庭财产状况规定的家庭；

（二）特困人员，是指无劳动能力和独立生活条件、无生活来源和无法定赡养、抚养、扶养义务人或者其法定赡养、抚养、扶养义务人无赡养、抚养、扶养能力的老年人、残疾人、未成年人以及其他特殊困难人员；

（三）低收入家庭，是指家庭人均收入高于当地最低生活保障标准、低于当地低收入家庭认定标准，且家庭财产状况符合规定条件的经济困难家庭。

（四）特困人员供养机构，是指政府举办的社会福利院（中心）、儿童福利院和敬老院。

第九十一条　本办法自2014年11月1日起施行，《山东省实施〈城市居民最低生活保障条例〉办法》（山东省人民政府令第126号）同时废止。

图书在版编目（CIP）数据

社会救助暂行办法释义 / 胡可明，曲淑辉主编．
—北京：中国法制出版社，2014.11
ISBN 978-7-5093-5688-3

Ⅰ.①社…　Ⅱ.①胡…　②曲　Ⅲ.①社会救助-行政管理-行政法-法律解释-中国　Ⅳ.①D922.182.35

中国版本图书馆 CIP 数据核字（2014）第 221760 号

责任编辑：谢雯　　封面设计：李宁

社会救助暂行办法释义

SHEHUI JIUZHU ZANXING BANFA SHIYI

主编/胡可明，曲淑辉
经销/新华书店
印刷/河北省三河市汇鑫印务有限公司
开本/850×1168 毫米 32　　印张/10.75　字数/205 千
版次/2014 年 11 月第 1 版　　2014 年 11 月第 1 次印刷

中国法制出版社出版
书号 ISBN 978-7-5093-5688-3　　定价：39.00 元

北京西单横二条 2 号　　值班电话：66026508
邮政编码 100031　　传真：66031119
网址：http：//www.zgfzs.com　　编辑部电话：66010493
市场营销部电话：66033393　　邮购部电话：66033288

（如有印装质量问题，请与本社编务印务管理部联系调换。电话：010-66032926）